商务谈判与沟通技巧

第二版

潘肖珏　谢承志　著

復旦大學出版社

目　录

第一章　绪论

一、商务谈判的基本概念

（一）生活中充满了谈判

谈判，是生活中不可缺少的活动，是人际间一种特殊的双向沟通的交往方式。每人每天都在不知不觉中进行着谈判。如一只蛋糕让两个孩子分，他们因都坚持要切一块大的而争了起来。于是，家长向他们建议，一个孩子先来切蛋糕，他愿意怎么切就怎么切，但没有挑选权；另一个孩子则可以先挑自己想要的那一块。这个建议被他俩接受了，两人都觉得自己得到了公平的待遇——这就是一个“圆满”的谈判例子。又如，在一家旧货店中，顾客和营业员之间讨价还价的对话，也是日常生活中常见的谈判的典型例子：

顾客：“这个铜盘卖多少钱？”
营业员：“这个铜盘很漂亮，只卖55元。”
顾客：“喂，你看上面还有凹痕，我看只值15元。”
营业员：“假如你真的想买，请你认真出个价钱好不好？15元太少了。”

顾客:“好吧！我把价钱提到20元。可是我不会接受55元这个价钱。你出个合理价钱吧！”

营业员:“小姐,你杀价太凶了。那么40元吧！”

顾客:“25元！”

营业员:“我的成本还不止25元哩！请你再认真出个价钱。”

顾客:“37元。这是我愿意付出的最高价。”

营业员:“你看到盘上的刻花吧！这种盘子到了明年,价钱将是你现在付出的两倍。”

这样,双方经过交谈,进行价值判断,逐步向互利合作的“成交”契合点上靠拢。

就“谈判”的渊源而言,可追溯到氏族公社的末期。当时由于生产力的发展,出现了私有财产,并出现了产品交换。当一个原始人牵着一只羊与另一个原始人交换鸡和蛋时,到底是换10只鸡、20只蛋,还是换10只鸡、30只蛋,两个人免不了一番讨价还价。这就是最早的谈判雏形。

当人类进入奴隶社会时,谈判伴随着人类文明的诞生而诞生了。中国历史上著名的“完璧归赵”的故事,就是一次成功的谈判:

赵国大夫蔺相如受赵王的重托,怀揣著名的和氏璧,去和凶恶似虎狼的秦王谈判。秦王嘴上说用15座城来换取和氏璧,可是一旦璧到手,就不提15座城了。谈判前早作了各种准备的蔺相如,摸透了谈判对手的心理,谎称此璧有瑕。秦王果然中计。当璧回到了蔺相如的手里,蔺相如便怒斥秦王无信,怒发冲冠,作出用头把璧撞碎在柱子上的样子,逼得秦王以礼相待,并趁机将璧送回赵国。后来,等到秦王追问璧的下落,蔺相如又抓住秦王想要称霸天下的野心,巧妙地躲避了杀身之祸,安全地回到了赵国。

蔺相如洞悉对手的阴谋、把握对手心理的能力堪称一绝。即使现在看来,"完璧归赵"的故事也是成功地研究谈判对象心理的典范。

又如,公元前五世纪,强大的雅典要兴兵攻打实力较弱的尼里安。尼里安人派出使节,向雅典人陈述厉害,警告雅典人不要肇起兵端。《伯罗奔尼撒战争史》第五卷中,记载了尼里安使节的一段精彩陈词:

> 必须向你们阐明我们的利害之所在,倘若你我的利害相吻合,我们必将使你们相信这样一个事实:所有那些现在尚处中立的国家,目睹你们对我们如此肇启干戈,岂不虑及他们早晚也有遭你们兵临城下的一天,这样,你们岂不将树敌于天下?这不就意味着你们在加强自己现有的敌人,而且迫使别的国家也不得不违背自己的意志和愿望而和你们为敌吗?

这一段话里蕴含了谈判的基本原理之一——需要理论。

应当说明的是,尽管早在人类文明的初期就有了谈判行为,尽管谈判伴随着人类社会的发展进入了现代社会,但是,谈判始终没有形成一门系统的科学。一直到 1968 年,才由美国的谈判学会会长、纽约市尼尔伦伯格-蔡夫-温斯坦法律事务所的著名律师杰勒德·I·尼尔伦伯格写了《谈判的艺术》一书，从而开拓了一门新的学科，展示了一个全新的研究领域。他在该书再版导言中宣称：

> 当《谈判的艺术》一书于1968年初版之时，它开拓了一门新的学科，展示了一个新的领域。“谈判”一词，第一次获得了它的社会地位……作为一门学科……它已被视为一个包罗万象的体系，可以用来解决有关人类存在的一些最为棘手的问题——人际关系、企业间关系和政府间关系。

此书很快被翻译成十多国文字，各国学者纷纷研究适合本国国情的谈判理论和谈判方法。

（二）谈判的定义和作用

1. 谈判的定义

谈判是有关组织（或个人）对涉及切身权益的分歧和冲突进行反复磋商，寻求解决途径和达成协议的过程。

理解谈判的这一定义，必须掌握谈判所具有的三个特质。

第一，它是“施”与“受”兼而有之的一种互动过程。这就是说，单方面的施舍或单方面的承受（不论它是自愿的还是被动的），都不能算作是一种谈判。因为谈判涉及的必须是“双方”，所寻求的是双方互惠互利的结果。互惠互利，不是那种“我赢你输”或“我输你赢”的单利性“零和博弈”结果，而是“我赢你也赢”的双双获利的“非零和博弈”结果。唯有达成双方互惠互利，才能实现确认成交的良性结果。

“博弈”，也叫“对策”。所谓“非零和博弈”是相对于“零和博弈”$(1+[-1]=0)$而言。对谈判来说，“非零和博弈”的原则，应始终贯穿于全过程。一场成功的谈判，每一方都是胜者。

第二，它同时含有“合作”与“冲突”两种成分。任何一方的谈判者都想达成一个满足自己利益的协议，这是所以要进行谈判的原因。为了达成协议，参与谈判的各方均须具备某一程度的合作性。缺乏合作性，双方就坐不到一起来。但是，为了使自身的需要能获得较大的满足，参与谈判的各方势必处于利害冲突的对抗状态。否则，谈判就没有必要。因此，任何一种谈判均含有一定程度的合作与一定程度的冲突。

第三，它是“互惠”的，但并非均等的。“互惠”是谈判的前提，没有这一条，则谈判将无从继续。“非均等”是谈判的结果，导致产生这种谈判结果的主要原因在于：谈判各方所拥有的实力与投入、产出的目标基础不同，包括双方的策略技巧均各不相同。

2. 谈判的作用

作为一门科学，谈判的学习和训练，不仅对于政治家、外交家、律师、企业家、军事家需要，而且对于从事领导工作、公关行业、推销职业者也需要。甚至对于随时会发生利益分配问题，随时要“切蛋糕”的普通公民来说，他们不仅应该在学习谈判学的过程中，学习处理人际关系的艺术，而且应该学习分析对方心理、发现对方需要、用最佳替代方案来解决问题的技巧。

现实证明，普通公民之间的许多争议，常常因为没能友好和睦地解决，使所有各方都受到了损失。比如小孩子之间打架、邻居之间的争吵、夫妻之间的不和、劳资之间的纠纷，甚至某些地方动迁户与批租者之间的矛盾，等等，本来是可以达成一项对所有的争议人都有益的协议的，却常常因为谈判水平不高而最终没有达成协议，有时即使达成协议也常常被推翻。

由此可见，谈判学应该而且可以能使任何人——无论是初学者还是有经验的谈判老手，都能学会和运用促使谈判圆满成功的“谈判术”。

当前，在深化改革开放、发展社会主义市场经济的大好形势下，我国各类企业的自主权日益扩大。同时，不可避免的是，各类竞争也越来越多，越来越激烈。企业作为法人越来越多地应用谈判手段来促进沟通、达成谅解、促成交易和解决争议。各行各业之间也有越来越多的争议需要斡旋、调停，甚至仲裁。

现代工商业成败的关键在于销售，而销售的好坏，关键在于是否进行了吸引人的成功的宣传以及谈判，而谈判成功的关键又在于能否掌握对方的心理，察言观色，随机应变及运用一整套正确的方法和技巧。请看以下一则案例。

几年前，海军系统在上海召开一个重要的订货会议。这是一个层次高、人数多、影响面广的大型会议，自然对上海的各大宾馆具有很强的吸引力，竞争十分激烈。部队系统有四个宾馆参与竞争，涉外系统也有四个宾馆参与竞争，加上会议主办单位有四个，更增加了竞争的复杂性，竞争的激烈程度也就可想而知了。

上海空军系统蓝天宾馆的公关经理是一位现役女军人，她事先把这次会议的要求、主办单位的情况了解得一清二楚。在与筹办单位海军驻沪办八位同志谈判时，她以军人身份表示热烈欢迎。亲切的话语，职业的共性，一下子缩短了双方的心距。在谈判中，她的热情、大方和真诚，给客人留下了良好的第一印象。再加上蓝天宾馆的良好环境条件和服务态度，使海军驻沪办同志倾向蓝天宾馆。

海军驻沪办的同志到北京向海军总部汇报了情况，但由于四个主办单位的意见不统一，就又组成了30人的代表团来到蓝天宾馆谈判。谈判中，公关经理实事求是地介绍了宾馆的软硬件设施，介绍了“蓝天”的种种优势和优惠条件，特别是400人的庞大队伍，买机票或车船票，蓝天宾馆具有绝对的优势。她只谈自家，不谈别人的劣势，不贬低人家；她处处为客户着想，而不光是做生意。在谈判中，对方有些人提出一些不合理的要求，公关经理也并不一味迁就，低三下四地迎合，而是以理服人。最后，主办单位终于取得了一致意见，决定在蓝天宾馆召开订货会。

这次成功不仅显示了蓝天宾馆公关经理的谈判水平，同时，也充分说明了在现代市场经济的激烈竞争中，谈判的重要作用。

由于我国经济的高速发展,涉外商务谈判也日益增多。我们很有必要了解现代发达国家有关谈判的理论和方法,借以改善我国落后的谈判现状,提高我国的谈判水平,促进我国谈判事业的发展,以适应日益发展的对外贸易,否则,将会拖外贸的后腿。有这样一个事例。

> 一次,我某外贸单位和日本某公司举行谈判。由于双方意见分歧,谈判进行得比较困难,但气氛还比较正常。谈判中,日方一代表说:“关于我们和贵公司的合作,我公司董事会中有不同的看法,但我们将力争合作的成功。”我方一谈判人员立即回答说:“对此,我们表示遗憾,我们将密切注视事态的发展。”话音一落,日方谈判人员显出了惊异而尴尬的表情,不知如何应答。会谈气氛立刻冷了下来,最后是不欢而散。

这则刊登在《宣传手册》上的消息,足以提醒我们重视学习谈判的理论、谈判的知识并掌握谈判的技巧。因为日本人说的话不过是谈判中常用的技巧(类似日常生活中的卖关子),可惜的是,上述中方人员虽为谈判代表,却不懂谈判技巧,胡乱应答,导致谈判破裂,实在是可悲可叹的。

不仅如此,现实生活中我们难找到受过良好训练的谈判者,以帮助解决一些严重的冲突,例如发生在个人与个人之间、个人与单位之间、企业与企业之间、批租者与动迁者之间,甚至某些地区之间的种种争议和冲突。常常有这样的情况,尽管某些领导、某些主要负责人、某些经理被委派去调停和仲裁某些争议或纠纷,但他们却很少受过谈判训练,不懂谈判的技巧,所以,他们往往不能有效地解决问题,有时反而火上浇油,扩大了矛盾,加剧了冲突。

相反,如果将来有更多的谈判者掌握了谈判的技巧,那就意味着会有更多的贸易谈判达成协议,有更多的争议被有效地调解,即使一些极为困难的棘手问题,也能通过优秀的谈判者的努力,得到最佳的解决。那时,我们的社会将会更安定,人们将会更文明,经济将会更健康地向前发展,明天将会更加美好!

(三)商务谈判的概念

商务谈判是指当事人各方为了自身的经济利益,就交易的各种条件进行洽谈、磋商,最终达成协议的过程。任何一项协议,都是因为各方对自身利益的追求才产生达成协议的愿望。在商品交易谈判中,买主和卖主对商品和货币都喜欢,但偏爱的对象却不同。卖主对货币的兴趣超过他对商品的兴趣,买主则相反,于是,交易就这样达成了。

商务谈判作为谈判的一个种类,除了具有一般谈判的特质外,还有它自身的特点:第一,商务谈判是以经济利益为目的,讲求经济效益,一般都是以价格问题作为谈判的核心。第二,商务谈判是一个各方通过不断调整自身的需要和利益而相互接近,争取最终达成一致意见的过程。第三,商务谈判必须深入审视他方的利益界限,任何一方无视他人的最低利益和需要,都将可能导致谈判破裂。

因此,共同性的利益和可以互补的分歧性利益,都能成为产生一项明智协议的诱因。商务谈判不是瓜分剩余利益，更不是为了打倒对方。谈判也是一种合作，必须追求共同利益，才能使双方都得利。

正因为商务谈判的特点是“利己”与“合作”，所以谈判者一定要记住：当止即止。即你的要求与对方的让步都有一个限度，犹如原子反应的“临界点”一样，一旦越过这个“临界点”，就会失去控制，发生毁灭性的反应。

把握“临界点”的问题是最容易被忽视的。有的谈判者看到对方一次又一次的让步，就会禁不住诱惑而一味穷追猛打；尤其在谈判谈到最激烈的时候，人们会身不由己，忘乎所以，进行最后一击，结果前功尽弃。因此，谈判者的眼光决不能盯着“再多要一点”，当接近“临界点”的时候（注意不是达到），必须高度警觉，当止即止。否则就会导致鱼死网破，最终都将一无所得。

一次，房地产律师杰勒德接受了一位当事人之聘。那位当事人是一座将要拆除的四层大楼中的最后一家房客。新的房地产主打算在那儿盖一幢摩天大楼。这位房客处于非常有利的地位，因为租约还有两年。而新房地产主却急于动工，他意识到，要让房客搬家就得付钱，他的问题是：怎样才能少付一点？

房地产主一开始就亲自来找杰勒德（这是一个重大的失误），问道：“你想要多少钱？”杰勒德没有搭腔。房地产主迫不及待地开出 25 000 美元（这又是一个失误）。杰勒德答道：“我的当事人不想搬。”房地产主拂袖而去。

杰勒德事先作了一些准备，估算出房地产主买下那大楼的价钱、大楼旷闲的代价，以及他的当事人租约期满为止房地产主的一切经济损失。杰勒德算出的数目是25万美元,不过他在心中打了对折(这是谈判前的必要准备之一)。

房地产主的下一步棋是拖延,但拖的时间越长,对他越不利。这一招不成后,房地产主又让他的律师来找杰勒德。杰勒德告诉那位律师,只有提出一个"差不离"的数目,才可以坐下来谈(这是一个高招)。"5万。"律师开价了,"差得远呢!"杰勒德答道。

谈判在继续,对方的报价越来越高,最后双方在12.5万美元的价格上拍板成交。杰氏对这次谈判的结果非常满意。但是,对方律师交付支票时,一个年轻的助手对杰勒德说:"你要是再多要5美元,恐怕一部起重机就要撞上那幢大楼了。"杰勒德朝窗外一看,当时就出了一身冷汗。原来一部起重机已经停在楼边,只要起重机把那幢大楼撞一下——"出于意外"——大楼就会成为危险建筑而非拆不可了。这么一来,杰勒德的当事人将一无所获——因为按照美国的有关法律,危险房屋的房客必须无条件地马上搬出去。

为此,杰勒德事后进行了深刻的反省,他应该在11.5万、最多不超过12万就该打住。要12.5万已经把对方逼到了悬崖边上,面临同归于尽的险境了。

尽管这是一次获得了最大利益的谈判,却不是一次成功的商务谈判。所以,这是一个值得商务谈判者记取的教训。

二、商务谈判三要素

任何一次商务谈判都必须具备三个要素：当事人（谈判的关系人）、分歧点（协商的标的）、接受点（协商达成的决议）。这三个要素是缺一不可的，如缺少其中任何一个，商务谈判都不可能进行。

（一）当事人（谈判的关系人）

当事人，即谈判的关系人，是指代表各方利益谈判的人员。当事人概念包括以下几点含义：

① 一般是双方，但在某些特殊情况下，也可能不止双方。因此，当事人至少由两个“角色”承担。

② 对一些比较重大的商务谈判，当事人通常以谈判小组的形式参加。谈判小组一般由 3—5 人组成，不宜过多。谈判小组除了应有一位富有谈判经验、业务知识全面的主谈人外，还应有与谈判议题相关的专业人员参加，像法律、金融、财务等专业人员，涉外谈判则需要配备翻译人员。另外，可根据谈判议题的具体要求，对谈判小组人员进行动态组合。

③ 对于一般的、常规性的业务谈判，可由一两位有经验的人员参加即可。

④ 当事人可能是接受委托，亦可能是谈判利益的承受者。

⑤ 商务谈判是一种各方自愿参加的社会活动，在任何

一方面前都有“不愿谈判”和“不可谈判”的选择。换言之，有的问题一方认为不能谈或超越了谈判的“临界点”，就会退出谈判，谈判即告破裂。

（二）分歧点（协商的标的）

分歧点，即当事人之间为“需求”或“利害得失”协商的标的。这是商务谈判的核心，也是商务谈判行为产生的绝对必要条件。分歧点概念包含以下几点含义：

① 分歧所引起的谈判，总是在一定范围内进行的。通常人们对待“分歧”有六种方法：回避、对抗、妥协、谈判、行政决定、诉诸法律。其中能构成平等角色之间相互作用的办法有：对抗、妥协和谈判。其中“对抗”和“妥协”构成谈判区域界线的两个极端（如图 1－1 所示）。

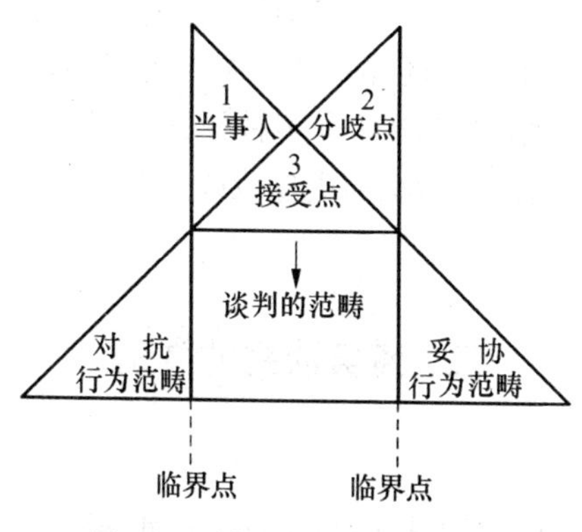

图 1－1 谈判近似活动示意图

② 标的，一般是指目标、结果、协商的方向等。商务谈判的标的是由谈判当事人事前磋商、确定的议题、事项等，

一切可以买卖的有形商品或无形商品，以及这些商品交易过程中的相关事项或是条件，都可以称为商务谈判的标的。

③ 商务谈判标的本质属性是“责、权、利”。任何商务谈判都离不开责任、权利、利益的划分、分享、承担等问题。“责、权、利”普遍地存在于所有的商务谈判标的之中。如商品交易中有关交货责任、支付义务、索赔权利等议题，都是围绕着当事人相互之间的“责、权、利”问题而展开的。

④ 商务谈判标的代表着一定的经济利益，即双方参加谈判的目的都是为了争取各自的某种经济利益。

（三）接受点（协商达成的决议）

接受点，即各当事人都谋求的、能为各方接受的条件。这里必须指出，当事人之间都须进行协商，以达成一致意见。而将协商后的一致意见写成决议就是协议。

协议是当事人共同谋求的一个可为当事各方共同接受的结局。这个结局可能具有多种形式：相互让步的交换，附加的抵偿或补偿，情境的更新或改变等。

三、商务谈判的类别

商务谈判的类别，按谈判性质划分可分为：意向性谈判、实务性谈判、决定性谈判等三种。按谈判主题划分可分为：单一型谈判、统筹型谈判等两种。按谈判内容划分可分为：投资谈判、商品供求谈判、技术引进与转让谈判等三种。

（一）按谈判性质划分

1. 意向性谈判

意向性谈判，是指双方派出一般人员，在约定的时间、地点所进行的先期探询性谈判。主要是就双方买卖交易的有关信息、行情、各自的意愿、交易的规模方向、条件等进行粗略的交流与探测，属于预备性的非正式谈判。一般人数不多，有时因双方意向投合程度较高，也可以拟签意向书，为进一步深入洽商奠定基础。

2. 实务性谈判

这种谈判，也可称之为实质性谈判，只有反复地进行多次谈判，才能就实质性的问题求同存异。如价格、规格、包装、货运、折扣、付款方式、条件、售后服务、退货条件、增量订购优惠条件、违约惩罚条款等诸多实质问题，按轻重缓急、逐项逐条进行反复洽商。每次洽商之前，都应按谈判过程程序，确立主题，列出讨论点，确定谈判方式，规定人选及时间地点。对每次谈判的内容都有完整记录，记录不但要准确无误，还要经双方认同签字。

3. 决定性谈判

又叫关键性谈判，大多指决定谈判全过程成败的最后一轮谈判。谈判的主题都是此前多轮谈判中遗留下来的个别难点或棘手的问题。例如,关于双方报价的争执、拒绝、让步、变通、妥协等直接涉及双方利害得失的难题。难题的解决与否,意味着最后谈判结果的产生,要么签约、鼓掌、干杯;要么宣布谈判终止,双方一无所获而分道扬镳。

（二）按谈判主题划分

1. 单一型谈判

单一型谈判,是指谈判的主题单一,要求双方必须确定某个能共同调节的连续变量的值。如买卖双方的销售谈判,其中"能共同调节的连续变量"就是价格,卖方期望这个值要高,且愈高愈好;而买方则企望这个值越低越好。如卖方报价 1 000 万元,买方报价 600 万元,经过谈判,双方"共同调节的连续变量"变化为买方报价升为 780 万元,卖方报价降为 820 万元,最后以 800 万元卖价成交。单一型谈判的一般规律,是首先要全面准确地掌握对方的情况,吃透对方欲求目标的底线和顶线等,然后制定谈判策略。单一型谈判多为接近成功的谈判,应尽力寻求双方利益的交合点。各方又要警惕自己不要越过"临界点"的饱和警戒线,既要防止"心黑吃白粥",又要防止紧逼对方导致"箍紧必炸",双方拼得鱼死网破,一无所获。毕竟,一切商贸谈判的目的不是为了拒绝或让步,而是为了获利,或者为了减少损失,一言以蔽之,是为了谈判成功。故不能意气用事,而要善于作"退一步,进两步"的巧妙妥协。

2. 统筹型谈判

统筹型谈判，多指双方洽商谈判的主题系由多个议题构成。由于涉及的不是单一议题，故而双方在不同的议题上所寻求的“理想值”互有参差，双方不仅可以避免单一化的激烈交锋，而且可以在不同的议题上有进有退，互谅互让，以不同议题的利益互补，达到合作，使得双方各得其所，同时会得到较多的利益实惠。如甲乙双方正在进行谈判：一个是关于金钱问题，甲方要求成交价至少为3万元才能签约，而乙方则坚持最多只能考虑2万元，双方不存在达成协议的临界范围；另一个是交货时间问题，甲方提出最早6个月才能交货，而乙方则要求最晚不超过4个月交货，双方同样不存在达成协议的可能。在很难找到双方都可以接受的妥协方案时，用统筹型谈判的方式，协议就可能达成，即如果乙方愿意在价格上接受3万元的成交价，那么，甲方也愿意在交货时间上接受乙方不超过4个月的期限。

综上所述，统筹型谈判是把双方所存在的两种不同的交换比率(即“金钱”和“时间”)结合起来，使他们有机会利用这个差异。这种谈判艺术的关键是：为了得到某项利益，而甘愿放弃另一项利益去换取它。有退才有进，不可能企求项项得好处。因此，在谈判时，许多主谈者往往表现得很明智：在一个问题上坚持自己意见，而在另一个问题上则乐意接受对方的意见。“棋逢敌手，将遇良才”，即在于双方进退有方，各取所需，利益互补，达到左右逢源。

（三）按谈判内容划分

1. 投资谈判

投资谈判，以投资方式看，可分单独投资和合伙投资两种。单独投资又可分为投资到对方和让对方投资到本方两种，合伙投资是用协议或其他具有法律约束效力的合同来维系的双方或多方的投资。

作为投资谈判者，谈判的动机不一样，采用的谈判策略具有明显的差异。投资到对方，目的是获取投资回报率，那么就应该在可行性分析的基础上，同对方谈互利合作，以保障投资权益；若是出于吸收对方资金，则应在谈判时注重创造适宜的投资环境条件；若是合伙投资，谈判双方则在投资可行性论证后，对各自投入的内容（如不动产、资金、技术、人力等）、合伙期限、权益、资产管理等进行谈判。

2. 商品供求谈判

商品供求谈判是最普遍的商务谈判。由于商品的种类十分繁多，按不同的分类可分成数量、内容不同的商品类别。因此，商品供求谈判的内容也十分广泛。但是，不论什么种类的商品购销谈判，其谈判的内容在一般情况下都应包括标的、数量、质量、价格、日期、验收、责任等条款。

3. 技术引进与转让谈判

在商品经济社会，技术是一种特殊的商品。技术与生产的结合过程，往往是通过技术引进与转让谈判开始的。因此，技术引进与转让谈判是现代经济活动的重要内容。它的类别主要有技术服务、专利、专门知识、工程服务、商标和专营权六种。

第二章　商务谈判理论

一、需要理论

（一）需要与动机

1. 需要

需要，就是有机体缺乏某种事物时产生的一种主观状态，它是有机体对客观事物需求的反映。需要和对需要的满足是商务谈判的共同基础。如果不存在尚未满足的需要，人们便不会去谈判。谈判的前提是，大家都有合理分割“大蛋糕”的需求。否则，一方会对另一方的需求充耳不闻，双方也不会有任何协商的可能性了。

掌握“需用理论”能使谈判当事人知己知彼，找出与对方相联系的需求，懂得如何选择不同的方法去适应、抵制或改变对方的动机。了解每一种需要的相应动力和作用，以便选择最佳的谈判方法。有这样一个事例。

在比利时的一个画廊里，有一个印度人带来了三幅画,同画商进行谈判。开始时,印度人对三幅画总共要价250美元。画商不同意。双方经过一番激烈的讨价还价,谈判陷入了僵局。最后,印度人被惹火了,跑了出去,把其中的一幅画付之一炬。画商爱画心切,心中倍感伤痛。这时,画商又问印度人现在两幅画愿意出价多少,印度人仍然要价250美元。画商拒绝这个价格时,印度人竟然又烧掉了其中的一幅。最后,画商只好恳求对方不要再烧最后一幅了。画商拿过剩下的最后一幅画,问印度人愿意卖多少,印度人坚决地告诉画商,还是250美元。谈判的最后结果,印度人硬是从画商那里拿走了他需要的250美元。

上例中的"印度人"正因为了解了画商的心理需求,所以他会如此"牛",最后居然以三幅画的价格成交一幅画。

又如,推销作为一种买卖关系,归根结底是人与人的关系,因此,销售语言首先应该以满足销售对象的需求为前提。消费者在接受商品的过程中,一般有以下四个阶段,每个阶段都反映了商品的一定需求。

(1) 知晓阶段

消费者开始获知存在某一种新产品时,他的信息来源主要是产品广告,或人际传播。因此,在他记忆中的形象清晰度不高。针对这一特点,营业员应该使用能让人产生"奇特"的感受和增加产品清晰度的语言,以增加刺激度,唤起消费公众的注意。

(2) 兴趣阶段

消费者不仅知道了这种新产品,而且对它发生了兴趣,并优先地集中了注意。但这种注意是不巩固的,甚至是有偏差的，这就需要有导向。因此，这个阶段的推销语言，必须是维护推销对象已产生的注意，并积极诱导，注意朝有利于推销目标的方向发展。因此，发话要主动，话题要做一些必要的延伸，直到能基本控制导向为止。如玩具商店的营业员向顾客推销的这番对话：

（一位顾客正拿起一只声控玩具飞碟）

营业员："先生，您好！您的孩子多大了？"

顾　客："6岁。"（说完，把玩具放回原处，眼光又移向其他玩具）

营业员："6岁！正是玩这种玩具的时候。"（说完，便把玩具的开关打开，顾客的视线又被引到声控玩具上……）

（3）评价阶段

消费者在权衡使用这一新产品的利弊得失时，在心理上往往会产生需要咨询的愿望。因此，在这个阶段，推销语言必须剖析事理，站在消费者的立场上陈述利害，满足推销对象反复权衡利弊的心理需要。如上例，正当那顾客拿着"声控玩具"左右思索时，营业员说："小孩从小玩这种声控玩具，可以培养出强烈的指挥意识。"短短一语，使顾客感到一种满足。

（4）行动阶段

消费者经过前三阶段的比较、思考，得到满意的答复，但在决定采取购买行动前，还有一种能从旁再一次得到证实的需要。因此，在这个阶段中，推销语言必须在"促"字上下功夫。

2. 动机

在商务谈判领域，对对方行为动机的研究具有特别重要的意义。因为，只有深刻了解对方行为的动因，预测其某种行为的出现，因势利导或防微杜渐，才能使谈判获得最佳的效果。由于谈判双方的需要是多层次、多方面，而且是不断变化的。所以，由此产生的行为动机是复杂的，它的形成过程的模式如图 2－1 所示：

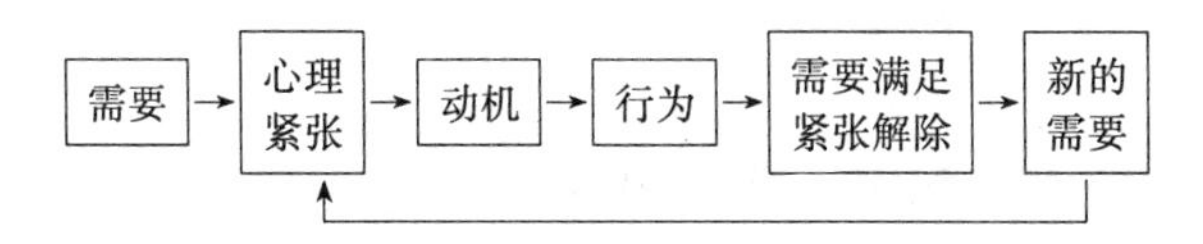

图 2－1　需要与动机形成模式图

当人们产生某种需要而又未得到满足时，会产生一种不安和紧张的心理状态；当遇到或估计需要的目标能够得到满足时，紧张的心理状态就转化为动机，推动人们去从事实现动机目标的行为；当目标达到时，紧张的心理状态就会解除，需要得到满足，这时，人们又会产生新的需要，开始一个新的动机形成过程，不断走向新的目标。

什么是动机和行为动机呢？

以愿望、兴趣、理想等的形式，激励人们发动和维持其行动，并导向某一目标的一种心理过程或主观因素，谓之动机。所谓行为动机，是指在需要的基础上产生的社会行为的直接原因或内在动力。动机和行为动机是有区别的，前者指从行动中表露的个体观念；后者则是指导致行动的原因或动力。当然，这种区别是相对的，相对于动机来说，行为动机是某种观念或意向的外在形式；反之，相对于行为动机来说，动机则是内在观念，是某一行为所包含的意义。

谈判双方的动机系统和需要系统是一致的，但需要不等于动机，两者不能画等号，需要是动机产生和形成的基础，而无对象的需要是不会引起谈判双方的行为动机的。需要引起动机，动机决定行为。因此，预测、了解谈判对象的需要，进而了解其行为动机是使商务谈判达到最佳效果的必要前提。

（二）马氏需要理论

关于需要的理论，最有代表性的是马斯洛的需要层次论。马斯洛认为，人类具有两种性质的需要：一类是沿着生物系谱上升方向逐步变弱的本能或需要，即低级需要或生理需要；一类是随着生物进化而逐步呈现的潜能或需要，即高级需要或心理需要。在此基础上，他又将这些需要分为五个梯级。生理需要、安全需要两层是低级需要，偏重于对物质的需求；而社交需要、尊重需要、自我价值需要三层是高级需要，偏重于对精神方面的需求。

根据需要优势递进规律，只有在生物性即自然需要得到满足后，人们才可能去企求对安全、社交、尊重及自我价值等需要的充分满足。这里，将着重讨论安全需要、社交需要、尊重需要和自我价值需要。

1. 安全需要

安全需要是指在生理需要得到满足的前提下产生的

需要。它包括得到保证、稳定、依赖、保护、秩序、法律、保护者的力量等。如对企业内部的员工来说,他们对生产设备的安全装置、职业病的防治、环境污染的治理等关系到人身安全的需要尤为关心。在现代社会,企业内部员工更关心企业的生存,这不仅是就业的保障,更是自身地位的显示,表现出一种强烈的生存需要;不仅考虑到当前,还考虑到未来,考虑到自身的地位以保证将来生理上的需要不受到威胁。因此,有时候对大多数人来说,安全需要往往上升为最重要的需要。下图2-2就是人的安全需要占优势的需要结构。

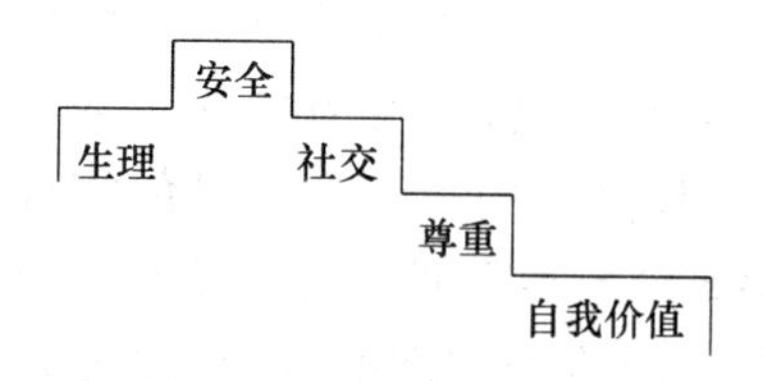

图2-2 需要结构图之一

2. 社交需要

人与人、人与群体、群体与群体间,都渴望相互交往,希望通过交往互通信息、促进理解、共同合作和增进友谊,这是一种"社会互动"。作为社会性的人或群体必然有了解外部环境信息的需要,以调节自己的行为。另外,也有一种归属于一定集团或群体的情感要求,成为其中的一员有得到爱的需要。如图2-3就是社交需要占优势的需要结构。

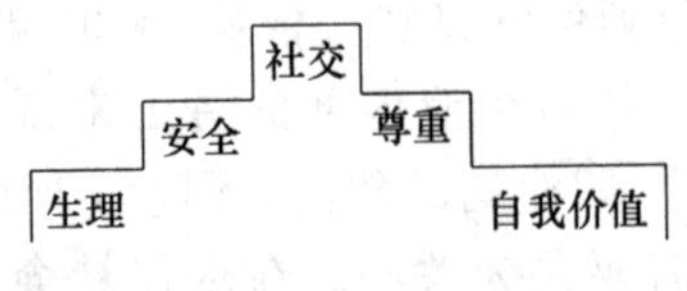

图 2-3 需要结构图之二

3. 尊重需要

希望他人尊重自己的人格，希望自己的能力和才华得到他人公正的承认和赞赏，要求在群体中确立自己的地位。简言之，即自尊和他尊的需要。自尊需要是人产生积极性的一个重要源泉，一般为自觉或不自觉地表现自己的存在与作用，渴望别人了解自己的需要。他尊需要是搞好人际关系的重要条件。他尊需要具体表现在：需要受他人尊敬或能给予较高的评价，也可表现为对地位的需要。人格结构的 PAC 沟通理论证实了他尊需要所期待的沟通方式。

尊重需要与前面说到的需要都不相同，它不仅难以辨别、捉摸，而且也难以获得完全的满足。不过一获得满足，将成为持久的激励力量。下图 2-4 就是尊重需要占优势的需要结构。

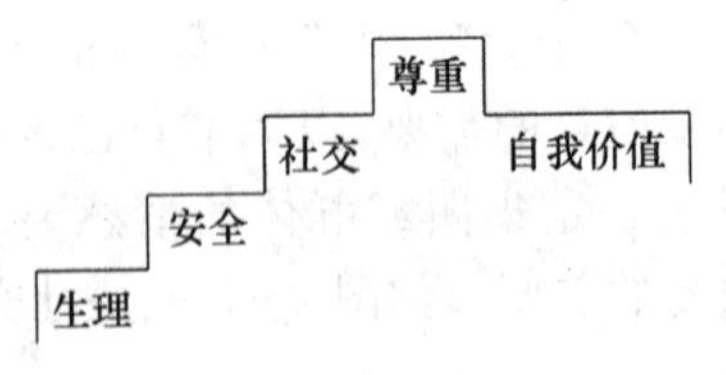

图 2-4 需要结构图之三

4. 自我价值需要

希望完成与自己能力相称的工作，充分表现个人（或群体）的思想、兴趣、能力和意志等。这是一种自发的、力争实现自我价值的内在心理需求。这是人的需要层次结构里最高层次的需要。这一需要的满足，主要是通过两种途径：一是个性的属性与情趣的抒发，二是对世界的探索与事业的成功。以自我价值需要占优势的需要结构，如图 2－5 所示。

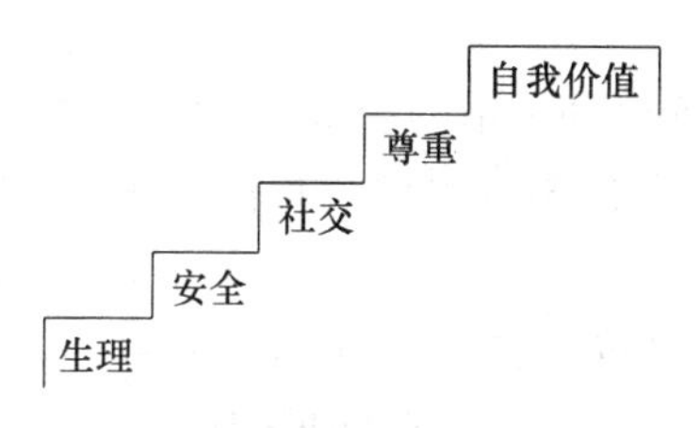

图 2－5　需要结构图之四

（三）需要理论在商务谈判中的运用

1. 满足谈判者的各种基本需求是达到自我实现最高需求的前提

在商务谈判的各个阶段，应让谈判者相互间关系轻松、融洽，而不感到拘束，建立一种良好的商谈气氛。例如，在物质需求上安排好住宿、饮食，包括点心茶水、娱乐等，创造一个使双方有安全感的环境来满足谈判者的最基本需求。在谈判过程的协商统一意见的阶段，更要增强社交活动来满足谈判者个人的需求。

然而，自尊需求的满足依赖于谈判者内心深处对自己的成就所作的评价。如果谈判者对自己的成就是满意的，即满足了他对自尊的需求，这时候，他就会要求"达成协议"，谈判双方的需求层次就会达到最高层次，并且有希望达成双方满意的协议。

2. 满足谈判者对尊严的需求，以达到在利他过程中实现利己

在生存、安全和友情的需求得到满足之后，许多人追求的目标会仅限于自尊或得到尊重的需求，而不是创造性需求这一最高层次。这种人对尊严的需求是从三方面得到的：本企业的尊重、谈判对手的尊重和自尊。

谈判者需要得到本企业同事的尊重。如果他来到谈判桌前，谈判目标已经有了详细的规定，这样他的最大希望就是能够带着实现了的目标离开谈判桌。由此，追求这些目标的实现，就是他从谈判中得到的最基本的满足；谈判者需要得到对手的尊重。当他非常注重自身利益时，他会认为对方对他的尊重程度取决于他赢得了多大的成果；谈判者还受到自尊的影响。他的自尊是否得到满足，同样与他能否达到谈判目标息息相关。

由此可见，谈判者所追求的是想方设法取得自己的利益。遇到这种情况，我们就可以在谈判初期想办法满足他的前三层次需求，并在利他过程中实现利己。为此，必须提高对手对我方让步条款的认可度，减弱他对我方不能让步条款的抵触情绪，使谈判取得成功。

3. 运用需要理论选用谈判策略

运用需要理论可以归纳出从易至难的四种谈判策略：

(1) 谈判者顺从对方的需求

谈判者在谈判中站在对方的立场上，顺应对方的需求，从而使谈判获得成功。这种谈判最容易，当然，这种“顺从”是建立在不损害自身利益的基础上的。

(2) 谈判者使对方服从其自身的需求

这是一种定向诱导的谈判策略。商店的营业员与顾客之间普遍使用这种方法，营业员表面上用种种热情的方法满足顾客的需要，实际上是为了推销商品，从而实现自身利益。

(3) 谈判者同时服从对方和自己的需求

这是指谈判双方从共同利益出发，为满足双方每一方面的共同需要进行的谈判，采取符合双方利益的策略。这种策略在商务谈判中被普遍用于建立各种联盟，或扩大规模、或降低成本、或固定产品价格等。

(4) 谈判者违背自己的需求

这是谈判者为了争取长远利益的需要，抛弃某些眼前或无关紧要的利益和需要的谈判策略。例如，某些商业企业对有些产品采用“买断”经营的方式。

(四) 需要理论在商务谈判中的意义

1. 为摸清谈判对象的动机提供了理论基础

通过谈判达成交易的愿望是由需要引起的。这种愿望总是指向能够满足当前或未来需要的对象，如商品、服务、货币等。当愿望所指的对象引起人们通过谈判达成交易的活动时，反映这种对象的现象就构成引起成交的动机。换言之，动机是促使人们去满足需求的驱动力。人们总是受着内心的驱使去减轻精神的紧张而恢复平衡状态，而动机的形成有赖于需求受到强烈的刺激和吸引。因此，在谈判过程中，要找出与双方都相联系的需求来激发成交的动机。

2. 为多种谈判方案的制定提供理论依据

(1) 搞清各自的“需要”是制定谈判方案的前提

谈判前要制定方案，而成功方案的制定由多种因素决定。但影响方案的主要因素是双方的“需要”，搞清双方的需要是制定方案的前提条件；否则，制定出的方案将毫无意义。

例如，甲乙为争一个橘子而吵得不可开交，最后将橘子一分为二。结果，甲拿起他那一半，把橘肉吃了，将橘皮丢在桌上；而乙拿起他那一半，却把橘肉丢在一边，把橘皮拿走了。原来甲想吃橘子肉，而乙则一心要橘子皮去制橘味软糕。由于双方没有说清自己的需要就吵起来，以至于制定和实施如此“一分为二”的方案，结果双方都不十分满意。如果事先能沟通双方的不同需要，完全可以制定和实施一个要橘子肉，另一个要橘子皮的皆大欢喜的方案。

(2) 满足需要有不同的途径，不能只制定唯一方案而使谈判陷入僵局

需要，是驱动人们谈判的原动力，满足某种需要不

是只有一种途径，而是有多种途径和方案可供选择。如去北京，可以乘火车，也可以坐飞机，还可以搭汽车。对于大量陷入僵局的谈判研究表明，在很多情况下，由于人们假定去北京只有一种交通工具，即只有唯一的、而且是自己提出的方案才是可以接受的。于是，僵局就产生了，谈判就搁浅。解决的方法是制定满足双方不同需要的谈判方案。

3. 为商务谈判的方案选择提出了原则

需要理论为众多方案的选择提出了"非零和"原则，即双赢原则。换言之，就是选择既要照顾到双方的需要，又能转移双方争论焦点的方案。

4. 为弥补未满足的需要提供了可能

马氏需要理论认为，每一个层次的需求都要在前一个层次的需求得到满足之后出现。通常，前一个层次的需求得到了部分的满足，后一种新的需求就会渐渐出现。在同一时刻，大多数人的所有各种基本需求，都是部分得到满足，部分未得到满足。因此，在商务谈判中，可能出现两种情况：一是一次小规模的交易成功后，可能预示着另一次大规模的交易开始，以满足双方更高层次的需求；二是可能在同一次交易中，为建立长久关系，而在某些方面作出较大的让步。

二、原则谈判法

(一) 什么是原则谈判法

“原则谈判法”是美国学者罗杰·费雪尔和威廉·尤瑞研究发展的新的谈判理论。“原则谈判法”的基本内涵是根据价值来寻求双方的利益而达成协议,并不是通过双方讨价还价来作最后的决定。当双方的利益发生冲突时,则坚持使用某些客观的标准来作决定,而不是双方意志力的比赛。因此,“原则谈判法”也可称之为价值谈判法,其基本要点为四个方面。

① 人:把人与问题分开。把对方当作“人”来看待,把问题按其价值来处理。

② 利益:着眼于利益而不是立场。立场是你作出的某种决定,促使你作出这种决定的则是利益。

③ 意见:在决定如何做之前,先构思可能有的选择,提出彼此有利的解决方案。

④ 标准:坚持使用客观标准。

(二) 把人与问题分开

谈判,实际上是人与人之间的一种沟通过程。因此,一个基本事实是:与你沟通的不是对方的“抽象代表”,而是活生生的人。是人就会有情绪,有需求,有观点。然而,谈判活动的这一人性层面，有时是很难预测的。原因有两个。

1. “自我”往往容易卷入“现实”之中

在谈判中，由于双方所处的对峙地位，对于对方总有一种戒备心理，所以常常从本位的立场看问题，这样就容易把自己的感觉与现实混在一起。受隐蔽假设的影响，对别人的话的理解常常歪曲其原意。于是，“误解”会强化成见，导致恶性循环的反应，理智地探求可能有的解决方法因此而变得不可能，谈判就会搁浅。

2. 判断过于简单，结论缺乏根据

要做到把“人”与“问题”分开，首先要坚持把“现象”与“看法”分开。因为形成某一“现象”的原因，往往不是单一的。如515教室是管理系专用的教室，但今天这教室很脏，桌椅也不整齐。能否从这一“现象”而得出“管理系的学生素质很差”这一“看法”，显然是否定的。因为有可能今天这教室正好是外借的。

人们常常从没有根据的推论中得出结论，并把这些作为对人的看法和态度，而不去想其他的解释也可能是正确的。当然，有时这样的估计并不是有意识的。

由于这两个原因，谈判的双方不但没有得到应有的结果，反而是双方的关系恶化。因此，不能迅速地觉察和妥善地处理对方的人性层面的反应，会给谈判带来致命的危害。要做到把人与问题分开处理，从总体上应从看法、情绪、误解这三个方面着手。当对方的看法不正确时，应寻求机会

让他纠正；如果对方情绪太激动时，应给予一定的理解；当发生误解时，应设法加强双方的沟通。在谈判中，不仅要这样处理别人的“人的问题”，同样也应该处理你自己的“人的问题”。

综上所述，在思想上要把自己和对方看作是同舟共济的伙伴，把谈判视为一个携手共进的过程；在方法上，要把对方当作“人”来看待，了解他的想法、感受、需求，给予应有的尊重，把问题按照其价值来处理。

（三）着眼于利益而不是立场

谈判中的基本问题，不是双方立场上的冲突，而是双方的利益、需求、欲望的冲突。谈判的目的，就是为了调和双方利益而达成的某种协议。例如：有两个人在图书馆阅览室争吵了起来，原因是一个想开窗，一个想关窗，他们为了窗户应该开多大而争论不休。图书馆管理员走进来，问其中一位为什么要开窗？回答：“让空气流通。”又问另一位为什么要关窗？他说：“避免噪音。”那位管理员想了一下，然后，打开旁边房间内的窗户，这样既可让空气流通，又可避免噪音。由此可见，不能只注意双方陈述的立场——“开窗”和“关窗”，而应该从“空气流通”和“避免噪音”这两项双方潜在的利益出发，达成一种解决问题的协议。因此，明智的解决方法是针对利益，而不是针对立场。原因有两个：

① 任何一种利益一般都有多种可以满足的方式。

如卖方为了保持“销售越多、效益越大”的利益，他与买方的洽谈，除了“价格”，还可以就付款时间(30 天还是 60 天)、客户身份(会员还是非会员)、购买数量(零买还是整箱买)等达成一种协议。而买方为了保持“价廉物美、物有所值”的利益,他与卖方的洽谈,同样也有多种方式,如他可以提出必须改进产品的包装,也可以要求延长保修期,还可以提出一定要送货上门等。

② 在对立立场背后,双方之间存在着共同利益和冲突性的利益,并且所存在的共同利益往往大于冲突性利益。唯有此,买卖之间的洽谈才有价值。

(四) 提出彼此有利的解决方案

在谈判中,人们为什么容易坚持自己的立场,而使谈判陷入僵局,原因之一是“沿着单一方向进行谈判”而使谈判进入死胡同;二是“遇到非零和的选择”而使谈判形成单利性结果。但有一种办法能把一块“大饼”分割得让双方都满意,这就是在分割“大饼”之前先使“大饼”膨胀起来,即提出彼此有利的解决方案——由一个人切,另一个人先挑选,就是一个分配“大饼”的好方案。

提出彼此有利的解决方案,是在构思一系列可行的选择方案中产生的。因此,第一步骤必须把选择方案的“构思行为”与“判断行为”分开;第二步骤必须摒弃“只寻求一种答案”的意识;第三步骤必须确认“共有利益”,让双方“各得其所”;第四步骤必须“使对方容易作决定”。

把“构思”和“决定”划分清楚,对任何谈判都有好处。讨论选择方案与采取立场截然不同。双方的立场也许是对立的,但“讨论选择方案”却会请对方也提出“选择方案”来。而这时双方所采用的语气都会迥然不同。它包含问题,而不是肯定;它表现商量,而不是决定;它是开放式的创意,而不是封闭式的思想。这种“智力激荡”可以使谈判的双方不受拘束地进行创造性思考，并构思建设性的多种解决方案，而不是“只寻求一种答案”。

从理论上说，“共有利益”显然有助于达成协议，但就实务上而言，“共有利益”在所有谈判中都是隐蔽的，而双方想法的“差异”却是达成交易的基础。如股票交易，正是因为购买者认为会涨价，售出者认为会降价之故。换言之，在谈判中，确认“共有利益”并将其设定为共同的目标，就是使“共有利益”具体化，以作为未来的指向，并使谈判过程更为顺利和融洽。而在利益和想法上的“差异”，可以使得某一项目对你有很大的利益，而对另一方则也无不利，这就是“各有所得”。当然，在谈判的最后，一定要“使对方容易作决定”，因为没有令对方动心的选择方案，对方是很难跟你达成协议的。

（五）坚持使用客观标准

在谈判中，如何解决双方利益矛盾问题？原则谈判法主张：坚持使用客观标准。所谓“客观标准”就是独立于各方主观意志之外的、不受情绪影响的标准。衡量的原则是：

① 从实质利益上看，以不损害双方各自的利益为原则；

② 从处理程序上看，在双方决定各自要扮演的角色之前，可以先针对他们心中的“公平程序”进行谈判。像两个人分饼时，一个切，另一个则先挑选，谁也不会抱怨这种方法不公平。

第三章　商务谈判心理与思维

一、商务谈判心理

（一）商务谈判心理知识简介

一个商务谈判者除了需要精通专业知识外，还必须掌握许多知识，其中一个重要的方面是，必须掌握一些心理学知识，这样才能对人性有深刻认识。因为商务谈判总是在人与人之间进行的，某种程度上说，左右商务谈判结果的是人。商务谈判作为人类的一种行为，一种复杂的、高级的行为，而且是研究起来最困难的一种行为，不掌握一些心理知识可能处处碰壁。所以要取得商务谈判的成功，不仅要研究商务谈判本身，而且要研究参与商务谈判的人，研究商务谈判心理。

从心理学角度看，尽管人类的行为看起来错综复杂，但却是可以预测、可以理解的。经过西方心理学的研究发现，在人的行为中有各种各样的可预测因素，并有着可认识的内在规律。如果我们把个人的行为看作是一个大的群体行为的组成部分，那么在一定条件下，就不难对他们作出预测。《福尔摩斯探案》小说中，歇洛克·福尔摩斯对华生医生说：

> 单个的人是一个无法解答的谜，但是一旦置身于群体之中，他就成了一个确定的常数。你永远不能预料某一个人会去做什么？然而，你随时可以精确地预测平均有多少人会去怎么做。个人虽然千差万别，但这个百分率却是恒常不变的。

下面的例子，也许更能说明问题。

第二次世界大战后不久，不知什么原因，纽约每天晚上自来水的压力一到正点（或正半小时）就急剧下降，水压下降的时间这样精确，而且天天如此，引起了供水部门的高度重视。该部门决定在全市居民中作一次随机抽样调查，抽样的范围很广，足以保证调查结果的可靠性。结果他们发现，晚上七点到十点，每到正点（或正半小时），电视台总要打断正在播放的节目，插入商业广告。于是人们利用这段时间起身去厨房或上厕所，所以，厨房的水龙头和厕所的抽水马桶一片哗哗放水声，水压也就准时地下降了。

假如，我们想知道那时候纽约某人某天晚上正点时在干什么，虽然不能断言，但可以推测他去厨房或上厕所的可能性有多大。

所以，尽管商务谈判千变万化，商务谈判者错综复杂，但是我们可以用商务谈判心理去分析、判断对方的内心世界，洞察商务谈判的各种可能性，从而在商务谈判中占据主动地位，争取商务谈判的最后成功。

下面主要介绍商务谈判心理的“文饰”、“压抑”、“移置”、“投射”、“角色”等。

1. 文饰心理

一个人用对自己最有利的方式来解释一件事情，就是文饰心理在起作用。

狐狸与葡萄的故事众所周知，狐狸费尽心机仍够不着诱人葡萄的结果，便是自我解嘲地说：“嘿！算了吧，葡萄说不定是酸的，我才不想要呢！”其实狐狸对葡萄想得厉害，但当它意识到葡萄可望而不可及时，为了自我安慰，掩饰一无所获的失败感，就说它根本不想要。在心理学家看来，狐狸就是在“文饰”。

各种各样的商务谈判中，少不了有文饰的心理现象。对方把他的要求或条件描绘得天花乱坠，就如个体户摊位上，为了推销他的东西，说得“天上有，人间无”一样，都是文饰心理在起作用。一场商务谈判结束，谁都想为商务谈判的结果吹嘘一番，就像许多炒股票的朋友，光吹嘘自己在什么股票上赚了多少，而从不愿说他亏得怎么样一样，都是文饰心理在起作用。

2. 压抑心理

一个人在自己有意识的思想中，排斥那些使他感到厌恶的或痛苦的情感和事物，就叫做“压抑”。在人们的生活中，令人不快的往事或不愿承担的义务就常常会被“忘掉”。弗洛伊德坚持认为，这种“遗忘”是有动机促发的，而不是偶然自发的。一个人会让一次不愉快的约会过期后才突然想起这件事，正是“压抑”的心理在起作用。

例如，多年前，足球天才马拉多纳在意大利那不勒斯队踢球，因涉及吸毒、贩毒，遭到警察局传讯。可传讯那天，马拉多纳根本就没去。后来再通知他，马拉多纳又比预定的时间迟到了九十多分钟。对于这一切马拉多纳则辩解说，他是记错了日期和时间。

同样，在中国人中，对于那些不愿意或不得不干的事，总是拖了又拖。如在商务谈判中遇到这种情况，应该分析对方是否对商务谈判的条件甚至商务谈判的本身不满意。一位商务谈判的高手应能洞察其中的奥秘。

3. 移置心理

人们往往迁怒于无辜者，拿他们当出气筒或替罪羊。出气筒也好、替罪羊也好，就是移置心理的典型表现。讲到替罪羊，其典故由来已久，《旧约・利未记》说，古代犹太教每年一度赎罪祭，由大祭司把双手按在羊头上，表示全民族的一切罪行都已由这头羊承担，然后把羊赶入旷野。一切罪孽就被带走了。

移置心理在生活中的表现比比皆是，一个做丈夫的，上班时挨了上司狠狠地训斥，回家后无缘无故地踢房门，骂孩子，甚至摔东西，同妻子吵架。相反，如果家里不和，无处出气，到了单位，也会无缘无故地为了一点鸡毛蒜皮的小事，与同事大吵大闹。这就是移置心理在起作用。

移置心理在商务谈判中时有出现。倘若对方平白无故、莫名其妙地情绪变化，就很有可能是移置心理在起作用。

4. 投射心理

一个人把自己的动机加在别人的头上，他就是在“投射”。其实，“投射”是人们理解和思考外部事物的最普通、最重要的方法之一。这种行为的过程(有人认为始终)是无意识的，也就是说，这个人并不知道，他是在把自己的意识强加给外部的人或事物，是在给它们涂抹主管色彩，甚至加以歪曲。例如，“以小人之心，度君子之腹”就是一种“投射”心理作怪的典型。

在谈判中，有时会遇到一些欺诈成性的对手，事后这些人往往会以“人人都在骗人，人人都在被骗”的理由来辩解，这就是用“投射”心理来安慰自己。难怪萧伯纳说过，一个说谎者受到的最大惩罚，莫过于他不能再相信任何人了。问题在于我们不应该在商务谈判中欺骗对手，但对谈判对手的欺骗行为不仅要有所防备，更要善于识别。

5. 角色心理

又称“角色扮演”心理，是指这样一种行为方式，即一个人有意识地掩盖了自己的真面目，有意识地扮演成另一种人。

这就是说，只有两个人在进行商务谈判时，至少有四个角色(有人甚至认为有六个角色之多)穿插其中。一方是你的真身和你现在扮演的商务谈判角色，另一方是对手的真身和对手扮演的商务谈判角色。由于商务谈判角色是由各自的上级和各人所处的环境决定的，难免有时会与各自的真身发生各种各样的冲突。例如,你的真身认为,对手的商务谈判条件是合情合理的,而根据上级的要求,你却不得不加以坚决的反对。或者,对手提出的商务谈判条件,明明中你的意,但商务谈判经验告诉你,决不能流露真情,你必须扮演商务谈判者的角色,继续要挟对手或说服对手,期待他作出更大的让步。其实不管角色扮演得多么好,出于人的本性和弱点,都会在商务谈判中,不知不觉地流露出一些真实思想来,也就是说,任何一方都会出现两种角色。掌握这种心理知识在商务谈判中非常有用。高明的商务谈判者不会被对方的商务谈判角色所迷惑,他们善于体会对手的言外之意,善于从对手的一举一动中,发现对手的真实思想,从而占据商务谈判的主动地位,所以,在商务谈判中总是高出对手一筹。

商务谈判心理的研究向我们解释了人们头脑中的种种诡秘,由此我们可以认识到,每次商务谈判中,人们总是自觉或不自觉地在进行"文饰"、"投射"、"移置"和"角色扮演"。老练的商务谈判家能把坐在商务谈判桌对面的人一眼望穿,料定对方在思考什么、将如何行动和为什么行动。

(二)商务谈判者心理类型

1. 商务谈判者的心理变化与阶段性特征

商务谈判者的心理活动十分丰富。商务谈判者心理活动的两重性质:主观性与客观性,是商务谈判者的全部心理活动。它的产生,包括商务谈判者的学识、水平、修养等自身素质所决定的心理活动,表露出个性、情感和追求等方面的内容，反映出心理活动产生的主观因素；也包括商务谈判者在受到外界的人、事、物刺激后，所表露的个性、情感和追求，反映出心理活动产生的客观因素。

由于商务谈判者的心理活动受主观因素与客观因素的影响，因此商务谈判过程中的不同条件、不同因素、不同环境都会引起商务谈判者的主观因素与客观因素的变化，进而引起商务谈判者的心理变化。尤其是在主观意识和客观刺激紧密聚集在一起的时候，这种变化就更加强烈，起伏不定。故而商务谈判者丰富复杂的态度演变，就成为商务谈判中心理变化的可见轨迹。反之，商务谈判中的心理变化，也就成为商务谈判者态度变化的演变标记。

商务谈判心理的可变性，使商务谈判者心理呈现出阶段性的特点：或以时间为阶段，或以内容为阶段，或以人员地点的变化为阶段。这就是说，在商务谈判的不同阶段，无论是出自主观原因，还是出自客观原因，商务谈判者的成功信念，将使他的情感和追求表现出不同的内容和特征。阶段性的特征，要求商务谈判者注意商务谈判心理变化的征兆，判断其心理变化，调整商务谈判对策，及时引导商务谈判进程或保护商务谈判立场，走向双赢的结局。

2. 商务谈判者的心理追求

(1) 商务谈判者的双重个性

每个人都有双重个性，即自然个性和自在个性。众所周知，生活中的性格又称之为个性。每个人都有自己的性格，叫自然个性。尽管个性心理表现着可塑性、变异性，但又鲜明地呈现着它心理面貌相对的不变性，从而使我们可能预见到这个人在这样或那样情境中的行为、个性。另一方面，自然个性在受到一定的制约后，可形成受社会因素制约的个性，称之为自在个性。自在个性是在改变周围世界、改变自身心理面貌有目的的活动中形成的，从而具有个性心理特征——能动性。

自然个性往往有弱点；自在个性则是通过自我修养，改善了自然个性的弱点，增强自在个性的优点，从而完善自然个性。

商务谈判可以说是一种说服对方接受自己要求的过程，不可避免会形成利益上的冲突，虽然各自所代表组织的实力如何会影响商务谈判的结局，但是商务谈判往往是从商务谈判人本身开始提出要求的。所以，利益上的冲突往往体现在商务谈判代表个人的冲突上，更具体一点说，是商务谈判代表个性上的冲突。所以任何个性上的弱点往往被对方所利用，从而导致本方的重大损失。故在商务谈判中，提倡双重个性，既有本身的自然个性，又有符合商务谈判要求的自在个性。

典型的自然个性有：急性子与慢性子，泼辣与温和，果断坚定与优柔寡断等等。对于具有坚定的自我形象的商务谈判者来说，自然个性与自在个性的统一，是他们自我修养成就的体现。

急性子的人容易急于求成、忘却策略，被人钻毛糙的空子，这类人虽然不拖泥带水，但急中容易出错，表现出缺少谋略和不沉稳，这是商务谈判者所不应有的。

慢性子的人在生活中还能叫人容忍，在商务谈判中则应该快则快、雷厉风行，像成熟的商务谈判者那样，把自然个性上的弱点隐藏在自在个性特征之中，让对方无懈可击。

温和性格的人，在生活中待人温存和善，为人们普遍欢迎。但在商务谈判桌上，“人善被人欺、马善被人骑”，这种性格显得幼稚、单纯，往往经不起对方的谎言或好话的哄骗。容易轻信于人，守不住自己的阵地，缺乏识人的本领。这类人往往容易被对方说服过去，又反过来作本方的说客。

泼辣性格的人，性格外露，敢于争辩，工作大胆。但他们少于谋略，语言尖刻，不给人以面子，也不给自己留有退路，商务谈判中容易倾吐自己的想法，不顾及对方的态度，也不顾及商务谈判的实际效果。这种自然个性有其积极的一面，但使用价值不大。若能加强修养，培养温文尔雅的表达和冷静思考进退，则能有效地发挥泼辣个性的积极因素。

商务谈判对商务谈判者双重个性的要求，不妨也可以从演戏的角度去看。演员固然有其本来的自然个性，但他必须真实地演出剧中人物的性格，从而将观众带入戏中。商务谈判桌也如舞台，商务谈判者必须显示的是商务谈判内容所决定他扮演的角色，因而他的自然个性必须掩盖起来或暂时遗忘干净，而以自在个性出现在对方面前，演好他应扮演的角色，和对方周旋到底。

(2) 商务谈判者的行为约束标准

商务谈判者有意无意都存在一定程度的行为约束标准。在实际商务谈判中，我们看到一些人，具有坚定的自我形象，总是充满信心，渴望以超人的素质出现在对手的面前，他们追求最佳结果，具有树立高目标的勇气和冒险精神，同时又具备了不断追求和不怕挫折的韧性。他们对对方有明察秋毫的洞察力和深刻的理解力。他们善于正视自己的弱点，甚至是失败，而后又总是能按照谈判的需要，客观地进行分析、评价，改进自己，独善其身。他们有强烈的自尊心和自信心，我们把这些人看作是自我想象力很强的人。

相反，另外许多商务谈判者是缺乏自我想象力的人，他们缺乏自信，惧怕失败，总在强调那些不利条件，总是倾向于建立一些平庸的没有雄心的目标，他们圆滑，少冒风险，但失去了更有作为的机会。

经验表明，自我想象力丰富，即合乎商务谈判者的行为标准的人，通常比那些不敢奢望的人能取得更多的利益。可以说，自我想象力（也即符合商务谈判者的行为标准）是导致商务谈判成功的桥梁。

从心理学的角度来看，这些行为标准有：

① 责任感。对商务谈判工作充满强烈的事业心，总是以百折不挠的精神，运用自己的智慧和能力克服面临的种种困难，从不轻易放弃自己的立场。他建立的目标往往比别人高，而且心中还有更高的目标。时刻追求商务谈判的成功。为了对上级或企业负责，对个人的名誉负责，他总是尽自己最大的努力。当努力变成了泡影，面临失败的时候，他敢于承担自己应负的责任，用于进行自我剖析，深入分析成功或失败的原因。这种人在自信心、自胜心的驱使下，昂着头挺起胸，表现出相当的乐观主义精神，他相信明天会好起来，他有信心驾驭自己的命运，并能使未来充满光明。

② 创造性。以创新为生活信条，奋斗以追求最佳的商务谈判利益，全力以赴地实现商务谈判目标。在解决困难时，总是在寻找自己的办法，而从不随意盲目效仿别人。他们喜欢与困难交锋，与对手争雄，敢于面对变革的强大压力，善于将变革的思想以同事们所能接受的形式表述出来。他们能经常反省自己，按谈判需要的行为约束标准检查自

己，一旦发现不足，就立即加以改正。

③ 交际能力。商务谈判中的交际能力是指与对手沟通情感的能力。显然这不是指花言巧语的伎俩。具有这种能力的人，总是那么随和，那么友善，善于做到倾心静听对手的谈话，对他的话题、内容，对他谈话的姿态、表情、语气等等都表现出浓厚的兴趣，并且具有能听善思把握谈话内容实质的能力。他与人为善，对别人的苦处报有真诚的同情心，有良好的人际环境。

④ 敏感性。商务谈判活动的特征、变化的信息，作为商务谈判情报都会通过各种途径反映出来。一个优秀的商务谈判者，能及时准确地辨别和掌握那些充斥于企业和日常生活甚至休闲时间的各类信息情报，表现出职业的敏感性。这种敏感性还表现在时刻都有清醒的头脑、把握一切有利于目标实现的机遇，并能抓住机遇不放。在目标确定之后时刻警惕，头脑清醒，以及及时判明影响目标实现的蛛丝马迹。

⑤ 信任同事。正确地认识周围的同事，善于消除同事间的人心隔阂，善于推心置腹、平等待人、相互尊重，处处、事事愿意与别人合作。在周围的人群中充满着良师益友，使他能时刻感受到一种相互信赖的氛围，放心地将任务交于他的下属去完成，使得每一个人都有机会展示自己的能力与才华，正因为这样，大家对他保持着忠诚，追随他的事业一道前进。

⑥ 敢冒风险。生活中充满着竞争，商务谈判桌上处处有风险。自我想象力很强的商务谈判者，在朝“双赢”目标前进的征途上，敢于冒一定的风险，去争取更大的成功。而不是怕冒风险，害怕竞争，害怕激烈的较量，幻想商务谈判

如一般买卖那样一手交钱一手交货,满足于屑小成绩和蝇头小利。当然,决策大起大落,风险极大时,应该完全理智地规避风险,而不是受感情支配地乱冲乱撞。

⑦ 自我尊重。自我尊重是商务谈判人员走向成功的必备素质。虽然人的能力有大小之分,但每一个人又都认为自己是有一定能力的有用之才,都有一展个人才华的愿望。强烈的职业自豪感和荣誉感驱使他主动工作,想方设法完成任务。当他成功时,又不会居功自傲,而是将目光移向新目标。他不是被迫地顺应命运,而是主动地寻求挑战。

⑧ 具体的奋斗目标。人的一生所走过的道路是由十分具体的人生目标标示出来的。成功者总是将人生目标作为激励自己的手段,按自己建立起来的目标行事。这些目标不是一时的心血来潮,从来没有去实现过。相反这些目标应该是可触及的具体事物。实现一个,再建立下一个。

⑨ 面向明天。世上没有一成不变的事物,万事万物、天上人间、每时每刻都在变化着、发展着、前进着。在变化的动态环境中,主张变革反对维持现状的思想就是顺应了历史的潮流。正因为如此,自我想象力很强的商务谈判者,决不会满足于昨天甚至今天的成绩,不会沉湎于已有的成绩之中,而是把以往的成绩作新的起点,面向明天的新目标不断地前进。

⑩ 经得起困难和挫折。困难和挫折组成了人生不可或缺的一部分。甚至可以说,缺少了困难和挫折的人生是不完美的人生。追求风平浪静、安逸舒适的生活只有使人退化。敢于面临困难和挫折,敢于战胜困难和挫折的人,方能显示出能力、才华和实现自我价值。在此过程中,一个成功者将表现出足够的承受力和爆发力以对抗

生活的压力。

（三）商务谈判心理类型

不同的职位与年龄，不同的商务谈判阶段，商务谈判者的心理状态是不同的。在成功信念的心理要素支配下，如以追求目标为划分标准，那么商务谈判心理类型可分为以下几种。

1. 权力型

这种商务谈判者对成绩的追求是狂热的，他们常常无视别人的反应和感觉，根本不考虑对方的需要和要求，为了取得最高成就而不惜任何代价。对于具有同样目标和同样要求的人，他们将会无情打击。这类人在商务谈判桌上喜欢发号施令，惯用高压政策、边缘政策、主宰商务谈判进程，不给别人留下任何余地，不善于真正地引导商务谈判。在大部分问题上，他们我行我素，以自我为中心，以自己下最后的结论为满足，为达到预期的目标会强使权利，甚至不近人情。他们求胜心切，放松事先决策研究，敢冒风险，大胆拍板。也正因为这样，他们有可能一度攫取更多的果实，获取更大的权利，其结果反而更加纵容了他们的狂热性。

显然，权力型商务谈判者是商务谈判桌上的劲敌。对于以“双赢”为目标的商务谈判者来说，这里的危险在于：如果你顺从他，他必然把你剥夺得一干二净；如果你反抗他，商务谈判很可能陷入僵局甚至破裂，而这又不是你所希望得到的结果。面对这种两难的处境，无论是买方还是卖方，都应该事先认真而大胆地制定自己的策略和具体的实施计划，尤其是从对手的需求目标出发决定自己的策略。要从总体上把握对手的性格特征、需要特征和主要弱点，要充分利用对手的弱点，削弱对手的长处。例如：

① 权力型商务谈判者往往喜欢得到象征性的权利或特权；

② 他们往往不顾及冒险的代价，一意孤行，缺乏耐心，讨厌拖拉，缺乏必要的警惕性；

③ 他们往往不愿陷入琐事，对细节不感兴趣，喜欢激动，易于冲动等等。可见，权力型商务谈判者不是不可战胜的，只要方法得当，照样能把他们引入陷阱。

同权力型商务谈判者商务谈判，应该创造一种直率的、能让对方接受的商务谈判氛围，当然，应当避免面对面的直接冲突。这不是恐惧强权，而是因为这样做解决不了问题。但是在与权力型商务谈判者商务谈判时，应该充分利用对方的弱点：

① 表现出极大的耐心，认真倾听，以柔克刚，靠韧性取胜；

② 对商务谈判前景新设计一些具有创见性的建议，一旦商务谈判陷入僵局，就抛出一个建议来；

③ 关键时抛出大量事先准备的有创见性的情报，诱使对方铤而走险；

④ 让他夸夸其谈，发号施令，对他表示额外的尊敬，关键时刻有意冷处理他，与他若即若离，使他有失落感。为了恢复自己的尊严，他可能会做出一些傻事来。

同权力型商务谈判者商务谈判，尽管我们力求避免面对面的直接冲突，然而在某些情况下，冲突不可避免、无法回避，在冷静回击的同时，则应该做到：

① 冷眼旁观，无动于衷。权力型商务谈判者的狂怒，目的是希望压服对手，或者引你发火、冲动，使他有机可乘。这是商务谈判桌上常见的把戏。最好的对付方法是冷眼旁观，无动于衷，这样不仅使对方的阴谋落空，而且使对方内心震惊，从而又可能对你产生敬意。

② 耐心倾听。当权力型商务谈判者陷入狂怒状况时，是不可能取得实质性进展的，所以最好的办法不是反击，而是耐心倾听。同时也可做好记录，此时记录有两重作用：一是起到压抑对手的作用，二是记录下对手"没讲什么"。此时对手讲些什么并不重要，因为他也在做戏，至于他有意不讲的内容，则往往蕴涵着重要的信息。

③ 事先精心准备。对于权力型商务谈判者中的实力人物要十分小心。事先要做好精心准备，严阵以待。千万不能待到商务谈判开始后方才搞清楚对手是什么类型的人。否则，要么商务谈判很快陷入僵局，导致不欢而散；要么你被压得喘不过气来，导致重大的经济损失。

2. 成功型

这种类型的商务谈判者是商务世界的宠儿，外表充满着迷人的魅力，他们在温文尔雅的外表下，暗藏着雄心。他们十分注意商务谈判前预定的目标，在商务谈判中强烈地追求目标的实现，为了达到目的，他们在拼命努力，并且视实现程度的高低为商务谈判成果的大小。他们办事的方法隐蔽，手段精巧。在讨价还价时，能迎合对手的兴趣，经常能在不知不觉中说服对方。成功型商务谈判者大致可分为以下几种：

① 年轻人初入本行，急于表现自己的才干，以求青睐；

② 年纪大的人，有多年的工作资历，把商务谈判成功看作是给自己的荣誉和地位增光添彩，聊以自慰；

③ 商务谈判者对事业、对公司的热爱，对上级或老板的忠诚，使他们有高度的责任感，执著地追求商务谈判的成功。

对成功型商务谈判者要有不同的商务谈判策略：

① 对年轻人。对这类成功型商务谈判者要以鼓励为主，要随时准备戴之以“高帽”，即便对手表现出明显的失误和幼稚，也要装扮出钦佩其精干的样子。在他的上司面前要称赞他的“能干”、“努力”。他们需要外界认可自己的能力和才干，尤其作为对手的你，如果抛出一些赏心的奉承话，就有可能使其干劲十足地沿着你画下的路线走下去。

② 对年纪大的人。由于这类成功型商务谈判者有资历、有影响、有能力在商务谈判中决定一些问题，因此要充分利用这一条件。商务谈判中要对他们多出“难题”。可以预见，他们的经验足以使他们能够应付这些难题。否则他将会在上司和同事面前失去面子而下不来台。你准备的难题要有节奏有目的地抛出，他如能解决难题，则要予以赞扬与歌颂。如果他不能解决，也不要怕形成冲突。因为必要的冲突是迫使他们妥协和让步的前提。对于这类年纪大的成功型商务谈判者来说，重要的是完美的自我形象，他们不希望直接冲突。另一方面，制造的冲突必须恰到好处，若冲突太激烈，他们会被迫还击，甚至

恼羞成怒，撕破脸面，如果形成那样的局面就很难指望会有什么好的结果了。

同时，他们很可能事先预备了几张“王牌”来对付你。所以你也必须做好迎战的充分准备。否则被宰的是你而不是他们了。

另外，也可以向他们不断地提出大量的细节问题，变相施加压力。经过一段时间的细节提问，他会感到难以忍受，因为这类经验丰富的商务谈判者往往不喜欢长久局限于某个问题之中，他希望以一种简洁的方法尽快解决实质性的问题，愿意尽快与你达成协议。

③ 对忠诚者。这类成功型商务谈判者是最为强劲的对手。他们富有经验，又具耐心，在友善的、温和的外表中，对自己的事业持满腔热情，对实现预定的目标坚定不移。这是些善于装腔作势、充满野心的进攻性的人，对实现既定目标有一种义不容辞的义务感，其强烈程度不亚于权力型商务谈判者。

对付这类商务谈判者，首先应“以原则对原则”，商务谈判一开始就形成一种公事公办的氛围，注意保持双方的感情距离，不要同对手拉扯得过于近乎。其次，在不激怒对手的情况下，保持态度上的进攻性，并以渊博的知识、精确的表达、娴熟的技巧，举证国际法律、国际惯例、本公司规定、对方公司规定，以及商务谈判人员公认的商务谈判惯例、准则，来进行商务谈判。这样做将造成两种后果：一是商务谈判双方各取所需——从“原则”、“规定”中选择对自己有利的一面，从而争论不休，僵持不下。二是这样的开场，显示了双方均是商务谈判的行家里手，双方已经知道，经过接下来装模作样的讨价还价，最终可以在什么样的价位上达成协议。

3. 关系型

这种关系型商务谈判者重视商务谈判目标，但更重视上级、老板、同事对自己的看法，以及与商务谈判对手的关系。他们不愿接受挑战，不愿意冒商务谈判陷于僵局、濒临破裂的风险，更不愿意为商务谈判的尴尬局面承担任何责任。办事喜欢多请示上级，需要不断地被上级承认和认可。由于环境总在变化，变化又意味着不安全。因此，他们总是怀着一种恐惧心理，只有得到上级不断的承认和认可，他们的心灵才能得到安宁，才有天下太平的感觉。商务谈判中他们愿意多倾听对方的意见，他们的工作就是“下情上报”、“上情下达”，以当商务谈判桌上的传声筒为满足。

这种关系型商务谈判者往往都有一个良好的人际环境，而人际关系好则是他们追求的重要目标。为了人缘好，他们又可能不惜代价，他们需要别人的欢迎和赞扬，任何对他们不利的言谈议论都会引起他们的焦虑，在良好的人际关系与和善的氛围中他们才能发挥最大的作用。这些人对理论、概念、思想不感兴趣，也不喜欢长篇陈述，某些现成的方法对他们更有吸引力，他们追求稳定和安全，当威胁降临到自己头上时，他们会变得十分坚定，会采取意想不到的措施来抵抗。这种力量来自于他们对变革的反感和绝望。

关系型商务谈判者有三种情况：

① 经验不足，不敢作决定；

② 有经验，但怕负责任；

③ 内外关系均熟，但碍于面子，不敢陈述自己的见解，或没有独立见解。

对于上述三种关系型商务谈判者，应该采取不同的对策：

① 对于“经验不足，不敢决定”的，商务谈判的关键时刻可以点明要害，提醒他及早汇报，及时请示，以免耽搁商务谈判。偶尔也可将复杂的问题进行分割，变为几个独立的小问题，诱其表态；或造成一对一的商务谈判格局，当只身一人时，他们会感到自己弱小无力。

② 对于“有经验，但怕负责任”的人，则要小心从事。他们圆滑、诡秘，表面笑眯眯，就是不办实事。与这类商务谈判者商务谈判，最好先谈次要问题，把能解决的事情先解决掉。而当商务谈判重大问题时，要以强硬的态度全面出击，让其手忙脚乱地调兵遣将，否则很可能会劳而无功。

商务谈判应力争缩短每一个具体过程。第二种对手往往圆滑且反应迟钝，商务谈判时间越长，他们的防御性也越强。但在快速推进的过程中要小心谨慎，因为这类人不能承受过多的压力，如果相逼太甚，他们就会退缩；同时，对于这类人又不能让步太早，因为他们会拿你的让步请功与上级之前、炫耀于同事之间，对你只会更加恭敬，而没有什么实质性的回报。让步条件应该留给决策人，谁敢承担责任，就同谁谈最后的条件。

③ 对于“内外关系均熟”的商务谈判者，多应“以礼相待”，以商榷的口气谈问题。这类人大多来时已有明确的目标和让步的底线，他们的心中已有领导给他们的成功标准。在商务谈判讨价还价的过程中，要以委婉而礼貌的口气，表

述自己的立场,争取对方先让步,同时给予微小的回报,以鼓励其作出更大的让步。

二、商务谈判思维

这里讨论的商务谈判思维,不是指常规的、习惯性的思维,而是指发散性思维。这是因为,在商务谈判中按照常规的思维定势去思考问题,往往不能达到预期的目的,甚至导致商务谈判的破裂或失败。所以就要求商务谈判者掌握发散思维的方式方法,以便能在错综复杂的情况中,打破常规思维的定势,寻找最佳的商务谈判角度,采取出人意料的方法,从而争取最佳的商务谈判结果,达到预期的目的。

其实,不仅在商务谈判中是如此,在更大范围的其他经济活动中也是如此。据报载,'94春季广交会上有这样一幕。

'94春季广交会自开幕以来,尽管上海交易团横刀跃马,奋勇争先,暂居成交额全国第一的宝座,但有一件"落后一拍"的憾事却像石头一样压在上海交易团的许多领导和外销员们心上。

上月,我国外经贸系统进行了一次部分出口商品主动性配额的公开招标,可标书开出之后,令所有外贸界人士瞠目结舌的是:上海公司大批失手,本年度配额大部分落进了外省市手中。

没有配额等于放弃了自己在外贸市场上的"户口簿"。如要出口,就得高价向中标的外地公司买配额。

好不尴尬!①

原来,上海外贸公司的投标思维已经形成了定势,他们认为,去年的卖价创造了多少利润?今年保持同样利润额后剩下的资金就是投标的依据。但中标的广东人却打破了常规的思维定势去思考问题:控制了全国的配额岂不像当初买了股票"认购证",利润将超常规增长!

翻开标书这样的例子比比皆是:一吨大蒜配额,上海出的标价是320美元,广东却出价600至700美元……有的差距则相差更大。

可见,经济活动包括商务谈判活动中,打破常规的思维定势,掌握发散思维的方式和方法是多么重要。

(一)与商务谈判有关的发散思维

商务谈判中的发散思维主要有反向思维、深层思维、多解思维、联想思维和辐射思维等。

1. 反向思维

所谓"反向思维",是指对传统的思维定势作反向思考。人们往往习惯于从头到尾,从因到果,顺时针发展等等,而善于反向思维的人,能从尾到头,从果到因,逆时针回溯等等。因而反向思维能从传统认为是正确的观点、正常的现象中,发现谬误和不足之处;也能从传统认为是错误的观

① 新民晚报,1994年4月17日。

点、不正常的现象中，发现真理的成分；甚至作出与习惯的、传统的、形成定势的行为相反的行为、动作来，例如，背英语字母从“Z Y X ……”背到“……D C B A”，就是反向思维的表现。

其思维的特征，用图 3－1 来表示，就是：

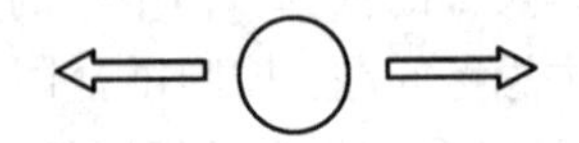

（传统思维方向）（创新思维方向）

图 3－1　反向思维特征图

在商务谈判中用反向思维来考虑问题，就能采取反常的商务谈判角度，采取反常的商务谈判手段，打破商务谈判僵局，获得意想不到的效果。

例如，浙江有个小企业，用进口的原料进行生产。大陆用这种原料的只有这家小企业，也仅有一家香港中间商进行这种原料的中间贸易。在一次续签合同的商务谈判中，该港商为牟取高额的利润，把原料的报价提高了好几倍。这家企业的商务谈判代表事先虽有港商提价的思想准备，但万万没有想到会提高好几倍。而且要命的是，由于生产的发展，原来还能维持半年生产的原料，现在仅能维持半个月。所以，他费尽心机，磨破了嘴皮，想说服港商在原价的基础上商务谈判，提价的幅度不要太大。可是他越是苦口婆心地劝说，港商越是寸土不让。到最后，港商甚至发出最后通牒，“要么干，要么算！”

正在他焦头烂额之际，忽然想到港商还不知道他们原料的储存情况，于是计上心来。他猛地站了起来，指着门对港商说：“没什么好谈的了，你走吧！我们的原料还够生产半年的，我们也估计到你会漫天要价，所以做好了半年后转产的准备。以后就不和你这种人打交道了！”

港商被这闷棍打懵了，他的本意并非是喊高价摔掉这个客户，而是想在这个客户身上赚更多的钱，由于他不知这家企业原料的底细，又怕客户将来真的转产，使他无钱可赚，立刻软下来，答应在原价的基础上商务谈判提价的幅度。

这家企业的商务谈判代表之所以能够获得成功，就是运用了“反向”思维来考虑问题。他明明急于和港商达成协议，却偏偏装出要转产来摔掉港商的样子，诱使港商就范，这不能不说是善于发散思维的他，高出港商一筹。

2. 深层思维

所谓“深层思维”，是指从一般思维的结论入手，作更深入一步的思考和剖析。人们往往习惯于已有的、现成的结论，思维的惰性阻止了人们作深层次的思考，往往也就不能发现现有结论掩盖下的新思想、新结论。例如成语“只要功夫深，铁杵磨成针”，被认为是千古流传下来的真理，绝对正确，似乎没有人会有什么疑问。但善于深层思维的人思考以后就会问，“功夫深”，就一定能“磨成针”吗？在他们看来，仅仅“功夫深”是不够的，还要加上“方法对”，才能保证“磨成针”。

其思维的特征，用图 3－2 来表示，就是：

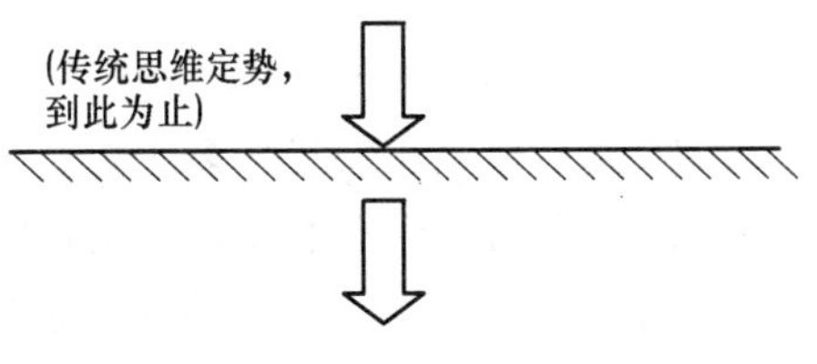

图 3－2　深层思维特征图

在商务谈判中进行深层思维，能帮助商务谈判者考虑更深层次的问题，从而发现对手没有发现的问题，使自己出于主动的地位，或者使商务谈判者站得更高，看得更远，去谋取更大的、长远的利益。

例如，我某粮油外贸进出口公司与某外商有长期的业务往来，在一次黄豆交易商务谈判中，我方表示愿意以每吨136美元的价格成交，而外方的喊价是每吨150美元。经过双方认真地、坦率地商务谈判，互相都作出一定的让步。我方从136美元提高到140美元，而外方从150美元降低到145美元。但由于双方都表示不能再作让步，商务谈判只好中止。

可是三天后，由于外方公司资金周转上出了些问题，急需现金，于是打电话给我方，问三天前的价格是否有效，表示愿意进行新的商务谈判。在商务谈判中，外方表示愿意接受每吨140美元的价格，由于关系比较熟悉，也出于关心对方，我方代表询问缘由，外方坦诚地介绍了公司的困难，表示希望能够成交。我方经过慎重地考虑，决定以每吨145美元的价格买进。外方代表喜出望外，对我方的关照和慷慨表示衷心的感谢。从此双方代表建立了良好的友谊和合作关系，为今后的长期业务打下了基础。

我方代表把价格主动地从140美元提高到145美元，在一般人看来，是不合算的，是亏本的买卖。其实，这一行动是以深层思维为先导的，即我方代表看到了今后长期合作所带来的好处，远不是现在以每吨多5美元的价格所能买到的；从而采用了反向思维下的反常行动，即一反“贱买贵卖”的常规，来了个“贵买”。这是一种反向思维与深层思维相结合的结果。这一行动，被后来双方长期友好合作的事实证明，是有远见卓识的。

3. 多解思维

所谓“多解思维”，是指从不同的角度、不同的途径，用不同的方法，得出同一结果的思维方法。最典型的多解思维是数学中的“一题多解”，这种思维方法的名称就是由此而来的。

在现实世界中，确有不同的情况产生同一结果的现象。而人们往往习惯于一种情况产生一种结果，思维的惰性阻碍了人们去思考有没有其他的情况也会产生这一结果。所以当某种情况不能产生某种结果时，人们就放弃了努力，不再思考有没有其他情况也能产生这一结果。其后果是明明可以经过努力取得的成功，人们却不再努力了。

其思维的特征，用图 3－3 来表示，就是：

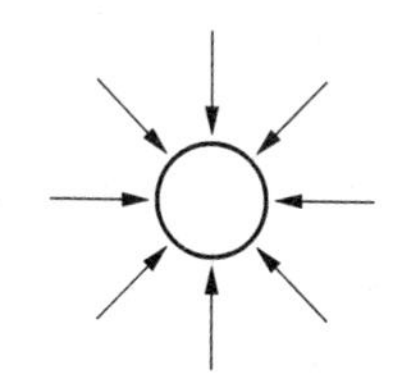

图 3－3　多解思维特征图

擅长多解思维法的商务谈判者，则不是这样，他们为达到商务谈判目的，往往能从多种不同的角度，采用多种不同的方法，解决商务谈判中的难题，打破商务谈判的僵局，去争取商务谈判的成功。

例如，上海某公司与日本某公司商务谈判进口某种集成技术和批量成品集成块，商务谈判进展得比较顺利，双方先就集成技术的总体价格初步达成一致意见。此时中方通过某种渠道得知，集成技术的价格偏高。中方此时若再提出降价的要求，很可能被对方指责自己不讲信誉，而且还担心对方会因此而推翻已经允诺的有利于自己的其他条款。中方代表团在住处商量时,焦头烂额,无计可施,一阵长时间的沉默之后,中方主谈忽然一拍脑袋,大声说道"有了",其他代表纷纷聚拢过来,听他面授机宜。

在第二轮关于集成块买卖的商务谈判中,中方代表收起了原计划抛给对方的采购清单,反过来大杀其价,并大大压缩了购买的数量。在下面艰苦的商务谈判中,对方代表为了推销对于他们来说是过时的、对于我们来说还是相当先进的集成块,一再降低价格,甚至降到了成本价。可中方代表就是不作大的让步。对方代表出于无奈,主动告诉中方代表,集成块的价格已经降到了成本价,无法再降了。如果中方愿意以成本价购买一定数量的话,日方愿意降低集成技术的价格。中方主谈先是表示可以购买一定数量,并趁势压低了集成技术的价格,后来又表示,为解决日方的困难,中方可以扩大集成块的购买量,但为说服自己的上级,日方必须进一步降低集成技术的价格。日方代表经过三思之后,同意了中方的建议。中方代表不仅以成本价买进了大批先进的集成块,而且以很低的价格买到了先进的集成技术,真是一举两得双丰收。

4. 联想思维

所谓"联想思维",主要是在原来没有有机联系的事物之间,抓住某种时间上或空间上的接近关系,抓住某些特点方面的相似或对立关系,在原来没有有机联系的联想物之间建立起某种联系来。

联想思维是文学创作、尤其是散文和诗歌创作的主要手段之一。例如,已故的著名散文家杨朔的散文名篇《荔枝蜜》之所以能“形散而神不散”,就是充分利用了联想思维:文章由“我”到广州从化→联想起荔枝的美味→由想吃鲜荔枝不逢时引出了喝荔枝蜜→由荔枝蜜而想起参观蜂场→由近看蜜蜂酿蜜到远看农民劳动→由农民劳动而赞美劳动人民创造了蜜一样的甜蜜生活。

其思维的特征,用图 3-4 来表示,就是:

图 3-4 联想思维特征图

在商务谈判中利用联想思维能帮助商务谈判者打开思路,寻找多种解决问题的方法,打破僵局,争取商务谈判的成功。

例如,几年前我国曾经和西方某国某公司商务谈判进口先进的 50 万伏超高压变电设备。商务谈判前,中方主谈在收集情报、整理资料时,充分展开了联想思维:从该公司给我国的报价与他们出口到其他国家此类设备的各种价格;从对方国家这几年来的物价指数和汇率变化到对方生产此类设备的成本……经过几个月的艰苦准备,他胸有成竹地踏上了飞往该国的飞机。

在商务谈判过程中,该公司的商务谈判代表以为中方代表不熟悉行情,可以大大地赚一笔,所以报出一个高得可怕的价格,企图先发制人。中方主谈面带微笑、不慌不忙地告诉对方:“价格太高了,应该减去一半!”

“为什么?”对方主谈质问道。

"因为,某年某月某日,你们卖给澳大利亚的同类设备,还不到你们这次报价的一半!"中方主谈用联想思维整理的材料此时派上了大用场。

"……"对方主谈没有思想准备,根本没有料到中方主谈来这么一手,一下子吃瘪,对答不上来。

对方的副手从旁帮忙,大谈了一通他们国家物价指数上涨、外汇汇率变化、工人福利的提高等等,造成了生产成本的急剧上升,言下之意,他们此次报的高价是有充分根据的。由于副手的解围,对方主谈从尴尬的困境中解脱出来,不住地点头表示赞同副手的解释。

"是吗?"中方主谈用疑问的方式否定了对方的解释,然后有理有据地分析了该国的物价指数上涨、外汇汇率变化以及工人福利的改善所增加的成本,最后非常有说服力地正告对方,之所以中方还价比他们卖给澳大利亚的价格高,就是充分考虑了上述种种因素在内。

对方自然不肯善罢甘休,双方进行了艰苦的讨价还价,只是在利用联想思维作了充分准备的中方代表面前,对方的一再狡辩都被一一驳了回去,否定、否定、再否定,经过两个多月时间,80 多次的正式商务谈判,对方不得不以合理的价格与中方成交。在这次商务谈判中,对方降价共达 500 万美元之多。

可见,在商务谈判中利用联想思维,以过去的商务谈判先例为依据,是说服对方,压低对方要求的有效手段。

5. 辐射思维

所谓"辐射思维",就是从同一情况中,导出不同的结果来。例如测试智商的一个老题目是：一块普通的砖头可以有多少种不同的用处？如砌墙、铺路、磨刀等等，在一分钟内，能说 15 种以上用途的人为合格，在同一时间单位内，说出用途越多的人，智商越高。

同样，辐射思维也是文学创作、尤其是散文诗歌创作的重要手段之一。如著名散文家秦牧的散文名篇《泥土》就是从所咏之物"泥土"展开"辐射"，使他的思想像骑上驰骋的野马奔驰到很远很远的地方，从而才有：

① 晋文公所拜的"泥土"；

② 古代封建帝王的"赠土"；

③ 漂流他乡的农民怀揣的"乡井土"；

④ 历史上人们以悲壮斗争所保卫的"领土"；

⑤ 今天海岛战士守卫的"疆土"；

⑥ 回到人民手中变化神速的苏绣广绣般的"沃土"；

⑦ 正在千万双勤劳的巨手中改变的"国土"。

其思维的特征，用示意图来表示，就是：

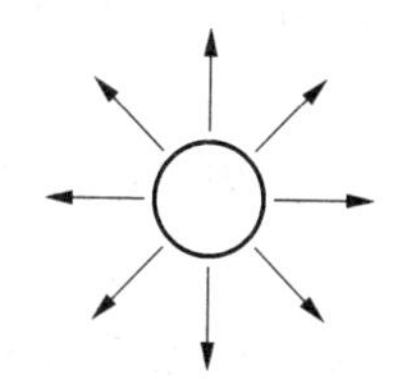
图 3-5　辐射思维特征图

在商务谈判中使用辐射思维与多解思维正好相反，由于它是从同一情况中导致出不同的结果来，所以能帮助商务谈判者从某一情况出发，去考虑多方面的问题，使思想更全面，考虑的问题更成熟。

例如，一次商务谈判之后，商务谈判者冷静地总结商务谈判的得失，其成功之处，在以后商务谈判中，不妨故伎重施，用来对付别的商务谈判对手；失败之处，则提高警惕，以免在今后的商务谈判中重犯。这就是辐射思维的作用了。

（二）商务谈判中的思维跳跃

在商务谈判遇到僵局时，主动把话题和中心议题转向商务谈判方案中的其他问题，甚至商务谈判方案以外需要补充的内容上去，这就是思维跳跃的技巧。显而易见，运用思维跳跃的技巧，必须建立在发散思维的基础之上，不能很好地运用发散思维，也就谈不上运用思维跳跃的技巧。

运用思维跳跃的技巧，可以避免双方在某一问题意见不能统一时，出现僵持不下的僵局，避免双方搞僵关系，影响其他问题的洽谈。尽管在现实的设想中，双方总是先易后难先谈比较容易达成一致的问题，而把最难的问题放到最后。但事先的设想总归是设想，在具体的洽谈中，很可能冒出个别双方意见相左的问题来。这就需要在发散思维的基础之上，运用思维跳跃的技巧，避难就易，避免顶牛，过早陷入僵局。

运用思维跳跃的技巧必须注意以下几个问题。

1. 运用思维跳跃的范畴

双方争执的问题不是意向性和原则性的问题，即有争议的议题不能属于直接影响商务谈判的宗旨和有关的法律、法令、政策条文的规定的范畴。

2. 运用思维跳跃的时机和方法

思维跳跃必须适时、适当，能为对方所接受。适时，即使己方的选择要恰当。当感觉到某一问题再正面接触将会导致僵局时，应及时扭转话题，很自然地转向其他问题，从而把握商务谈判的主动权。所谓自然，是指新话题必须也是对方感兴趣的问题，这样的思维跳跃自然而合情合理，对方乐于接受。如果硬性跳跃、勉强跳跃，则会引起对方的反感，会被认为不礼貌、不尊重人，会被认为缺少诚意而导致对方不信任，甚至有可能提早使商务谈判陷入僵局，直接导致商务谈判破裂。

3. 运用思维跳跃的语言

思维跳跃应注意语言婉转，注意语境许可。语言是沟通的第一要素。在商务谈判的其他环节上，更多的是要求语言简洁、明了、直率；但在进行思维跳跃时，则要注意语言的婉转、幽默、自然。如能假借客观环境中的人、事、物，假借一些偶发的事情：如服务员的某些失误、突发的声响、某人的插话等等，借题发挥，巧妙腾挪，把对方的注意力自然而然地转向新话题，这才是运用思维跳跃技巧的精髓所在。

第四章　商务谈判的策划

一、商务谈判的可行性研究

有关商务谈判的可行性研究，对于商务谈判来说至关重要。没有可行性研究，商务谈判中也会处处被动，陷于挨打的局面，甚至会导致商务谈判的失败。没有可行性研究，即使商务谈判达成了协议，也可能会在执行的过程中，处处碰壁，导致商务谈判协议无法执行，商务谈判者的利益无法得到保障。因此，商务谈判前进行有针对性的可行性研究，并且能合理地运用研究结果来为商务谈判服务，是一个高水平的商务谈判者必须具备的基本功。

（一）商务谈判环境分析

关于商务谈判的信息和资料，首先是指商务谈判环境情报。因为商务谈判总是在一定的环境下进行，环境状况对具体的商务谈判项目能否成立，商务谈判过程中有关各方的力量对比等，均有十分重大的影响。所以，不论是制定目标要求的高层领导，还是负责执行的商务谈判人员，在考虑某个项目的商务谈判时，都应考虑商务谈判所面临的各种环境、可能出现的变化、及其对商务谈判可能带来的影响。

一般说来，商务谈判环境包括政治法律环境、市场环境、经济和技术环境、商业习惯环境、社会文化环境等。

1. 政治法律环境分析

政治法律环境不仅关系到商务谈判结果是否可以成立，而且关系到商务谈判协议履行的效果。

(1) 法律环境调查

就国内商务活动来说，必须受到《经济合同法》、《商标法》以及环境保护、市场竞争秩序的维护等方面的法规的制约。在涉外商务谈判中，不仅要考虑到我国有关进出口的法规，还要受到当事各国的法规及一些国际性法规如《联合国国际货物销售合同公约》、《联合国国际贸易委员会仲裁规则》等的制约。

此外，涉外商务谈判还要注意：

① 要考虑到反倾销法规及有关贸易壁垒对商务谈判的影响；

② 要注意国与国(地区)之间的法律差异(法律冲突)，注意这些差异对商务谈判的影响；

③ 还要了解一个国家或地区法规的执行情况，有些国家的法规执行很严，有些国家公民的法制观念则相对比较淡薄。

例如C国法律规定，一个人具有法人行为资格的年龄为18周岁，该国一客商赴T国谈判，T国法律规定法人行为资格的年龄下限为20周岁，C国商人忽视了这一点，与其签约的是T国一年龄为19周岁的年轻人，在T国，双方所签合约实际是一份无效合同，得不到T国法律的保护。后来在合同履行过程中，T国公司违约，C国客商无法借助合同维护其正当利益，蒙受了巨大损失。

(2) 政策倾向调查

对准备到某个国家投资的投资者来说，该国政府的政策倾向调查非常重要，因为政府的政策倾向对商务谈判力量的对比、商务谈判协议生效后实际履行的效果等均会产生重大影响。政策倾向调查包括：是对外开放还是保守封闭；是紧缩还是扩张，对某一产业或项目是支持还是限制等等。

如果是前者，则会强化该投资者的商务谈判力量；如果是后者，则意味着商务谈判者增加了一个新的强大的商务谈判对手。

另外，政治体制、政策的稳定性及非政府机构对政策的影响程度等，也是政法环境调查的重要内容。

2. 市场环境分析

市场环境分析的目的在于：一方面综合各方面信息，对市场现状作出准确的判断；另一方面根据有关参数、对市场的未来状况进行正确的预计和评估。

市场环境分析，主要在以下两个方面：一是进行货币指标分析，二是进行实物指标分析。

① 货币指标分析。即要联系货币因素分析市场走势，

因为通货膨胀很可能致使卖方的实际利益大打折扣，买方也可能在卖方提出的方案面前束手无策。所以，货币指标分析中，要注意分析通货膨胀的可能性及其对未来履约的影响，特别要注意一定通货膨胀幅度下不同产品价格上涨速度的差异。而在涉外商务谈判中，则要考虑发生国际性通货膨胀的可能性及国际汇价的可能性变化。

② 实物指标分析。通过这一分析，商务谈判者可以明确其市场地位及在商务谈判中的优势和劣势，明确其所从事的活动是否具备市场可行性。实物指标分析，包括买卖商品或投资生产的产品本身的供求与竞争状况的分析以及相关商品的供求与竞争状况的分析。这两个方面的分析是市场环境分析的重点。

(1) 有关标的供求与竞争状况分析

有关标的供求与竞争状况分析，目的在于对这一产品的市场供求和竞争状况有清楚的了解。否则，有关这一商品的买卖或生产这一产品的投资就带有很大的盲目性，很难获得理想的效益。

有关标的供求与竞争状况，直接影响到商务谈判各方之间的实力对比。标的供过于求，卖方竞争激烈，买方在商务谈判中处于较有力的地位；反之，标的供不应求，买方竞争激烈，卖方在商务谈判中则处于较有力的地位。

商务谈判者要善于从供和求两方面去分析供求态势与竞争状况。

① 需求方分析。从需求方面来说，要分析现实的和潜在的需求方的多少(包括境外需求)，需求量的大小，需求商品的共性与差异，各需求方的力量对比，包括购买量、支付方式、支付能力、企业信誉等。

② 供给方分析。从供给方面来说，则要分析现实和潜在的供给方的多少(包括境外供给)，供给量的大小，供给商品中共性与差异，各供给方的力量对比，包括其供给量、产品质量、价格、送货方式、产品和企业信誉等。

③ 对比分析。为能正确选择合作对象的前提，也为帮助商务谈判者找到比质比价、讨价还价的有利依据，在明确总的供求态势的前提下，无论是买方还是卖方，都要特别注重对市场上所有(至少是主要的)供给方之间和所有需求方之间的对比分析。

④ 市场结构分析。在市场上居于完全垄断的地位，或者是在寡头垄断或垄断竞争的市场结构下，商务谈判者所提供的产品或服务与竞争者的产品或服务之间有明显的差异，且其提供的产品或服务更能迎合需求发展的趋势，则该商务谈判者在商务谈判中无疑会具有明显的优势。卖方较高的产品质量和买方垄断性的购买力等均会增强他们各自在商务谈判中的力量。反之，在完全竞争的市场结构中，商务谈判者产品和服务不具有明显优势，则该商务谈判者在商务谈判中就很可能居于劣势地位。

(2) 相关商品的市场供求状况分析

一个商品的相关商品包括其替代品、补充品及前续产品和后续产品等。

① 相关品分析。一种商品的相关品的供求状况直接影响到该商品本身的供求状况，必须在分析该商品的市场环境时予以考虑。

② 替代品分析。一种商品的替代品的快速发展可能会导致该商品的供求状况由供不应求转为供过于求。复写纸行业的发展必须要充分考虑复印机行业的发展所可能带

来的影响。

③ 补充品分析。一种商品的补充品的快速发展可以为该商品本身的发展创造条件、补充品发展的迟缓则会制约人们对该商品本身的需求。

④ 前续产品分析。前续产品(原材料或初级加工产品)供应充沛有助于增加该商品本身的供应量。

⑤ 后续产品分析。后续产品需求的增加则会增加对该商品本身的需求。对相关商品市场供求状况的分析有助于更加清楚地认识商品本身的供求状况,明确中间商用于转销的商品是否有足够的市场,投资生产某商品是否有足够大的产成品市场和充足的原材料来源。相关商品供求状况的分析可能表明就某项目进行的商务谈判根本没有可行性,但也可能表明,商务谈判者在商务谈判中处于强有力的地位。

3. 经济和技术可行性分析

经济和技术可行性相互联系,又与市场环境可行性密切相关。通过对经济和技术可行性的研究,可以论证商务谈判项目在经济和技术上的合理性,同时也为商务谈判中的正式报价和底价的确定提供科学的依据。

(1) 经济可行性分析

经济可行性分析,就是要在有关的市场可行性分析的基础上,通过预期成本、数量、利润等的分析,论证商务谈判项目是否能为企业带来理想的经济效益。

① 合资经济分析。对合资经营的双方来说,就是要分析各自的资金、技术、不动产等形成投资后,能否有足够的

产出，使其在收回成本的同时，至少能获得正常利润。

② 买方经济分析。对商品买卖中的买方来说，则要通过预估成本与购买后的预期收益的比较，评价购买行为是否合理，是否应当组织采购，是否有能力采购，进而确定购买的价格上限。

③ 卖方经济分析。对商品买卖中的卖方来说，则应根据预期投入或实际投入，结合数量，评估其生产行为或销售行为的合理性，确定商务谈判中的价格标准。

假如某厂产品经过综合测算，保本价格为 103.41 元/件，满意价格为 124.58 元/件。在市场行情许可的情况下，该企业的最初报价应高于 124.58 元/件，商务谈判中如达成每件 124.58 元左右的价格，该厂商则应满意成交；商务谈判中退让的最后界限（底价）为 103.41 元/件。反之，若市场行情不许可，该产品不可能以正常价格出售，厂商为尽可能减少损失，则可想其他方法弥补。

(2) 技术可行性分析

技术可行性的研究旨在掌握技术现状、技术走势及本企业实力的基础上，确定商务谈判中对技术指标的要求。

① 普通消费品的技术可行性分析。在普通消费品的买卖商务谈判中，虽不涉及十分复杂的技术问题，但某些技术指标的商定仍是必不可少的，如食品的贮藏条件、家用电器的功率等。

② 涉及技术贸易的技术可行性分析。在生产资料买卖（特别是机器设备）及技术贸易的商务谈判中，技术可行性研究则更是必不可少的，缺少必要的技术可行性研究，就可能导致不合理的交易行为，如购买的机器设备不能发挥应有的作用，引进技术不对路等。进行商务谈判前技术可

行性研究，一方面要避免将实际交易的技术指标定得太低，不能跟上技术进步的步伐；另一方面则要避免将实际交易的技术指标定得太高，超出企业的能力。对买方（受让方）来说，就是要通过研究技术标准、技术走势、企业吸收的能力及支付能力，确定适应要求的技术指标。对卖方（出让方）来说，则要通过对技术标准、技术走势及企业技术实力的研究，明确本企业在未来商务谈判协议履行中应该和可以达到的技术要求。

③ 技术引进的技术可行性分析：

a. 对技术引进方来说，技术可行性研究与经济可行性研究密切关联。技术要求的提高对支付能力提出了更高的要求，同时也可能意味着竞争能力的增强，意味着较大的未来收益机会；反之，技术要求的降低则可减少用于引进技术的投资，但也可能同时意味着竞争能力的丧失。

b. 对技术转让方来说，高技术精度和标准可能意味着研制的高成本和高技术转让费，而低标准的技术则可能意味着低成本和有限的技术转让市场。鉴于经济和技术之间的这种关系，在进行商务谈判前的可行性研究时，必须特别注意将这两者结合起来，商务谈判目标应当是实现这两者间的最佳组合。

4. 商业习惯分析

各国各地区的商业习惯由来已久，在处理同一问题时，不同国家乃至地区都有其特定的、沿用已久的处理方法，即有不同的商业习惯做法。这就要求来自异地的商务谈判者入乡随俗，尊重、理解对方的商业习惯，并采取适当的应变措施。忽视不同文化的国家商业习惯上的差异,可能对商务谈判以及协议的执行产生极为不利的影响。P·D·V·什提出了十类值得商务谈判者注意的商业习惯:

① 该国的商业是如何经营的? 是不是主要由各公司的负责人经营(如阿拉伯国家大都如此)或是公司中各级人员均可参与(如日本)? 有没有真正的权威代表?

② 是不是做任何事情必须都见诸文字(如在东欧诸国)或是只有文字协议不具有约束力? 合同具有何等重要意义?

③ 在商务谈判和签约过程中,律师等专业顾问是不是像美国一样,起很大的作用,或者只是被认为起一种"遣词造句"的附属作用?

④ 正式的商务谈判会见场合,是不是只是为双方的领导而安排的,其他出席作陪的成员是否只有当问及具体问题时才能讲话?

⑤ 有没有工业间谍活动? 应该如何小心保存机要文件?

⑥ 在业务工作中是否有贿赂现象,如有的话,方式如何,起码的条件是什么?

⑦ 一个项目是否可以同时与几家公司商务谈判,以选择最优惠的条件成交? 如可以,保证交易成功的关键因素是什么? 是否仅仅是价格问题?

⑧ 商务谈判是不是分两个阶段,首先是技术商务谈判,然后是商务谈判(像在东欧和中国那样)?

⑨ 业务商务谈判的常用语种是什么? 如使用当地的语言,有没有可靠安全的翻译? 合同文件是否可用两种语言表示? 两种语言是否具有同等的法律效力?

⑩ 商务谈判是与进出口代理商谈还是直接与厂商谈（东欧国家常常是与代理商谈的）？必须注意的是，即使与厂商直接谈，也往往是厂商的供销部门出面，而供销部门对产品的着眼点与实际使用者是有差别的。

5. 社会文化可行性研究

众所周知，一定的政治、经济的环境必然与一定的社会文化环境紧密相连，这也就是说，一个商务谈判者的商务谈判行为，必然与一定的社会文化环境紧密相连，所以，在进行政治、经济环境的可行性研究的同时，还必须对社会文化环境可行性进行研究，便于商务谈判者更快更好地理解对方的商务谈判行为，避免因价值观念的不同而引起不必要的冲突和误会。对社会文化环境可行性进行研究时，特别要注意对宗教信仰和社会习俗的分析，以便了解宗教信仰和社会习俗对商务谈判行为提出的特定要求。

(1) 宗教信仰的可行性研究

为了避免在商务谈判桌上及商务谈判之余的社交活动中冒犯他人的宗教信仰，商务谈判前要特别研究商务谈判所在地居民信仰宗教的情况及商务谈判对手宗教信仰的情况，要注意了解特定宗教的具体戒律、规定，并要注意到宗教对政治、经济及人类行为等的影响，从而避免对商务谈判构成不必要的干扰。对他人的宗教信仰的冒犯，可能是因为在商务谈判桌上的举止不当，也可能是因为言辞欠妥，甚至可能是产品设计上的不当。例如《发生在黎巴嫩的"鞋底事件"》一文中，有这样一个实例：

1985 年，我国某市向中东地区出口了一批塑料底布鞋，鞋后跟的防滑纹在阿拉伯国家引起轩然大波。据当地报载，防滑纹酷似阿拉伯文“真主”两字。把伊斯兰教崇奉的唯一的神踩在脚下，这还了得？于是乎，阿拉伯国家将这种鞋一律查禁；并规定，凡是发现有卖或穿这种鞋的，以亵渎真主论罪。在黎巴嫩，一些人甚至掀起“声讨中国异教徒”的浪潮。尽管这一事件后来由我方通过埃及伊斯兰教领袖出面，解释这纯属误会而告一段落。可在黎巴嫩，事情却没完。期间，中国使馆几乎每天每夜都接到恐吓电话，说几点几分，将在使馆围墙处引爆炸药。不得已时，只有半夜叫来负责使馆安全的黎巴嫩内部治安军。不久，袭击事件终于发生。一天晚上 8 时 30 分左右，使馆外墙遭到一枚枪榴弹的袭击。弹头穿透外墙，钻入室内，掠过写字台，再击穿房门，在走廊爆炸。翌日，有人打来匿名电话，说这就是对异教徒的报复。

(2) 社会习俗的可行性研究

社会习俗包括符合社会规范的称呼方式、衣着款式及其他为社会公众所接受并约定俗成的行为方式。在对方场所谈判时，谈判者的行为应尽可能尊重对方的社会习俗，有助于形成轻松的谈判气氛。对社会习俗的分析特别要注意了解以下几个方面。

① 当地人的举止、体态、动作，有无忌讳；

② 当地的衣着、发型、首饰的式样，有无忌讳；

③ 当地人称呼方式、招待客人的方式，有无忌讳；

④ 当地送礼的方式及礼品的内容，有无忌讳；

⑤ 当地女性的社会地位，参加社交活动的情况，有无忌讳；

⑥ 当地人对工作和生活的态度、节奏，可否在休息、就

餐时间谈业务；

⑦ 当地人如何看待荣誉、名声、面子等。

（二）商务谈判对手分析

上面我们分析的是特定环境因素对商务谈判者的要求，即外在环境是否能促成理想的商务谈判结果的实现。但实际商务谈判都是由人来实施的，因此，商务谈判者所采取的策略是否可行，以及实施的特定策略效果是否理想，就不仅仅取决于商务谈判发生的环境，更重要的是取决于商务谈判者对其商务谈判对手的分析判断是否正确。显而易见，对商务谈判对手的错误分析判断必然导致错误的对策，最终导致商务谈判的失败。所以分析了解对手，把握其行为特征和规律，是商务谈判可行性研究的重要组成部分。

在对商务谈判对手的分析研究中，有必要了解与商务谈判有关的一切。“知彼知己，百战不殆”。对对手的了解越充分，在商务谈判桌上就越主动。当年，美国总统肯尼迪为了前往维也纳同苏联部长会议主席赫鲁晓夫举行首次会谈，曾研究了赫鲁晓夫以往的全部演说和公开声明，还研究了赫氏的早餐嗜好和音乐欣赏趣味等。当然，在一般的商务谈判可行性研究中，要作如此深入的研究也几乎是不可能的。一般情况下，商务谈判中的对手分析应侧重于如下几项内容。

1. 对方的需要

① 对方企业的需要。商务谈判者要能准确地分析了

解对方商务谈判的目的，把握对方在商务谈判过程中的行为规律，就必须要了解对方的需要。从对方企业的基本情况入手，包括企业人数、企业类型、生产经营规模，产品组合状况，营销组合，企业组织结构，企业发展中已经取得的成就和当前面临的问题等。从中可以了解对方为什么要进行商务谈判，对方的需要满足状况，对方对不同层次、不同类型的需要认识如何等。

② 对手个人需要。从对手的基本情况入手，是了解个人需要的有效途径。包括对方商务谈判人员的年龄、家庭情况，个人简历、所学专业、收入水平，业余爱好和兴趣等。

对对方个人及企业基本情况的了解有助于了解对方的经常性需要及需要的层次，有助于发现对方需要的特殊性。对对方需要的分析要注意透过表面现象发现对方的实际需要，注意区分对方公开表示的商务谈判目的与商务谈判的实际目的。

2. 对方的资信状况

资信状况分析通常是针对合作的另一方而言的。资信状况，直接关系到商务谈判对手主体资格不合格或是不具备与合同要求基本相当的履约能力，关系到所签订的协议是否是无效协议或是没有履行保障的协议，最终关系到商务谈判者是否会蒙受巨大的损失的问题。所以，对对方资信状况的审议和分析，是商务谈判对手可行性研究的关键之一。在对方当事人找到保证人时，还应包括对保证人的必要了解，了解其是否具有担保资格和能力。在对方委托第三者商务谈判或签约时，则应对代理人的情况有所了解，了解其是否有足够的权力和资格代表委托人参加商务谈判。

对对方资信状况的分析至少应包括以下内容：

(1) 主体资格的审查

主体资格审查的核心，是检查商务谈判对方是否具有法人资格。众所周知，商务谈判的目的和可能的结果是产生一定的经济法律关系，作为经济法律关系的企业组织必须具有法人资格。许多商业纠纷就是由于商务谈判对手不具备必要的主体资格，与他人签订其根本不可能履行的欺诈合同，掠得不义之财。

在审查对方主体资格时，通过验看对方的营业执照，可以获得许多有价值的信息，如对方企业名称、法定地址、成立时间、注册资本、经营范围等。

至于在与其他不具备法人资格的个体工商户、农业生产者等签订经济合同时，则必须检查他们是否具有相应的经济行为能力。

(2) 资产状况分析

一个组织或个人具备了法律意义上的主体资格，但并不一定具备很强的行为能力。所以，在审查对方主体资格的基础上，还应分析了解对方的资产规模、资产投向及其资金周转状况，从静态和动态两个角度去分析了解对方的行为能力：

① 静态分析。对对方行为能力的分析要注意识别其提供的财产规模信息的真实性，注意区分对方所在的公司是母公司、子公司还是分公司。

根据有关法规的规定，分公司通常指母公司在总部外设立的分支机构或附属机构，其在法律上和经济上均无独立性，公司资产属于母公司，公司本身没有独立章程，也不具有独立法人资格。

子公司虽受母公司控制，但其本身是独立的法人，其具有独立的财产，实行独立核算、自负盈亏，可以独立地以自己公司的名义进行各类法律活动。与之相对应，除非有明确的合同规定，否则母公司对其行为不负连带责任。

这就是说，分公司无权独自签约，子公司在没有获得足够的授权许可前，也无权代表母公司。子公司打着母公司的牌子虚报资产的现象必须予以注意。

② 动态分析。随着企业经营内外部环境的变化，一个企业的经营状况也在不断变化。一个企业既可能由资金周转顺畅，由名不见经传变为世界巨人；也有可能一个世界级的大公司，从盈余充沛转变为积压严重、债务累累，濒临破产。商务谈判对手是属于前者，还是属于后者，这是万万不能掉以轻心的。

③ 资产属性。商务谈判者应当仔细分析对方企业的资产属性，了解对方企业是国有企业、集体企业还是私营企业，是独资企业还是合资企业，是合伙企业还是有限公司，弄清在与不同资产属性的企业商务谈判过程中所可能碰到的问题。

资产属性与决策结构密切相关，与企业风险分担的情况也有很大的关系。与不同资产属性的企业商务谈判，碰到的问题也有很大的差异。私营企业主拥有企业的所有重大决策权限，国有企业的厂长和经理在决策企业内部某些重大问题时，则必须接受主管部门的指示。对独资企业的商务谈判主要要考虑同一资本所有者的利益，对合资企业的商务谈判则可能要考虑不同资本所有者利益的差异。

(3) 对手信誉分析

对手信誉主要指对方企业和对方商务谈判人员对以往商务谈判协议的执行状况。有些企业比较看重眼前利益，为了自己的点滴利益而不惜违约毁约；也有些企业则高瞻远瞩，为了维持合约甚至不惜牺牲自己的某些利益。商务谈判者应在可行性研究过程中，尽量搜集能够反映对方在以往商务活动过程中信誉状况的资料。在商务谈判过程中，对信誉状况不同的对手，采取不同的策略和方法。

3. 对方的市场地位

对手分析中的市场研究则侧重于分析商务谈判对手及其产品（或购买要求）在市场上具有哪些优势和劣势，从而为实际商务谈判中的报价和讨价还价提供依据。

环境分析中的市场研究侧重于对商务谈判项目所面临的市场供求环境的研究，旨在论证在合同签订并开始履行后，能否有足够大的市场保证企业取得足够的效益。

① 对卖方分析。处于买方地位的商务谈判者在分析对方的市场地位时，应分析对方企业和产品的市场地位，包括对方企业和产品的声誉，对方产品的市场占有率及其在营销中的优势和劣势：

a. 营销组合分析。分析卖方营销组合要素的质量，有助于找到正确的答案。营销组合要素包括产品、价格、渠道、促销及销售服务等。通过对比对手与市场上其他卖主的营销组合，就可发现领先的市场地位的取得是由于对方产品质量优异，品牌知名度高、售后服务好。促销宣传得力还是售价低廉等，反之亦然。

b. 市场占有率分析。产品的市场占有率是反映卖方市场地位的重要指标。绝对市场占有率越高，相对市场占有率系数越大，卖方的市场地位越高，其对小批量的买卖就越是不感兴趣。一旦市场占有率高到完全垄断了市场时，则买主讨价还价的能力就几乎为零。

例如，约翰·温科勒的《经济商务谈判的诀窍》一书中，有这样一个例子：

> 在以前的南非，对钻石矿的矿主来说，拥有钻石矿是一个包袱，因为没有人想自己拥有钻石矿，矿主们几乎不可能将钻石矿转手卖给他人。这并非因为钻石不受欢迎，恰恰相反，钻石颇受欢迎，人们以高价购买它们。可是生产钻石并不赚钱，赚大钱的是销售钻石的商人。矿主们各自开采钻石，销售时又相互竞争，而商人们则组成了一个小“卡特尔”，压低钻石的收购价格，迫使矿主们低价出售其产品，不少矿主被逼破产。后来塞西尔·罗兹出资购买了许多钻石矿，逐步垄断了钻石生产，进而垄断了向钻石商的销售，商务谈判实力大大增强，钻石商的同盟瓦解，钻石商们几乎同意罗兹提出的任何价格，前提是只要罗兹把钻石卖给他们。

② 对买方分析。买方的竞争能力主要体现在其购买批量、购买频率、支付能力及支付方式等方面。处于卖方地位的商务谈判者对对方市场地位的分析应侧重于对买方在购买活动中的竞争能力的分析。大批量买主比小批量买主有更强的竞争力，而且往往要求获得数量折扣；长期客户比

一次性客户更有竞争力；用现金支付的买主比赊账的买主更有竞争力，而且往往要求现金折扣。

二、商务谈判前的准备

日本松下公司的总裁松下幸之助曾经作过一次英明的战略决策，使得松下公司与荷兰菲利浦公司转让技术的商务谈判达成了协议，从而才有松下公司乃至日本电子工业今天的辉煌成就。这次商务谈判成功的关键就在于商务谈判前做了精心的策划。中国古代兵法说“不打无准备之仗”，商务谈判也是如此，就如打仗前的策划一样，商务谈判前的策划，事关商务谈判的成败，是非常重要的。应当说，商务谈判前的策划工作，有许多重要的方面，例如，收集资料（经济情报）是极其重要的一项，（这方面的内容将在下面有专门的章节进行讨论）除此而外，还有许多重要的策划工作。

（一）确定目标

商务谈判前应确定战略意图与战术措施，商务谈判者的上级应有明确的战略意图，在给商务谈判者下达指令时，必须讲清战略意图，以便让商务谈判者遇到特殊情况时，能根据战略意图修改战术措施，制订新的对策。

例如，多年前（东欧未发生剧变和原苏联未解体之时），日本某公司在和东欧国家进行贸易商务谈判时，面临着西欧国家的激烈竞争。该公司如果要达成协议，必须在价格上作出很大的让步。仅从一个具体的商务谈判来看，这样的让步太不合算了，简直是不可思议的，因为日本公司将无利可图，甚至可能亏本。但从全局来看，从长远利益来看，通过这次贸易，日本公司得以打进东欧市场，这是非常有利的。因此，公司的决策部门果断地指示具体商务谈判人员，尽量争取合理的价格，即使无利，甚至让利，也要达成协议。日本公司的这一战略意图后来被事实证明是正确的。

再如，1952 年日本松下电器公司就技术合作的有关问题与荷兰菲利浦公司进行商务谈判。菲利浦公司开价专利转让费为 55 万美元，并且必须一次付清。

当时，松下电器公司的资本总额不过 5 亿日元，而 55 万美元专利转让费，按照当时的比价，已相当于 2 亿日元。总共才 5 亿日元的家当，一次就要付出 2 亿日元，这对松下公司无疑是一个极其沉重的负担。是否答应对方条件呢？总裁松下幸之助展开了激烈的思想斗争：一方面，他考虑到菲利浦公司的研究所有 3 000 名研究人员，他们拥有先进的设备，每天进行着最新技术和产品的研究。他想，如果创建一个同样的研究所，要花费几十亿日元，并且要花很长时间来培养研究员，而现在只花了 2 亿日元，就可以充分利用该所的人员和设备，享用先进的技术，生产最新的产品。这是合算的。另一方面，从大局出发，答应对方的条件和要求，不仅有利于松下电器公司的发展，也有利于日本电子工业的发展。

松下幸之助咬紧牙关，同菲利浦公司签了约（当时被日本国内普遍认为是屈辱的“条约”）。但事实证明松下幸之助高瞻远瞩的战略决策，不仅为松下电器公司的发展打下了基础，而且为全日本的电子工业起飞铺平了道路。

松下幸之助的决策说明了战略意图的重要性，但绝不是说战术措施的不重要。正确的战略意图和灵活具体的战术措施是相辅相成的，是商务谈判得以成功的保证，两者缺一不可。正确的战略意图是商务谈判成功的前提，灵活具体的战术措施是商务谈判成功的基础。战略意图是由具体灵活的战术措施来实现的；当然战术措施是在战略意图的指导下制订的。如果总体上的战略意图不正确，尽管战术措施十分灵活、具体，那也难以挽回失败的局面；如果战术措施不具体、不灵活，尽管战略意图正确，那也难以取得完满的成功。

战略意图确定以后，就由具体的商务谈判人员以此为据制订出具体的战术措施。一般说来，上级主管部门不能过多地干涉商务谈判人员制订的战术措施。商务谈判人员应该充分地发挥自己的创造性，制订灵活机动的战术措施，来保证上级意图的贯彻。

（二）最佳替代方案

在警匪片中，我们经常可以看到这样的细节：罪犯逃跑了，联络时，上级指示“实施二号方案”，“按三号方案行动”等等，这就是说，行动前，他们考虑了几套行动方案，以便根据不同的情况选择执行。

商务谈判也是如此，正像在“哈佛原则法”中介绍的那样，事先有必要策划好几种可能实施的方案，其中对你获利大的方案大多对对方不利，因此往往是对方反对的。“哈佛原则法”的研究表明，对你来说能够接受的获利较低的方案，往往可能为对方所接受，这一方案就是最佳替代方案。

商务谈判无非是想得到比不谈判更好的结果。最佳替代方案预示着未来的谈判结果,帮助你在众多的结果中选择一个可能的结果——一个对方可能接受、而且对你来说可能获利的结果。

这样策划,能防止你接受不利的条件,也能防止你拒绝对你有利的条件。没有替代方案,就没有选择的余地,也就没有胜利;替代方案越好,取胜的概率越大,可能获得的利益也越大。

例如,某英国矿产公司在非洲一子公司雇佣了数千当地工人,百分之八十是黑人妇女,而且是刚离开部落来工作的。新成立的工会提出,女工的产假应给四个月,产假期间付工资百分之七十五。由于当地允许重婚,而且可以多胎,再加上这些黑人女工生育后往往回部落去亲自照顾婴儿,休息的时间更长,超过四个月后,工会也支付百分之七十五的照顾费。这么一来,女工产后休息的时间,简直无法预计,影响了公司劳动力的稳定性和正常的生产秩序。公司拒绝了工会的要求,只答应产假两个月,产假期间公司支付百分之七十五的工资。产假后必须立即上班。谈判陷入了僵局。

公司方面的谈判人员事先分析过工会的方案,该方案对工会也有很大的不利,主要是支付女工产假超时的费用很大。所以他们精心策划了一个最佳替代方案,既避免了女工把婴儿送回部落去照顾,从而保证了产假控制在两个月,又避免了工会支付大量的产假超时费用。即由公司出钱成立一个免费的托婴中心,女工两个月产假期满后,将婴儿送入托婴中心照顾。

该方案在谈判僵局中提出,很快就被通过了,因为它受到了公司、工会、女工三方面的欢迎。

可见,作为一种商务谈判的技巧和策略,选择好最佳替代方案有助于打破谈判僵局,有助于谈判双方达成共同受益的协议。除了这种谈判各方事先策划的最佳替代方案外,在比较具有合作性的商务谈判中,也可以由谈判双方共同讨论一个最佳替代方案来。在外交谈判中,这样的实例屡见不鲜。如在讨论中美建交公报的措辞过程中,如何表述"只有一个中国"的意思,中美双方由于众所周知的原因,产生了意见分歧。中美会谈的公报迟迟不能出台,以至于在尼克松从北京飞往上海的飞机上,中美双方的官员还在研究这一措辞,聪明的基辛格博士提出了一个最佳替代方案——"台湾海峡两边的中国人都认为只有一个中国"的措辞,得到了周总理的首肯,终于《中美上海公报》顺利出台。事后,周总理非常欣赏基辛格的最佳替代方案,即这句名扬四海的话,因为这句话解决了中美关系中的一大难题,并且也成了外交谈判中最佳替代方案的典范之一。

说到外交上的最佳替代方案,当代最负盛名的莫过于邓小平同志提出的解决香港问题的"一国两制"的方针政策了。20 世纪 80 年代末,中英关于香港问题是一场重大的政治和外交谈判,英国当局在 1997 年香港回归中国的问题上不持疑义,但是在如何对待回归后的香港问题上,中英双方产生了意见分歧,谈判陷入了僵局。邓小平同志敏锐地把握中英双方的"需要":中方的最大需要是香港的主权问题,即香港是中国领土不可分割的一部分,为维护国家主权和领土的完整,必须尽早收回香港;而英方最大的需要是,维护香港目前的繁荣,他们担心一旦香港回归后,变资本主义制度为社会主义制度,会造成极大的混乱,影响香港的繁荣。

邓小平同志提出的“一国两制”的方针政策，圆满地解决了中英双方的最大需要，打破了中英关于香港问题谈判的僵局，成为当今外交谈判中的美谈。

在商务谈判中，是否要亮你的最佳替代方案，以及何时亮出你的最佳替代方案都是必须认真考虑的事情。一般地讲，谈判桌上的形势对你有利时，无论如何不能亮出你的最佳替代方案，因为对方在处于不利的情况下，有可能提出的方案优于你最佳替代方案；其次，在一般情况下，过早亮出你的最佳替代方案，也对你大大的不利。因为在上述两种情况下，对方都会在你的最佳替代方案上再和你讨价还价，继续要你再作让步。所以，不到谈判陷入僵局，不到对方感到无计可施、但又不想谈判破裂的时候，不能亮出你的最佳替代方案。

（三）各种心理准备

商务谈判说到底是人的各种素质的较量，其中之一就是人的心理素质的较量。商务谈判前做好各种心理准备，就能提高商务谈判者的心理素质，以应付各种可能的困难局面。

1. 做好对手强硬的心理准备

在商务谈判中，如果遇到强硬对手，事先准备又不足，常常会使你束手无策。对方一开始就试图用强硬的气势压倒你，然后让你乖乖地被牵着鼻子走。在不少商务谈判中，对手这种先声夺人的强硬做法，常常奏效。究其原因，主要是商务谈判者在事先缺少对付强硬对手的心理准备。一旦遇到这种情况，自己首先心理上就崩溃了，又怎么能不打败仗呢。

美国大富翁霍华·休斯是一个性情古怪、脾气暴躁的人。仗着他财大气粗，在商务谈判中，往往采用强硬的手法，一开始就从气势上压倒对手，谈判对手提出的要求稍不如他的意就大发脾气，对手往往因为他地位身份太高、脾气太坏而被他从气势上压倒，结果往往屈服于他的要求。

另一方面，地位在人类的交往中所占的分量还是很重要的。地位高的人同地位低的人说话时，由于某种心理因素，总会占有某种优势。地位高的人往往以气势服人，而地位低的人也多情愿被对方的气势所慑服。生活在这么一个重视身份地位的世界里，有时不能不对谈判的双方产生微妙的影响。在商务谈判中，人们往往愿意同地位差不多的对手谈判，遇到对手的地位身份比自己高，总会不太舒服，总要受某种程度的影响。

例如，1984 年，我国与突尼斯 SIAP 公司代表就在我国秦皇岛市建立化肥厂的有关事宜进行谈判。通过几轮谈判后，双方敲定了这个利用秦皇岛港优越条件的项目，下面的谈判进行得很顺利。到了年底，科威特石油化学工业公司也要参加进来合办化肥厂。谈判由两方变成了三方。第一次三方谈判，科威特方面即派出公司董事长作主谈出席谈判。此人威望极高，在科威特的地位仅次于石油大臣，他还是国际化肥工业组织的主席，以他为代表的公司即使在突尼斯的许多企业里也拥有大批股票。而且此人精明能干，富有谈判经验。他一出场，在听过了中突双方已经进行的一些筹备工作介绍之后，就断然表示：“你们前面所做的一切工作都是没有用的,要从头开始!”

听了董事长的意见之后,不仅是中方,就是突尼斯的代表也惊讶了。要知道仅仅编制可行性研究报告,中突双方就动员了十多名专家,耗资二十多万美元,费时三个月。要是全盘否定,一切从头再来,是毫无道理的。然而,慑于他的地位和威望,却没有人起来反驳这位董事长,致使谈判陷入了僵局。

这位董事长就是充分利用他的身份地位,企图一上来就从气势上压倒中突两方,在中突两方的既得利益中,挖出一大块来给自己。

所以,当你面对地位身份较高的对手谈判时,你必须把他放到和你平等的位置上,而且你还必须明白,不仅你有求于他,他也有求于你,不然,他坐到你的对面来干什么?此外经验还告诉我们,与身份地位较高的人谈判,反而要比和身份地位较低的人谈判更有取胜的机会。因为身份地位较高的常常是经理、董事长、总裁等等,他们缺乏充裕的时间,谈判前往往无法充分地准备。只要你事先做好充分的准备,一个问题接着一个问题,问得他团团转,你就占了上风,那也就不存在什么双方地位悬殊的问题了。

2. 做好进行“马拉松”式谈判的心理准备

在谈判前(尤其是大型的、重要的谈判),对谈判的艰巨性要有充分的心理准备。应该尽量将困难考虑得多一些,将谈判的过程考虑得复杂一些,将谈判所需要的时间考虑得长一些,做好要进行一场“马拉松”式谈判的心理准备。许多国际上的重大谈判尤其如此。

中美建交前的秘密谈判，进行了好多年；欧洲裁军谈判从 1973 年开始谈了近二十年，要不是东欧剧变、苏联解体，根本谈不上有什么进展。1968 年美国和越南在巴黎进行停战谈判。当时美国代表在巴黎的豪华饭店包租了房间，房间的租金是按日计算的。他们希望早些结束谈判。而越南代表则是在巴黎附近租了一幢别墅，为期两年，准备进行旷日持久的“马拉松”谈判。由于美国方面对谈判急于求成，而越南则是稳坐钓鱼台，因此越南方面掌握了谈判的主动权。经过四年的艰苦谈判，越南人最后取得了巨大的成功。

因此，坐上谈判桌前，要有坐上去就“不下来”的心理准备，那么对手企图打持久战的计划，就自然落空了；否则很可能“赔了夫人又折兵”。

3. 做好商务谈判破裂的心理准备

商务谈判破裂并不是我们的希望结局，但要是有这样的心理准备，就不会害怕破裂，就不会被对方以商务谈判破裂相要挟。退一万步讲，即使商务谈判破裂，也不会十分懊丧了。反过来讲，如果你有了商务谈判破裂的心理准备，反而可以以此来迫使对方就范

例如，前面所举的中国、突尼斯、科威特三方谈判在秦皇岛建化肥厂的过程中，由于科威特石油化学工业公司的董事长否定了中突谈判代表所做的一切工作，使谈判处于僵局的尴尬局面。这时作为中方谈判代表之一的秦皇岛市副市长，不怕谈判破裂，大胆地声明：“我代表地方政府声明：为了建立这个化肥厂，我们安置了一处靠近港口、地理

位置优越的场地。也为了尊重我们的友谊，在许多外商表示要得到这块土地的使用权时，我们都拒绝了。现在如果按照董事长刚才的建议，事情将要无限制地拖延下去，所以我们只好把这块地让给别的外商。对不起，我宣布退出谈判。”

副市长说完，拎起皮包就走。这下不仅突尼斯、科威特的代表着急了，就连中方代表、一位化工部的领导也喊着追出来，叫他快回去。他诡谲地笑着说：“我不走，我在别的房间坐一会儿，我保证，下面的戏好看了。”

半小时后，一位中方代表跑来对副市长说：“你这一炮真灵，形势急转直下，那位董事长说了快请市长先生回来，我们强烈要求迅速征用秦皇岛的场地！”

当副市长重新回到谈判桌上继续商务谈判时，谈判已经变得十分顺利，很快取得了成功。在那次谈判纪要里，按照科威特石油化学工业公司董事长的要求把那句：“强烈要求迅速征用秦皇岛场地”的话也写了进去。

可见，有了各种心理准备，正应了中国的古话：“凡事预则立”，在商务谈判中就不会“打无准备之仗”了。

（四）精心做好安排

1. 确定商务谈判人选

选好恰当的人选，就占了“天时、地利、人和”中的“人和”！

一般的商务谈判中，至少要有两人参加；重要的商务谈判至少要有两个以上的人员参加。商务谈判人员的选择，首先应考虑对方的人选情况，从而有针对性地挑选，即针对对方人选的弱点来挑选。比如，俗话说，有的人吃“硬”，有的人吃“软”，有的人“软硬”不吃；有的人贪财，有的人好色；有的性格温和，有的脾气暴躁，等等，从而可以有针对性挑选本方人选，做到“以柔克刚”、“以刚克柔”……这样在人选上就占了上风。

其次，对本方人员要做好角色的安排，一是根据需要，分好“主谈”、“副谈”，当然，这种分工是相对的，即在对方情况十分明了之时，主谈与副谈是确定的，位置不必改变；但在对方情况不清之时，不妨把真正的主谈暂时放在“副谈”的位置上，一旦在谈判桌上，了解了真实情况之后，再把假“主谈”撤回去，让假“副谈”再公开升到“主谈”的位置上来。这样不仅留有余地，而且还可以有许多种谈判技巧的变化（这在下面还有交代）。

二是根据需要，分好“红脸”、“白脸”。一般地说，商务谈判中的任何一方的所有代表不应以同一个声调说话，最好有的同意，有的反对；有的温和，有的暴躁；有的似乎好说话，有的态度强硬。

例如，前面所举的美国大富翁霍华·休斯是一个脾气暴躁的人，一次，他为了大量购买飞机而亲自与飞机制造厂的谈判代表进行谈判。在谈判过程中，休斯非常强硬地要求在契约上写明他所提出的三十四项要求，不过他心里明白，不可能全部得到，但其中的十一项是他非得到不可的，没有讨价还价的余地。由于休斯过分强硬的态度，致使对方十分恼火，谈判充满了火药味，终于陷入了僵局。这时休斯撤出了谈判，由他的副手出任主谈，充当“白脸”的角色。休斯告诉他，只要能争取到那十一项非得不可的要求，他就感到满意了。可是谁知道该代表同飞机制造厂的谈判结果，竟然争取到了休斯所希望达到的三十四项要求中的三十项，当然，那十一项非得到不可的要求全都包括在内。当休斯惊喜地问该代表何以取得如此巨大的胜利时，该代表回答说那很简单，每次谈不拢时，他都问对方："你到底是希望和我解决这个问题，还是留待休斯先生跟你解决？"结果对方无不接受他的要求。

再次，现代重大的商务谈判中，往往有女性代表参加。这是因为，世界上通行"女士优先"的规则，因而女士在商务谈判桌上就比男性占了上风。例如，美国前任贸易代表卡拉·希尔斯号称"国际贸易谈判圈中的铁女人"，现任美国贸易代表巴尔舍夫斯基也被称为"谈判铁娘子"。

中国前任外经贸部部长吴仪也被称为"中央和国务院发现的一个难得的国际贸易谈判人才"。吴仪部长擅长摆平那些骄横、傲慢、无礼的蓝眼睛、高鼻子、黄头发的外国人，尤其是美国人。许多山姆大叔大婶们从来不把属于第三世界的中国放在眼里，他们在中国代表面前，仗着财大气粗，习惯于耍霸权主义那一套。而吴仪一旦坐在谈判桌上就气势如虹，因为她在代表中华人民共和国，祖国在给她撑腰。用她的话说："我一出国，爱国主义感情就特别强烈。"

在中美知识产权商务谈判的前几轮里，她和美国前任贸易代表、号称"国际贸易商务谈判圈中的铁女人"——卡拉·希尔斯"斗"得不可开交。几个回合较量下来，吴仪部长在商务谈判中表现出来的坚毅、犀利与智慧，赢得了对手的尊重。真所谓不打不相识，商务谈判在斗争中取得了进展，她俩也成了好朋友。1993 年底，吴仪部长到西雅图参加亚太经合会，一走进下榻的房间，只见客厅里放着一大束鲜花，花下放着一封信，信里写到：吴仪部长，欢迎您来到西雅图，祝您愉快。您诚挚的卡拉·希尔斯。

正是因为吴仪部长在商务谈判中表现出来的高超的水平和非凡的风度，征服了许多外国的大老板们。她对加拿大企业家的访问结束后，那些加拿大的大老板们由衷地说："我们不仅要进口中国的商品。而且要进口像 Madam WU 这样的部长！"

2. 确定商务谈判的地点、桌子、座位

（1）谈判的地点

商务谈判的地点选择是有讲究的，尤其在外交谈判中更是如此。一般分为"本方地"、"对方地"、"中立地"三种。在"本方地"谈判占"地利"，可以作出许多对本方有利的安排，而且可以以逸待劳。所以重大的谈判，尤其是重大的国际谈判，往往选择第三方——"中立地"进行。

例如，1991 年 10 月，由美国前总统布什和前苏联总统戈尔巴乔夫共同主持，为解决中东地区的长期冲突和争端，召集冲突和争端各方而举行的举世瞩目的中东和会，就是在第三方——西班牙首都马德里老王宫——举行的一次国际谈判。

（2）谈判桌的选择

其实，上例不仅有谈判地点的选择问题，还有一个谈判桌的选择问题。要使谈判取得成功，选择恰当的谈判桌是非常重要的。这在谈判前的策划工作中是不可不慎重对待的问题。

为了使中东和会获得成功，这次国际谈判的组织者们

精心涉及和安排了、谈判史上前所未有的“T”形谈判桌。

因为十八年前的中东战争之后，在日内瓦也曾召开过一次中东和会。当时，只有美国愿意和以色列坐在一起，其他各方代表都不愿意和以色列同桌，致使谈判只进行了一天便不欢而散。

这次为了避免那一段历史重演，美国前国务卿贝克坚持和会要在一张谈判桌上进行，他认为“不坐在一起谈，就不会有和平”。根据这一精神，专家创造性地设计了“T”形谈判桌，使以色列及其阿拉伯邻国在经历了四十多年的交战状态和五次战争之后，第一次坐在一起进行谈判。

在外交谈判中，为了表示参加谈判的许多方面地位一律平等，为了避免席次的争执，参加谈判的各方代表，围坐在一张大圆桌的周围，或者安排成圆形座位，所以外交上叫“圆桌会议”。如果参加谈判的正好有四个方面，那就坐在一张大方桌的周围，所以外交上叫“方桌会议”。如果只有两方参加，又坐在一张长桌的两边进行的，就叫“长桌会议”了。就一般商务谈判而言，在人数多的情况下，长条形、正方形、圆形会议桌都可以用。但是，如果谈判具有较强的竞争性和对抗性，大多选用长条形或正方形。而具有合作性的商务谈判，则应选用圆形桌。当然，还可以不用谈判桌，像“沙龙”一样。究竟选用哪一种形式最为适宜，谈判的组织者应当根据谈判的性质、谈判的规模和谈判参与者的具体情况来确定。

(3) 座位的安排

谈判座位的安排受到谈判桌的影响。因此，谈判桌的选择，是安排好座位的前提和基础。谈判桌一旦选定，就可以在座位的安排上大动脑筋。

例如，上例中东和会中，不仅有谈判桌的选择问题，而且还有个座位安排的问题。经过谈判组织者的精心安排，美国前总统布什、前国务卿贝克等美国代表，前苏联总统戈尔巴乔夫、前外长潘金等前苏联代表，以及东道国西班牙前首相冈萨雷斯等坐在“T”上面“一横”谈判桌的顶部。而欧洲共同体、约旦巴勒斯坦联合代表团、叙利亚、埃及和黎巴嫩等代表团则分别坐在“T”中间“一竖”的两侧，以色列代表团则坐在“T”“一竖”的底部。

这个方案无论是在谈判桌的选择上，还是在谈判座位的安排上，都是合乎中东和谈的目的和宗旨的。同时也可以说，这是谈判历史上的一次创举。

座位的安排有多种方案。一般地说，商务谈判双方应该各居一方，面对面地坐。双方的主谈居中，其他成员围绕着他坐。这样的安排，虽有人为造成商务谈判双方的对立感，不利与商务谈判的合作气氛。但也有有利的一面，一是有利于商务谈判双方的信息交流；二是有利于每一方内部的信息传递和交流，同时，也由于同伴坐在一边，产生一种心理上的安全感和实力感。这在团体商务谈判中，有利于团结力量，提高士气。所以，往往为大型商务谈判所采用。相反，如果座位分散，容易使谈判力量分散，难以控制，而商务谈判一旦失去控制，就会陷入一片混乱，导致商务谈判失败。

当今世界无论在政治上、军事上，还是在经济上、文化上，各社会集团之间的对抗性有逐渐减少、合作性的要求越来越高的趋势。因而在商务谈判座位的安排上（包括商务谈判地点的选择上），越来越强调双方友好合作的气氛，越来越摈弃人为地制造对抗的做法。如在经济合作、文化交流等商务谈判中,流行“任意就座”的排位方法,这种方法表面上对座位的安排无所谓,实际上在很多情况下,是一种非常有效的方案,它特别有利于使商务谈判双方达成协议。

例如,尼尔伦伯格有一次被请去参加劳资纠纷的商务谈判。作为资方的谈判代表,尼氏被介绍过后,工会谈判代表请尼氏坐在他们的对面。但是,尼氏却与工会代表同坐一边。工会代表们都以奇怪的眼光看着尼氏,示意他坐错了位子,可是尼氏就是假装没有看见,就是不动窝。

谈判开始后不久,这些工会代表就已忘了尼氏是何许人也,忘了他是代表资方的谈判代表。他们仔细倾听尼氏的分析、意见和建议,就像是对待他们自己一方的代表的意见和建议一样,一点也不产生抵触的情绪。工会代表们对尼氏的接受态度,使尼氏的意见和建议得以被采纳,使谈判很快就获得了圆满的成功。

尼尔伦伯格就是巧用了任意就座法,冲淡了对立的气氛,使原本与他对立的工会代表把他看成了自己人,对他的意见和建议采取了认同的态度,从而获得了商务谈判的圆满成功。

3. 确定商务谈判的程序

商务谈判如同外交谈判一样,安排议程是掌握主动的一个机会。外交官们往往为了谈判议程而绞尽脑汁,费尽心机,务必安排得完善些,再完善些。因为能够控制谈判议程,就意味着掌握了谈什么,不谈什么;什么是重点谈判的内容,要多花一点时间,什么内容不感兴趣,不谈或者少花时间;什么先谈,什么后谈等等,等等。一句话,控制了谈判议程,将直接左右谈判的结局,影响到你获利的大小。

《哈佛商业评论》1954年1—2月号上刊登了题为《"强制达成"一致的程序》一文,介绍了发生在某大公司内部的一次谈判。它的经理班子就某一决策产生了两种对立的意见,大多数人反对,少数人支持,而且看来少数人是正确的。主席按照常例主持会议,不久,意见尖锐冲突,会议出现僵局。主席不得不宣布中止会议。经过一番深思熟虑,再开会时,主席宣布一种"特别提问"的程序。在得到特许之前,不得展开不同意见的争论。接着,主席请少数派的代表发言,并重申别人不得打断或插入反对意见,但允许反对方提出旨在"澄清事实"的问题。诸如:"你提出的方案好处在那里?""你说的是这个意思吗?"等等。目的在于让少数派有权从各方面阐明自己的立场,而不至于尚未把道理讲清楚就被压了下去。只要能让听众对少数派提问,以便进一步了解少数派的观点,那就有可能打破僵局,消除分歧,统一思想。结果这一做法非常有效,在主席的努力下,内部谈判获得了成功,"迫使"经理班子统一了思想,取得了一致的意见。

可见,无论是商务谈判中的买方和卖方,都应注意商务谈判议程的价值从而予以充分的重视。一般说来,买方要比卖方容易控制商务谈判的程序,但如果买方漫不经心,同时,又遇上了一个高明的卖主,则卖主很可能取而代之,驾驭了整个谈判,占据了主动的位置。所以在商务谈判开始之前,千万记住:拟好谈判议程后,再进行谈判,那将使你能占据主动,至少不至于处于被动的位置。商务谈判的议程毕竟不是刑事诉讼的程序,所以,永远是可以反复修改

的。如果做到这一点,有几个问题必须注意:

① 事先充分研究后策划一个谈判议程;

② 不要遗漏应当谈判的问题;

③ 自己不愿谈的问题不能列入议程;

④ 未经仔细考虑之前,不能轻易同意对方提出的谈判议程;

⑤ 详细研究对方的谈判议程,并与自己的谈判议程相比较,以便发现对方是否把什么问题故意排斥在议程之外(这一问题往往是对方的要害问题);

⑥ 千万不要在讨论谈判议程时,随便让步。一旦发现有不妥之处,要坚持修改,因为议程不是合同,只是一个事前的计划,但它关系重大,而违者却不负毁约的责任。如果你在讨论议程时,随便让步,会使对方认为你对此无知,或软弱可欺,导致对方在以后的商务谈判中,得寸进尺,步步紧逼,实行强硬的谈判策略。

4. 做好细节安排

在拟定本方的商务谈判议程时,还应做好细节的安排。

首先安排好说话的顺序:谁说,说什么,何时说。其次,安排好提问:提什么问题,何时提,用什么样的方式提。最后,安排好打叉:如何打叉(来电话、上厕所、中途休息等等),如何联络打叉(手势、表情、语言)等等。

(五) 进行模拟谈判

以上所作的策划都是单方面的主观努力,带有很大的片面性。究竟这些谈判前确定的目标、收集的资料、制定的方案计划和策略等是否可行，在谈判中会遇到哪些阻力、困难，会出现哪些新问题、哪些新麻烦，只有通过模拟谈判来解决。同时在模拟谈判中，不仅可以使本方的谈判计划的薄弱环节或不足之处得以暴露，从而实现采取措施来弥补和修正，而且，可以使本方的谈判人员获得一次锻炼的机会，以免正式谈判时，遇到问题束手无策。

例如，美国一家生产成套设备的跨国公司生产了一种编号为"500"型的新设备，投放市场后，销售势头看好。其原因是，说明书上说明每小时的运转速度可以达到1 300，但很多客户在实际使用中大大超过了1 300，甚至达到1 800，这样投入产出比大大地提高了，所以深受客户的欢迎。在超高速运转下，大多数设备情况良好，只有少数设备出了故障。

负责技术设计的副总经理琼斯主张明确规定每小时运转速度不得超过1 300，否则一旦产品普遍发生故障，将对公司的声誉造成极坏的影响，当然也会有损于(推出这种产品的)琼斯的事业和前途。负责销售的副总经理帕克认为一旦明文规定每小时运转速度不得超过1 300，必然影响销售，不利于和同行其他产品的竞争，何况机器的故障报修率远没有达到不可容忍的程度。当然，这种明文规定也会有损于帕克的销售事业。双方意见相左，相持不下。当时他俩都受到总经理的青睐，谁的意见占上风，某种程度上决定将来谁来接替总经理。所以，双方决定举行内部谈判。

为了达到谈判的目的，琼斯事先做了扎实的调查研究工作，不仅如此，他还举行模拟谈判，派人扮演帕克等对手，站在帕克的立场上提出并考虑种种设想，模拟对手作出可能的种种反驳。他特别冷静地思考和检查本方作出的设想和帕克可能作出的设想,加以探讨和辩论。通过模拟谈判,琼斯发现,在本方的设想中,至少有三个方面存在问题:

① 琼斯设想销售经理帕克感兴趣的只是向手下灌输最蛊惑人心的销售神话,这是不符合事实的;

② 琼斯发现,他对谈判的策划都建立在这种设备每小时运转速度超过 1 300 后一定会出问题之上,这也是不符合事实的;

③ 在模拟谈判前,琼斯一直认为,技术设计方面的一切专门知识,非自己负责的部门莫属,换句话说,帕克等人对技术一窍不通,这更成问题。

同时,琼斯通过模拟谈判,预计到帕克可能会说琼斯的技术设计部门对公司的销售业务的来龙去脉和存在的问题毫不关心、一无所知等等。

在模拟谈判的基础上,肯定了可行的方案和策略,有问题的地方做了必要的修改和补充。所以在后来举行的正式谈判中,局面基本上按照琼斯的预计发展,他一直主动地控制着谈判的进程,占有绝对的优势。最后谈判通过了琼斯设想的方案,他赢得了圆满成功。

第五章　商务谈判的沟通艺术

一、倾 听 艺 术

(一) 倾听的效应

在面对面谈判的场合,"倾听"是谈判者所必须具备的一种修养。"倾听",是认认真真地听,外国有句谚语:"用十秒钟时间讲,用十分钟时间听。""倾听"在商谈中有以下几种功能效应:

第一,可以满足说话人的"自尊"需要,引发"互尊"效应。

第二,可以探析对方是否正确理解你说的话的含义,起到评测反馈效应。

第三,可以充分获得必要的信息行情,帮助你续后发话的决策效应。

第四,富有赏识力的倾听,可以促进人际关系更和谐地发展。

这里所谓的"倾听",不仅是指运用耳朵听觉器官的听(hearing),而且是指运用自己的心去为对手的话语作设身处地的构想，并用自己的脑去研究判断对手的话语背后的动机。因此，谈判场合的“听”是“倾听”，即“耳到、眼到、心到、脑到”四种综合效应的“听”(listening)。即使如此，也不可能把对方的话全部记下。

一位研究“听”话的专家拉夫·尼可拉斯说，一般人在听过别人说话以后，不论他心里如何地想，注意去听，也只能记得所听到的一半。这是因为，尽管都是“听”，但每个参加谈判的人素质各异，听的方式也有差异。第一种是漫不经心地听。听时，心不在焉，左顾右盼，或摆弄钢笔、钥匙，或处理他事，时而倒茶水，或上卫生间，或边听边与他人絮语。这种方式，伤害对方自尊，使他不愿再讲下去，无法取得谈判的效果。第二种是批评性地听。这种方式，听时虽然认真，但先入为主，喜欢挑剔对方所讲内容，频加插话，容易引起争论，并且使对方小心翼翼，不敢吐露真情。这种方式的倾听，为谈判场合一忌。第三种是站在对立者(对方)立场上听，移情式地听，能设身处地理解对方原意，比较宽容。这种倾听方式，在谈判场合，容易和谐气氛，有容人之量，导致谈判成功。

在谈判场合，不说话并不等于在倾听。一般人听话及思考的速度大约较讲话的速度快四倍。因此，标准的倾听，是不允许同时构想着自己的答辩的，而应该注意其话语所蕴涵的观念、需求、用意和顾虑。标准的倾听，应该主动地给对方以反馈，亦即以面部表情或动作向对方示意你对他的话语的了解程度，或请对方明白阐释，或请复述。同时，要随时留心对方的“弦外之音”。

（二）倾听的方法

倾听，是一种只有好处而无坏处的让步，而这个让步带给你的一定会比你所付出的还要多。所以，谈判者要学会倾听技巧。

在谈判中，通过倾听来获取情报是一种行之有效的方法。倾听，既要听到对手讲出来的话，也要听出话中的"情报"来，甚至还要听出对手没有讲出来的情报。

例如，美国谈判界有一位号称"最佳谈判手"的考温，他非常重视倾听的技巧，并从他丰富的谈判实践中，总结出倾听是谈判中获取情报的重要手段的结论。他举过一个生动的例子：

有一年夏天，当时他还是一名推销员，他到一家工厂去谈判。他习惯于早到谈判地点，四处走走，跟人聊聊天。这次他和这家工厂的一位领班聊上了。善于倾听的考温，总有办法让别人讲话，他也真的喜欢听别人讲话，所以不爱讲话的人遇到了考温，也会滔滔不绝起来。而这位领班也是如此，在侃侃而谈之中，他告诉考温说：

"我用过各公司的产品，可是只有你们的产品能通过我们的试验，符合我们的规格和标准。"

后来边走边聊时，他又说：

"嗨！考温先生，你说这次谈判什么时候才能有结论呢？我们厂里的存货快用完了。"

考温专心致志地倾听领班讲话，满心欢喜地从这位领班的两句话里获取了极有价值的情报。当他与这家工厂的采购经理面对面地谈判时，从工厂领班漫不经心的讲话里获取的情报帮了他的大忙，他在谈判中的成功是自然而然的了。

考温从倾听中尝到了许多甜头，由他总结并经后人丰富的倾听的方法又可分为三种。

1. 迎和式

所谓“迎和式”，就是对对方的话采取迎和的态度，适时地对对方的话表示理解，可以点点头或者简短地插话。这样容易消除对方的对抗心理，而对方一旦放松警惕，他就会滔滔不绝地将他的意见和想法和盘托出。当然，我们对他的话表示理解并不意味着赞成。当他明白这一点时，已经后悔也来不及了。

2. 引诱式

所谓“引诱式”，就是在倾听的过程中，适时地提出一些恰当的问题，诱使对方说出他的全部想法。对付一个不太老练的谈判对手，这种方法常常有效。他可能会在不知不觉中说出许多他原来不该说的话。当然等他突然之间明白过来时，后悔也晚了。

3. 劝导式

所谓“劝导式”，就是当对方说话偏离了谈判的主题，你应当用恰当的语言，在不知不觉之中转移话题，把对方的话题拉回到主题上来。使用“劝导式”必须注意转移话题要自然、婉转，否则容易引起对方的反感，认为你粗暴地打断了他的话，那样反而得不偿失，不如不用为好。

应当说明的是，无论是哪种倾听方式，都必须注意以下几点：

① 倾听时的态度要认真。这一点在谈判中非常重要。那种对对方的发言表现得漫不经心，或不耐烦，或急于打断对方以便尽快表达自己意见等等，都是非常错误、非常有害的。一方面，不认真地倾听对方发言，就不了解对方的意见；另一方面，由于你不尊重对方，所以当你发言时，对方就可能用同样的态度回敬你。这样双方就无法沟通。

② 在倾听中，应该对对方的话表示出极大的兴趣，对方讲话时，你应该注视对方的双眼，并用一些体态语言如：点头、微笑、赞同式手势，等等，来表示你的专心和关注，以调动对方发言的积极性，鼓励对方继续讲下去。

③ 把一切都听进来。不要表示不同的意见，不要考虑如何去回答，也不要急于分析对方的发言。如果你在对方发言时，就表示不同的意见，对方会以为你根本不了解他的真实意图。这样，当你在陈述自己的意见时，对方就有可能在心中盘算，用什么方法才能使你明白他的意见，从而造成对方忽略你的意见。如果你在对方发言时考虑如何回答，或者急于分析对方的发言，就不可能明确而充分地弄清楚对方的意见。为了掌握对方的全部意见，在对方发言时，不仅不能考虑如何回答，而且如果有不明白的地方，必须及时提问，让他再重复一遍甚至几遍，直到完全明白而清楚地把握对方的思想为止。

④ 听完以后，应该将对方的意见加以归纳。等对方对你的归纳表示完全同意以后，你可以给自己一些思考的时

问，要求对方让你想想。此时你可以分析对方的发言，考虑如何回答，甚至可以对对方的意见逐条反驳。这时候，尽管你不同意他的意见，他也不会十分愤怒，因为你毕竟是了解他的真实思想的。

二、发 问 艺 术

发问是商务洽谈中认识对方和对对方进行摸底探测的重要手段。通过发问，可以发现对方的需求和动机。同时，一些封闭式的选择发问（如："你是去看电影，还是去逛公园?"）也能起到诱导洽谈对象行为的作用。

如一家茶坊经营咖啡和牛奶，刚开始营业员总是问顾客："先生，喝咖啡吗?"或者是："先生，喝牛奶吗?"其回答往往是否定的。后来，营业员经过培训换一种问法："先生，喝咖啡还是喝牛奶?"结果其销售额大增。因为不同的发问形式，其心理诱导作用是不一样的。特别是在销售过程中，你选用什么形式来首先发问，确实会直接影响到生意的成交。因此，发问是一种艺术。

发问的目的在于洽谈时启开话匣，以利于沟通。一次发问能否得到完美的答复，很大程度上取决于三个问题：① 问什么和如何问；② 何时问；③ 问多少。

（一）问什么和如何问

"问什么和如何问"，既包括问的目的，又包括问的方

式。一般可以综合成三种情况(表5-1):

表5-1　问什么和如何问

目　　的	方　　式	答　案
1. 想知道对方的信息或证实自己的推测	开放式发问 6W: Who, Where, What, Which, When, How	不可控
2. 获得特定资料或获得确切回答或定向诱导	封闭式发问 (1) 你保险了吗? (2) 你收到没有? (3) 你来还是去?	Yes, No. 不知道
3. 想达到劝服的目的	效益附加式发问 陈述(产品特征)+效益(对方可获得的利益)+封闭式或开放式发问	可控与不可控兼有

1. 开放式发问

开放式发问,是将回答的主动权让给对方的一种发问。这一类问题可促使对方思考,从而发现对方的需求,以证实己方推测的准确。这类问句也称为“6W”问句,即问句开头词都含有英文“W”字母,如Who(谁)、Where(在哪里)、Which(哪一个)、What(什么)、When(什么时候)、How(怎么样)。

Why(为什么)不包含在内,因为Why句发问容易使对方感到有“质问”之感。如果要用,一定要注意技巧,一般在对第三者时才用。

2. 封闭式发问

封闭式发问,是指足以在特定领域中带出特定答复(如"是"或"否"或"不知道")的问句。这一类问题可以使发问者获得特定资料或确切的回答。特别是第 3 种"A 还是 B",这种定向诱导型的选择发问,应该将希望对方选择的内容放在"A",因为先接受的信息,对方往往容易将此作选择。

3. 效益附加式发问

效益附加式发问,是以洽谈的内容能给对方带来的满足和利益来劝服的发问。这是洽谈进入到实质性阶段时必须要运用的一种极有效果的沟通艺术,请看以下例题——

所要销售的产品:　海康牌家用燃气灶
该产品特征:　红外线自动点火
该产品效益:　节约使用液化气、点火方便

以上内容用效益附加式发问,应该是:

"这灶具是红外线自动点火,所以液化气的使用很节约。(陈述产品特征)您用了这灶具,每两个月才换一次液化气,这样既省钱又省力,还使用方便,(对方可获得利益)您感兴趣吗?"(一个封闭式发问)

使用效益附加式发问，一般情况是：一个问句最多不能超过两个效益，最好是一个效益一个问句。因为从人的接受角度讲，一个问句中超过两个的“效益”是记不住的。另外，从沟通的策略角度讲，多次用效益附加式发问，可让对方感到：这个产品给我带来的利益很多。由此会诱发购买行为。

（二）有效发问模式

在商务洽谈中，应学会一种发问模式——“有效发问模式”。据交际学家的分析，人们的任一发问，几乎都可化为一种模式，即先将疑问的内容力求用陈述句式表述，然后在陈述句式之后附以一些疑问语缀，与此同时配以赞许的一笑，这样的发问就会有效。其模式可以表述为：

有效发问＝陈述语气＋疑问语缀

即使是要对方按照你的意见去做，也要用这一模式发问。如：“我知道您工作很忙，可是我们这件事必须在今晚谈妥，您看行吗？”这种发问方式能调动对方回答的积极性，开启对方更深层的智力资源，充分满足对方的被“社会赞许”的心理，即渴求社会评价的嘉许与肯定。而最后的问句又具有征询、洽商的意味，同时满足了对方的“他尊”心理。

以下几句发问，都可以用有效发问的模式来修正：

①“你凭什么认为你能提出一个切实可行的方案呢？”

修正为:“你能提出一个切实可行的方案,这很好,能先说一下吗?”

②“你对这个问题还有什么意见吗?”

修正为:“你是能帮助解决这个问题的,想听一下你的意见,好吗?”

③“不知各位对此有何高见?”

修正为:“不知各位意下如何,愿意交流一下吗?”

(三) 何时问

“何时问”,一般可掌握四个时间段:

① 在对方发言完毕之后;

② 在对方发言停顿、间隙时;

③ 在自己发言前后;

④ 在规定议程内。

“在自己发言前”的发问,往往是自问自答,目的是让对方重视自己发言的内容。如“您刚才的话要说明什么问题呢?我的理解是……”而“在自己发言后”的发问,目的是使洽谈沿着自己的思路发展,在充分表达了自己的观点之后,通常要让对方再回答一下,如:“我们的看法就是这些,对此,你们的意见呢?”

(四) 问多少

一次成功的洽谈,往往与你“问多少”很有关系。理想的问句与陈述的百分比是 80∶20,详见图 5-1。

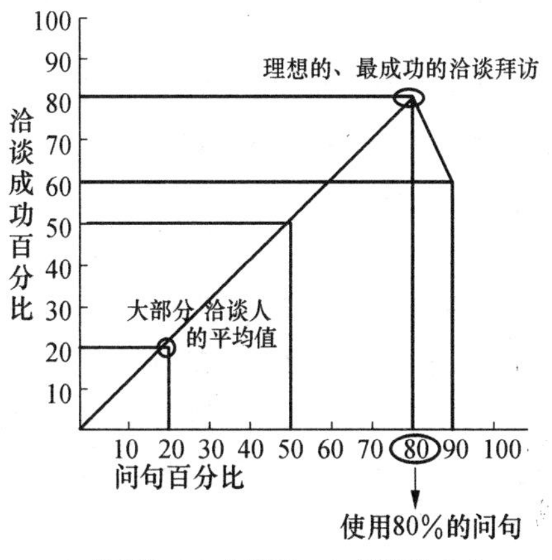

20%问句+80%陈述→20%洽谈成功
50%问句+50%陈述→50%洽谈成功
80%问句+20%陈述→80%洽谈成功

图 5-1 问多少

（五）发问的注意事项

第一，有可能的话，谈判前事先准备好问题，因为临时想出来的问题往往不是最好的问题。即使在临场时，想起某些问题，也要仔细考虑好再提问，没有考虑好的问题，最好不要提问。

第二，不提无效的问题。谈判中切忌提无效的问题，例如，“贵方对这次谈判有没有诚意?”请问，对方会说他没有诚意吗？再如，“我方的态度你们明白了吗?”什么叫“明白”？“明白”又怎么样？不“明白”又怎么样？而且提问的口气居高临下，有教训人的味道，对人很不尊重。这两类提问，都从根本上违背了谈判中提问的目的，那就是澄清事实,获取信息。

第三,把握好提问的时机。确定一个提问是否恰当,把握时机是一个重要的因素。再好的问题,如果提问的时机不对,也不会是好问题。

第四,要敢于提问。一方面要敢于提出某些似乎是很笨的问题,这不会丢你的面子,相反这种态度往往会鼓励对方给你一个好的答案;另一方面,要有勇气反复提出对方回避的问题;再一方面,假如对方的答案不够完整或故意转移话题,你要有耐心和毅力继续追问,坚决请对方对你的问题给予直接的、全面的回答。

第五,提问后应该保持沉默,等待对方回答。这好比把球踢给了对方,下面轮到对方把球踢回来。你提问后保持沉默,就是要求对方回答你的问题。如果对方拒绝回答你的问题,就要对谈判中的僵局负责。所以,千万注意不可在对方未回答之前,又提出第二个问题,或者说出自己的意见。

第六,可以提出某些你已经知道答案的问题,这将会帮助你了解对方的诚实程度,也可以对某些问题的答案给予再次确认,尤其是事关重大的要害问题,这种重复绝不是多余的,因为这种提问可以防止以后产生不必要的麻烦。

第七,可以用各种方式反复提出同一个问题。反复提问可以了解对方在回答这个问题时,前后是否一致;如果前后一致,说明对方对这个问题已有考虑,也有准备。如果前后回答不一致,说明对方对这个问题没有作过深入的思考,只是临时应答而已,但高明的谈判者能从对方不一致的回答中,找出破绽,发现对方的真实意图;而且能在适当的时机抓住这些破绽攻击对方,动摇对方的立场。

第八，可以突然提问。在谈判过程中，打断对方的思路，突然提出一个涉及对方要害的问题，使对方猝不及防，在无意中吐露真情。这种提问有两点必须注意：一是提出的问题必须涉及对方的要害，否则，一般性的问题，对方根本不予理睬；二是这种方法不易多用，多用则不灵，而且由于这种提问很不礼貌，常常使对方感到不高兴。所以一般地说，不要打断对方的话题提问，即使你急于提问，也应该将问题写在纸上，等对方发言告一段落后再提问。

第九，要注意不能提那些指责对方的问题、怀有敌意的问题，或者单纯为了显示你的聪明才智的问题。

三、叙述与应答艺术

(一) 叙述艺术

叙述就是介绍己方的情况，阐述己方的观点，从而让对方了解自己的方案和立场。谈判过程中的叙述包括入题、阐述两部分。

1. 入题技巧

采用恰当的入题方法，会避免谈判双方刚进入谈判时的拘谨窘况。一般的方法有四种。

(1) 迂回入题

迂回入题可以从介绍己方谈判人员入手，也可以从介绍自己企业的情况入手;从“自谦”入手,甚至于可以从题外话入手。

(2) 从细节入题

围绕谈判主题,先从洽谈细节问题入手,待细节问题谈妥了,原则协议也自然而然地达成了。

(3) 从一般原则入题

这一方法适合一些大型的商务谈判。先将原则问题谈妥,那么,洽谈细节问题也就有了依据。

(4) 从具体议题入手

具体议题是双方在事先议好的。一般大型的商务谈判都先后经过若干次具体议题的谈判。

2. 阐述技巧

谈判入题后,接下来便是双方进行开场阐述,这是谈判的一个重要环节。开场阐述应注意以下几点。

(1) 简明扼要

以诚挚和轻松的方式开宗明义地明确本次会谈所要解决的主题。这样既能加强已建立起来的协调气氛,而且可以使对方很快提问,并立即交谈起来;又不至于使对方被冗长、繁琐的发言搅昏头脑。

(2) 机会均等

开场阐述机会均等,在此阶段,各方只阐述自己的立场,而不必阐述双方的共同利益。

(3) 注意自己

双方的注意力应放在自己的利益上,不要试图猜测对方的立场,以免引起对方的不满。

(4) 原则而不具体

开场阐述应是原则的，而不是具体的。一般不宜进入实质问题的谈判。而且阐述时不必完全袒露或剖析自己的想法。如果对方一开始就想刺探我方情报，或企图以强者自居，我方对此可不必直接回答，以免一开始就出现分歧。必要时可很礼貌地打断对方，说一些提醒的话，如：

"请原谅我耽误几分钟，我们是否按照议程开始商谈？"

"我们先将要谈的问题摆一摆，好吗？"

(5) 让对方先谈

这是一种先发制人的方式，常能收到奇效。

(二) 应答艺术

在洽谈的整个问答过程中，往往会使洽谈的双方或多或少地感受到一股非及时答复不可的压力。在这股压力下，洽谈人如何巧妙地应答每一个提问，是博弈中的一种策略。一般在以下两种情况下，分别可采取不同的策略。

第一种情况，对某些应答问题需要思考时的策略：

① 可让对方再重复一下或解释一下；

② 如有人打岔，不妨让他干扰一下；

③ 可暗示自己的助手，适当地将话题扯远一些。

第二种情况，对某些应答问题不便回答时的策略：

① 顾左右而言他；

② 用数据不全或资料不全为借口；

③ 需请示领导或有关方面；

④ "让我们研究一下"。

有些擅长应答的洽谈高手，其技巧往往在于给对方提供的是一些等于没有答复的应答。请看下面实例：

①“在回答你的问题之前，我想先听听贵公司的观点。”

（这句的应答技巧在于用对方再次叙述的时间来争取自己的思考时间。）

②“很抱歉，对您所提及的问题，我们需要研究研究。”

（这句的应答技巧是为了回避实质性的问题而采用一种模糊应答法。）

③“我不太清楚您所说的涵义是什么，是否请您把这个问题再说一下？”

（这句的应答技巧是针对一些不值得回答的问题，让对方澄清他所提出的问题，或许当对方再说一次的时候，也就寻到了答案。）

④“我们的价格是高了点儿，但是我们的产品在关键部位使用了优质进口零件，延长了使用寿命。”

（这句的应答技巧是用“是……但是”的反转语句，让对方先觉得是尊重他的意见，尔后话锋一转，提出自己的看法，这叫“退一步而进两步”。）

四、论辩与说服艺术

（一）论辩艺术

谈判是一种舌战，特别在涉及重大利益的谈判中，对方处于不利地位时，往往会提出无理要求，歪曲你的观点和立场，甚至对你进行人身攻击。为了维护自己的尊严，坚持你所代表的利益，你有时候不得不进行自卫反击。此时，谈判就变成了唇枪舌剑的攻防战。因为在这种咄咄逼人的对手面前，一味地退让，反而显得你软弱可欺，怂恿对方得寸进尺，导致更大的损失甚至谈判的失败。所以，谈判中的必要论辩也是一种保护自己、争取谈判胜利的必要武器。

1. 反嘲型论辩法

在许多重大的谈判中，有时会遇到对方无理的人身攻击，对于这种攻击不及时给予回击，不仅会有损于自己的尊严，而且还会给谈判带来不利的影响。“反嘲型论辩法”，就是用嘲笑来对付对方的无理攻击，来反驳对方的谬论，捍卫自己的尊严，维护本方的利益。

1991年底，中美知识产权谈判前两天，刚上任不到4个月的外经贸部副部长吴仪，就被临时指派为中方代表团团长。她的对手、美方代表团团长是当时的美国部长级的贸易代表卡拉·希尔斯，号称“国际贸易谈判圈中的铁女人”。这个“铁女人”果然厉害，谈判刚开始，面对名不见经传的吴仪，一上来就挥舞“铁拳”，来了个下马威：“我们是在和小偷谈判。”企图镇住吴仪，占领上风。她万万没想到，“铁拳”砸在了“中国的铁娘子”身上。吴仪毫不示弱，立即针锋相对地回敬以“铁掌”：“我们是在和强盗谈判。请你看看你们博物馆里的展品，有多少是从中国抢来的！”

吴仪部长用“反嘲型论辩法”捍卫了祖国的尊严，也使卡拉·希尔斯一上来就想占上风的企图落了个空。“铁拳”与“铁掌”相碰，蹦出火花。真所谓不打不相识，几个回合较量下来，吴仪部长在谈判中表现出来的坚毅、灵活与智慧，赢得了对手的尊重。两人也成了好朋友。

2. 反问型论辩法

“反问型论辩法”顾名思义是针对对方的谬论，提出一个问题来，此问题充分显示了对方谬论的荒谬性，从而使对方的谬论不攻自破。例如：在一次国际谈判期间，美国外交人员在同我方代表谈到有关中国、美国对待台湾问题的立场时，用挑衅的口气责问道：“如果你们不向美国保证——不用武力解决台湾问题，那么，显然就是没有和平解决的诚意。”

我方代表立即用“反问型论辩法”予以坚决地回击：“台湾问题是中国的内政问题，采取什么方式解决，是中国人民自己的事，无需向别国作出什么保证。请问：难道你们竞选总统也需要向我们中国作出什么保证吗？”

中国代表提出的问题具有很强的逻辑力量，如果解决台湾问题要向对方作出什么保证的话，那么，对方国家竞选总统也要向我们作出某种保证。反过来，如果对方国家竞选总统不向我们作出什么保证的话，那么，我们也无需在解决台湾问题上向对方作出什么保证。

3. 梳理型论辩法

“梳理型论辩法”是在掌握了大量准确事实的基础上，用以反驳对方的错误观点或无理攻击。由于事实胜于雄辩，经过层层梳理，任何错误的观点或无理攻击都不得不在铁的事实面前败下阵来。所以，“梳理型论辩法”是用来对付强有力、而又无理的对手的有力武器。例如：1984 年秋天，中国从日本三菱汽车公司进口了 5 800 辆号称“天皇巨星”的重型载重汽车。投入使用 3 个月后就发现：汽车轮胎炸裂、挡风玻璃碎成小块、铆钉断裂、甚至车架断裂，等等。为此，国家经委同三菱公司进行了一场艰苦的索赔谈判。

在谈判中，日方代表深知，汽车质量问题是无法回避的，于是就在“量”的问题上做文章，即把全面的质量问题，说成是个别的现象，如“有的”轮胎炸裂、“有的”挡风玻璃破碎、“个别”的铆钉震裂、“个别”的车架有裂纹等等，企图避重就轻，蒙混过关。中方代表当然不买账。双方唇枪舌剑，你来我往，互不相让。谈判十分艰难，进展不大。

中方代表事先作了充分的准备，也估计到日方代表肯定会采取这种狡猾的手段，此时，他们就用为对手准备的武器——“梳理型论辩法”——来向对手进攻。中方代表严肃地指出：

① 贵公司的代表都到过现场，亲自查看汽车受损的情况，关于质量不合格的结论不是虚构的，而是事实；

② 经过商检部门和专家小组鉴定，铆钉并非震裂，而是剪断；车架不是仅仅出现裂纹，而是断裂的裂缝；

③ 所有的损坏情况不能用诸如“个别”、“有的”等模糊概念来推托，而应该用事实材料和精确数据来说话。

说完，中方代表将各种汽车质量检测的数据材料一齐放在日方代表面前，这些材料除了使用中国国产的验车设备得出的结论，还有用日本方面刚出口给我国的最先进的验车设备作出的复核结果。

在中方代表摆出的事实面前，日方代表虽然竭力抵赖和狡辩，但事实胜于雄辩，他们不得不低头承认这批汽车存在着严重的质量问题，并且答应赔偿直接经济损失 7 亿多日元。

（二）说服艺术

1. 说服的原理和步骤

(1) 说服的原理

传统的说服方法是套用“你错，我对”的公式，往往收效不大。现代心理学的研究表明，说服的过程是建立新信念的过程。因为旧信念的改变是一个缓慢的过程，一个人一旦持有某个信念，就很难在短时间内改变。但我们完全可以说，我们可以找到一个与他的旧信念相对立的一个新信念，并加强这一新信念对他的影响。一般地说，我们无需让新信念与旧信念之间发生直接冲突，我们可以不去触动那个旧信念，但可以在新信念逐渐加强的同时，让那个旧信念慢慢地变得废而不用。因此，与其说旧信念改变了，不如说旧信念随着时间的流逝而淡忘了；与其说旧信念被摧毁了，不如说旧信念为新信念取而代之。

(2) 成功说服的三部曲

成功的说服事例成千上万，完全相同的可以说极少，甚至没有。但成功的说服是有规律可循的，一般地说，分为三个步骤：

① 进入他(他们、她、她们)的世界，取得共同语言。千万不能一上来就批评对方，历数他的错误，或一上来就亮出自己的观点——也是与他对立的观点。这样的话，他一定会产生逆反心理，对你产生成见。你说的话哪怕再有道理，

他也会一句听不进，或把你的话全都顶回去。

相反，应该站在他的立场上，先肯定他正确的方面，或者讲他愿意听的话，使他感到你是和他同一条战壕的战友、持同一种观点的同志，使他把你看成是自己人，从而放松对你的心理戒备。这样，才有利于下面的说服。

② 针对对方的心理，发现对方的需要。只有“对症下药”，才能“药到病除”。说服也是这样，只有针对对方的心理，想对方之所想，急对方之所急，才能发现对方的需要。这样才能有的放矢，击中要害，找到说服对方的有效途径、方法和语言等。

③ 根据对方的需要，建立新的信念。根据对方的需要，找出一种全新的信念来。这种新的信念由于是从满足对方需要出发的，所以很容易为对方所接受。也由于接受了你的新信念（也就是新主张），他于无形之中忘了旧的信念，放弃了旧的主张。

2. 说服的技巧

说服的原理是相同的，但如何具体地运用这些原理，那就是“百花齐放，争奇斗艳”了。

(1) 苏格拉底法

古希腊的苏格拉底以论辩见长，他创立的说服术至今还被西方世界认为是“最聪明的劝诱术”。其原则是：开始时不要讨论双方的分歧点，而着重强调彼此共同的观点，取得完全一致以后，自然而然地转向自己的主张。其关键是：开头提出一系列的问题，让对方连连说“是”，而千万不能让他说“不”。

例如,美国一家电器公司推销员辛普森到一家刚做过买卖的客户那里去,企图再推销一批新型的电机。谁料一到这家公司,该公司的总工程师鲁宾逊劈头就说:“辛普森,你还指望我们再买你的电机吗?”一了解,原来这家公司认为刚刚从辛普森那里买来的电机发热超过正常标准。

辛普森知道正面说理、反驳谬误、对立争辩都没有任何好处,决定采用苏格拉底说服术来和对方论理并说服对方。

他了解情况后,首先想办法让对方说“是”,所以先故意说:“好吧,鲁宾逊先生!我的意见和你相同,假如那批电机发热过高,别说再买,就是买了也要退货,你说是吗?”

“是的!”总工程师鲁宾逊先生果然作出了预料的反应。

“自然,电机在使用中是会发热的,但你不希望它热度超过全国电工协会规定的标准,是吗?”

“是的!”对方不知不觉地又说了一次。

然后,辛普森开始讨论具体问题了,他问道:“按照标准,电机的温度可以比室温高出72℉,是吗?”

“是的,”总工程师说,“但你们的产品却比这高得多,简直叫人没法摸,难道这不是事实吗?”

辛普森也不和他争辩,反问道:“你们车间的温度是多少?”

总工程师说:“大约75℉。”

辛普森兴奋起来,拍拍对方的肩膀:“好极了,车间的温度是75℉,加上电机可以高出的72℉,一共是147℉,如果你把手放进140℉的热水里,会把手烫伤的,是吗?”

总工程师虽不情愿,但也不得不点头称是。

辛普森接着说:“那么,以后你不要用手去摸电机了,放心吧,那完全是正常的!”

辛普森成功地说服了总工程师,并且为今后发展业务打下了基础。

(2) 对手参与法

美国安速尔化学公司经理罗伯特·胡法有一句名言："人们支持他们自己帮助创造的东西。"这就是说，如果能把自己的意见通过对方的嘴巴说出来，或者通过提问，征求对方解决问题的方法，在对方提出自己中意的、能够接受的设想方法后，尽量承认这是对方的创见、方案，那么，对方就会心甘情愿地采纳、执行并维护这一方案。这样，对方无形中就被你说服了，这就是"对手参与法"的要点。

从心理学的角度来看，对手之所以会这么做，是因为那是他的东西，出于本能，人不会攻击自己的东西。相反，你坚持这种意见——方案是你的东西，就会遭到对方拼命地找茬和攻击。因为那是对立方——你的东西。这种找茬和攻击也是出于本能。

例如，美国纽约有位服装设计师叫伟森，他专门把自己的服装设计卖给服装厂里的设计师。为了提高知名度、打开销路，他曾经花了 3 年时间对纽约最著名的服装设计师伍德沃德斯搞公关，每隔几天，他都带了服装图纸前去拜访这位设计师。伍德沃德斯从不拒绝见他，但也从不买他的设计。每次伍德沃德斯在看了他的设计图纸后，总是说："对不起，伟森先生，我们今天又做不成生意了。"

在经历了一百多次失败之后，伟森决定采用"对手参与法"来说服对方。他把几张就要完成的草图夹在腋下，然后去见伍德沃德斯。

"我想请你帮点小忙，"伟森说，"这里有几张草图，可否请你帮忙完成，以符合你们的需要？"

伍德沃德斯看了看草图后说："把草图留在这里，过几天再来找我。”

3天后，伟森找到伍德沃德斯，听了他的意见，然后把草图带回工作室，依照伍德沃德斯的要求进行了小小的加工，完成了设计。

结果图纸全卖给了这位以前从不买他图纸的伍德沃德斯。

试想，这位设计师能不满意自己的“设计”吗?

(3) 化整为零法

在现实生活中，人们往往遇到这样的情况：有些要求不容易满足，有些要求比较容易满足。对于比较容易满足的要求、比较容易办到的事，人们往往乐于提供帮助。而对于不容易满足的要求、不容易办到的事，人们往往予以拒绝，甚至断然否定。在谈判中，比较高明的谈判者，绝不会一下子提出自己的所有要求，而是提出比较小的要求、比较少的利益，争取对方的让步，然后一点一点地增加，这样到最后，实际上满足了自己很大的要求、很大的利益。这种说服的方法叫“化整为零法”，国外也有叫“意大利香肠法”。

匈牙利前共产党总书记拉科西·马加什对这种说服法很有研究，他是这样来解释这种说服法的：“假如你想要得到一根意大利香肠，而你的对手把它抓得正牢，这时，你一定不要去抢夺。你先恳求他给你薄薄的一片，这样对方才不会介意，至少不会十分计较。第二天，你再求他给你薄薄的一片，第三天还是如此。这样日复一日一片接着一片，整根香肠就会归你所有。”

例如，美国某家全国性的大保险公司原是某市一家一般性的小公司，尤其在房屋保险业务方面起步较晚。保险公司一向都拉拢向银行贷款购买房屋的人加入保险。如果房屋的主人死亡，或者遭到变故不能交纳银行的分期付款时，保险公司则可代为交纳，所以受到业主和银行两方面的欢迎。

由于这家公司在这方面的业务比其他同行慢了一步，该市的几家大银行都限定客户和另一家保险公司来往，对手已囊括了房屋抵押贷款保险业务的90%。为了打开局面，该公司的决策人经过深思熟虑，决定采用“化整为零法”的策略。

在和该市几家大银行的谈判中，该公司提出的保险条款既对银行优惠，又对客户优惠，但它只向几家银行要剩下的那10%。银行方面找不出任何拒绝的理由。就把10%的房屋抵押贷款客户的名单交给了它。它以这10%的客户为基础，以优惠的保险条款为武器，向90%的客户进行蚕食进攻，结果在这家公司保险的客户越来越多，从10%、30%到60%，终于轮到它囊括了90%。但还有10%的老客户在原来那家保险公司手里，它没有客户的名单。

它又在与这几家银行谈判中说：“目前我们的公司已争取了整个市场的90%，你们看我们该不该争取100%?”银行方面不得不同意它的要求，它终于成了该市银行协会所指定的唯一一家保险公司。

它尝到了“化整为零法”的甜头，它成了全国受银行指定进行房屋贷款抵押业务最多的、全国性的大保险公司。

3. 正确运用说服技巧

(1) 正确运用说服技巧

掌握了上面的知识和技巧，不等于就能说服对方了。

在实际说服过程中,还要注意下列问题:

① 谈判开始时,要先讨论容易解决的问题,然后再讨论容易引起争论的问题;

② 先谈好的信息,再谈坏的信息,要把好坏两方面和盘托出,避免报喜不报忧;

③ 强调与对方立场、观点、需要的一致,淡化与对方立场、观点、需要的差异,从而提高对方的认识程度和接纳程度;

④ 强调对对方有利的条件、条款,强调互惠互利的可能性、现实性,激发对方在自身利益认同的基础上,接纳你的意见和观点;

⑤ 说服前要注意精心设计开头和结尾,以便给对方留下深刻的印象;

⑥ 多向对方提出要求,多向对方传递信息,必要时可以多次重复某些信息和观点,这样可以影响对方,可以增进对方对这些信息和观点的了解与接纳;

⑦ 要充分了解对方,要以对方习惯的能够接受的方式、方法去开展说服工作;

⑧ 结论要由你明确提出,不要让对方去揣摩或自行下结论,否则可能背离初衷。

(2) 说服中应忌讳的事项

在谈判的僵持阶段,往往由于情绪上的失控,说了不该说的话,导致谈判的破裂。所以在说服的过程中,必须注意以下忌讳事项:

① 不要一开始就批评对方、指责对方;

② 不要只说自己的理由;

③ 不要把自己的意志和观点强加于对方;

④ 不要操之过急、急于求成;

⑤ 不要过多地讲大道理。

下面有个成功说服的例子，可能会给我们一些启发。

有个推销员遇上一个久攻不下的客户，思索良久，再次上门。一见面，推销员很有礼貌地说：

“我知道您是个很有主见的人，对于我的推销一定会有不少异议。”一边说，一边将事先准备好的24张卡片摊在客户面前，“请随便抽出一张来。”客户从中抽出一张来看，上面写的正是一条异议——客户所持的异议之一，客户饶有兴趣地将24张卡片逐一看完以后，推销员接着说：“请把卡片反过来看一下。”在每张卡片的背后，写着对该条异议的驳斥和辩解。客户看完，忍不住笑了起来，一言不发地拿起笔来写道：“我认了，开价吧！”

五、应对洽谈对象反应的艺术

（一）面对对象反应的反应

假设你是一家制笔公司的销售员，向一位客户推销“钢笔”，如果前提是他思想上并不完全拒绝，那他的反应大概有以下三种：

① 边听介绍边拿着那支笔看；

② 认真听但不吭声；

③ 用语言反应，如“这支笔不错”，或“这支笔不错，但我现在不需要”，或“我不太清楚它是否像你推销的那么好？”等。

作为销售员对客户的以上三种反应的反应应该是：

① 对“边听介绍边拿着那支笔看”这样的反应，一边不断地用“效益附加句”发问，一边帮助他查看实物，不断地增加客户对实物的感性认识和兴趣，以此来激发他的购买欲望并最终促其实施购买行为。

② 对“认真听但不吭声”这样的反应，不要一直跟他说话，让他有充分的思考时间，但要密切注意他的目光，是有兴趣了？还是在考虑要不要？千万不要操之过急，引起他的反感，否则，欲速则不达。对这样的客户，可以先建立一种公共关系，或者说是一种潜在的客户关系，在还没有接受你产品的时候，让其先接受你这个人，这对一个销售员来说是至关重要的。

③ 面对对象的反应语，除了“这支笔不错”属明显的肯定反应外，其他两句反应语都属于谈判学意义上的“类似否定”反应。其中“这支笔不错，但我现在不需要”是一种“肯定否定”反应，而“我不太清楚它是否像你推销的那么好”却属于“犹豫不决”反应。对客户的“类似否定”反应应该如何处理？这就是本节重点讨论的内容。

（二）如何应对对象的“类似否定”反应

在商务洽谈中，不管对象是哪种“类似否定”反应，都可以遵照一条守则：

截取肯定点，然后加以利用

为什么一定要“截取肯定点”？原因有三个：第一，因为他“否定”的部分是无法来修正，无法来满足他的；第二，不去理睬他的“否定”部分，是不想加强对象头脑中的否定面;第三,如果你一碰他的“否定”部分,那将会没完没了地被他牵着鼻子走。

因此,对对象的“类似否定”反应可以这样处理,请看图 5-2。

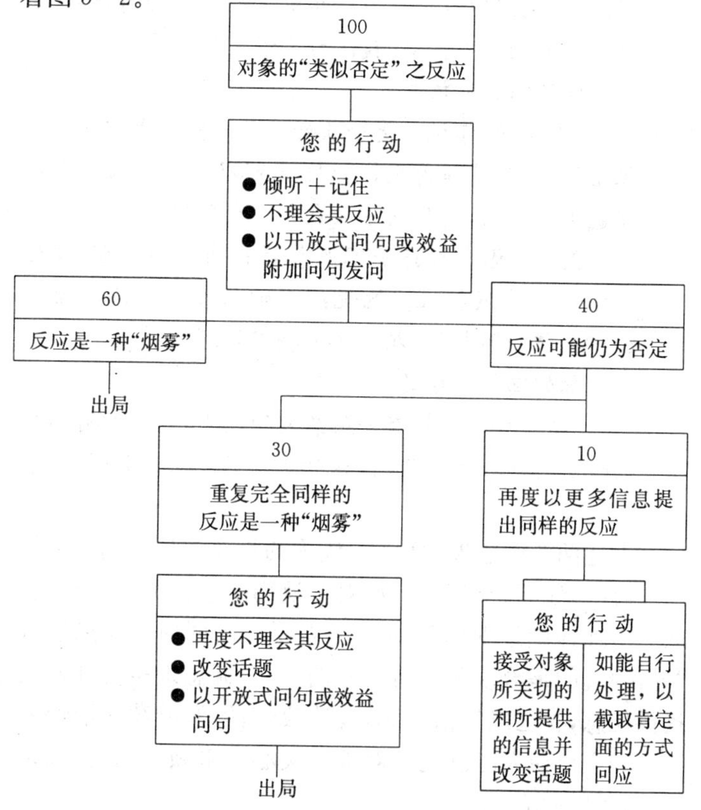

图 5-2　对对象的“类似否定”反应的处理方法

从图 5-2 中可以看出,对象的 100 种反应中只有 10 种才是对象所真正关切的,所以,必须去假存真,将无关紧要的(烟幕)与真正关切的信息分开,这样才能使洽谈成功。

请看以下例题。

例1　在你介绍产品时，对象一直耐心地听着。但是，他说："你所推销的计算机是一项不错的产品，但上次你们调高了价格，我认为已经太贵了。"

你的回答应该是：

"真高兴，您说这是一项好产品。实际上它的大小像信用卡，又是超薄型，所以，您可以放在口袋里和小皮包里。请问，您对这些优点有没有兴趣？"

例2　你在拜访一家照相器材商店的经理，向他介绍新光牌照相机。他说："我们的客户一般都使用SHAP牌的照相机，拍摄效果相当好。"

你的回答应该是：

"新光牌照相机有一项最大的优点，就是所有品牌的镜头都能相容。请问，这对您是不是很有用？"

上述两个例题告诉我们：优秀的洽谈人员遇到对象提出"异议"，他不会视之为"反对"，反而把它视为一个机会，从而更加详细地对洽谈对象的需要作出回应。如果这种"异议"真的是洽谈对象所关心的，他会诚恳地接受并向其提供信息，告之以实情，然后设法改变话题，继续作洽谈介绍。如果洽谈人能够处理对象所关心的事项，他就截取肯定面，予以回应。

（三）艺术地掌控洽谈过程

商务洽谈拜访过程一般有七个阶段：① 对象确定阶

段；② 拜访准备阶段；③ 对象接近阶段；④ 产品介绍阶段；⑤ 处理对象反应阶段；⑥ 协议缔结阶段；⑦ 后续访问阶段。在这七个阶段中，关键是第一阶段和第三、第四、第五阶段，归纳起来为两句话——即“找对人”和“说对话”，这样洽谈才有可能缔结。

1. 对象确定阶段

每一次洽谈都从对象确定开始。寻找并评估洽谈对象是洽谈人的职责。如何“找对人”？其逻辑顺序应该是：

——在自己负责的区域内认真调研市场。
——谁是自己应该锁定的潜在客户？
——他有做出承诺的权利吗？
——他的承诺动机（即实际需求）是什么？
——我能给予他多少利益（即满足他多少需求）？
——他的信誉如何？

2. 拜访准备阶段

对象确定以后，洽谈人就要花时间去研究，并就所要采取的目标、策略、对象接近的方法以及如何进行洽谈介绍等作出计划，为“说对话”找资料、找方法。

（1）手头必须有尽可能多的有关洽谈对象的资料

洽谈对象的资料，包括对方人员的组成情况如职务、性别以及在此项目中的权重等；对方主谈的个人情况如年龄、嗜好、个性以及相关的经历等。

(2) 选择和确定洽谈的目标

在洽谈前,一般是根据以下四个目标层次来选择和确定洽谈目标的:

① 最优期望目标。这是最有利的理想目标,即在满足自身利益之外,还有一个增加值。当然,在实际操作时,一般是很难达到的。

② 实际需求目标。这是经反复研究后作出的"预算",也是洽谈人应努力达到的目标。

③ 可接受目标。这是指能满足洽谈方某部分要求的目标。可接受的目标对于洽谈方来说应采取这样的态度:一是现实态度,即树立"满足一部分也是成功"的意识;二是利益来源多元化,多结交些洽谈伙伴,"积少成多"就会使利益最大化。

④ 最低目标。这是决定洽谈价值的目标。

以上四个洽谈目标层次是一个整体,但它们又各有各的作用,需要在洽谈前认真规划设计。最低洽谈目标是低于可接受目标的。可接受目标在实际需求目标与最低目标之间,是一个"随机值";而最低目标是洽谈一方依据多种因素,特别是其拟达到的最低利益而明确的"限值";而实际需求目标又是一个"定值";最优期望值只是一个"随机数值",即高于实际需求目标就可以了。

3. 对象接近阶段

对象接近阶段,这是开始与洽谈对象面对面的时刻。此时,洽谈人的中心任务是吸引洽谈对象的注意力,让他对你的产品、服务、计划、观点等感兴趣,并使他确信与你谈话并不会浪费他的时间,甚至可能会给他带来效益。假设你是一家培训公司的销售员，你可以分两步来接近对象：

第一步，用最简练的语言介绍自己的公司，并递上公司的目录(catalogue)，以视觉形象来增加对你的印象，随即开门见山道出自己的拜访目的："张小姐，我想和您谈谈为贵公司培训销售员的事。"

第二步，在对方还没有反应前，马上讲出她的需求："张小姐，我得知贵公司最近招了一批销售员，上岗前是需要培训的。"

对象接近阶段的时间不宜过长，一般为 2 至 3 分钟。但这个阶段中有个重要的环节：展示公司或产品的视觉材料，它会加强对象的记忆程度，请看图 5－3：

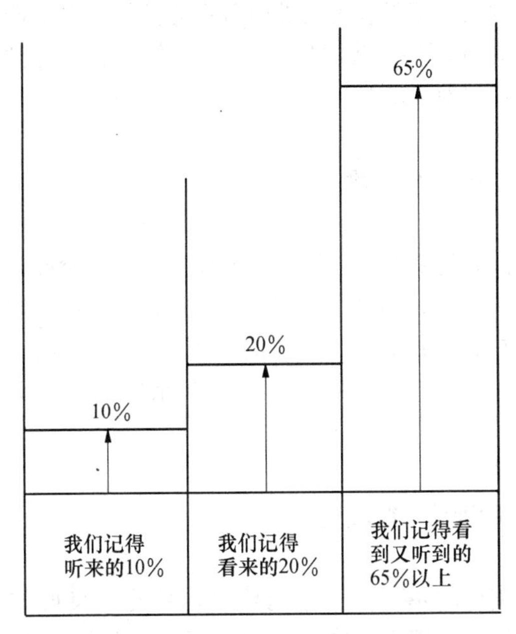

图 5－3　视觉材料记忆程度图(约 2 到 3 天之后)

4. 产品介绍阶段

产品介绍阶段，这是洽谈的核心所在。在介绍过程中，可以用开放式问句或封闭式问句来和洽谈对象沟通，从中发现其真正的需要。继而用“效益附加问句”来激发对象的购买欲望。具体方法见前面所述。

5. 处理对象反应阶段

成功的介绍总是不时地伴随着对象的反应，不是表现出肯定的信号就是表现出类似否定的信号。而洽谈人应学会仔细辨听，遵循“截取肯定点，然后加以利用”的原则，理性地处理好对象的各种反应。

6. 协议缔结阶段

洽谈拜访只有在缔结以后才算完成。这阶段是要求对象作出承诺的时刻，也是洽谈对象决定是否对你的产品和服务确有需要并能从中获益的时刻。因此，洽谈人必须在这一阶段多次使用“效益附加问句”来推动他作出承诺的过程。

7. 后续访问阶段

后续访问不仅是为了与洽谈对象建立良好的公共关系，维系感情，锁定客户，而且还能反馈质量信息，这其实是

在免费购买信息。因此,必须作好以下三点:

① 完成对洽谈对象作的许诺;

② 对处理洽谈拜访的成功经验的评估;

③ 总结在洽谈中所获取的能导致新的洽谈拜访机会的信息。

第六章　商务谈判的制胜因素

一、技 巧 因 素

美国前总统卡特为了使埃以之间的战争停下来，将埃及前总统萨达特和以色列前总理贝京邀请到美国进行和平谈判。他十分清楚他将要完成的是怎样的艰苦使命，所以十分聪明地将谈判安排在马里兰山上与世隔绝的戴维营(美国总统度假别墅)中，又精心地安排了枯燥、寂寞的谈判环境。那里仅有两辆自行车供14个人骑着玩，唯一所谓有趣的活动是，拣拣松果、嗅嗅松香。另外除了在三部电影中挑选一部欣赏，以松弛紧张的神经外，没有其他任何娱乐设施。

艰苦的谈判到了第六天，每个人都把每部电影看过两遍，而且都感到十分厌烦了。但是，每天早晨八点钟，萨达特和贝京都毫无例外地听到敲门声，紧接着是同样熟悉而单调的声音："嗨，我是吉米·卡特，准备再过内容同样无聊、令人厌倦的10小时吧！"

过了十三天，再听到这样声音，如果你是萨达特或贝京，一定也会希望尽快签和约，只求赶快离开那里。正是吉米·卡特使用了这种“坚持”的技巧，再加上其他的谈判技巧促成了埃及和以色列之间的“戴维营和平协定”的签订。

（一）商务谈判技巧的概述

毫无疑问商务谈判者是使用技巧的，商务谈判前，他被授权在某种范围内或某种程度上作出决断是否成交，还应该被授权决定使用某种技巧，否则他就无法进行商务谈判。因为商务谈判中的技巧，除了上述狭隘的意义外，还指一种把事情做好的才干和能力，一种能控制别人、事态以及自己的力量。所以，商务谈判学中的技巧是一种比较宽泛的概念。

可以这样认为，无论是商务谈判中的哪一方，谁都拥有许多技巧，都可以用手中的技巧帮助你改变现状，达到你想要达到的目标。关键是你如何看待和怎样使用你所拥有的技巧。

遗憾的是，商务谈判中的人们往往在对待、使用技巧的问题上，存在着两种错误倾向：一种是认为对方实力太大，自己无法使用技巧；另一种是对自己拥有的技巧没有足够的认识。

针对这些倾向，国外商务谈判学界有一种观点认为：“只要你认为你拥有权力，你就拥有权力。”这就是说，如果你认为你没有权力使用技巧，那么，就算你拥有它，也等于没有；相反，只要你深信你有权力使用技巧，那么，你在商务谈判中就可能拥有更多、更大使用技巧的权力。即使在生活中的某些场合也是如此，你也就有可能更灵活、更巧妙、更主动地实现你预想的目标。尼尔伦伯格曾在他的著作中引用了发生在美国监狱中的例子来说明这个问题。

一个囚犯被单独关押在牢房里。监狱方面生怕他自杀或者伤害他自己，将他的皮带甚至鞋带都拿走了。每天从门上的小铁窗里塞给他的食物都是残羹冷炙，他的体重为此减轻了五公斤。一天，这个囚犯左手提着长裤，像头关在笼子里的饿狼一般，在牢房里走来走去。突然，他闻到了一股久违而又熟悉的香烟味，那是他最喜爱的"KENT"牌香烟。他从小铁窗缝隙里看到，走廊上有位看守在抽烟。只见他深深地吸入一口烟，然后悠闲地吐着烟圈。这位瘾君子再也忍受不住了，于是就用右手的指关节轻轻地敲敲小铁窗。看守走过来，隔着门哼了一声："干吗？"

囚犯回答："我想要一支烟，拜托就是你抽的那种'KENT'香烟。"看守又用鼻子哼了一声，转身走开了。谁知，囚犯又敲门了，这回是很威风的。看守吐出一口烟，回身打开小铁窗，朝囚犯愤怒地嚷道："你又想干什么？"囚犯回答："我希望在30秒钟里得到一支香烟。如果我得不到的话，我就用头撞水泥墙壁，直到血肉模糊、失去知觉为止。等到监狱长把我扶起来，我就发誓说这一切都是你干的。"

囚犯看着目瞪口呆的看守，停了一会儿，接着说："或许，他们绝不相信我所说的话，但请你想想，你不得不参加审问、听证会等等，还要填写一式三份的报告（按美国法律，殴打囚犯必须受到上述调查）。而这一切，仅仅只是因为你不肯给我一支香烟！我只要一支，我发誓决不再麻烦你！"

那个看守回过神来，毫不犹豫地把一支香烟从小铁窗里递了进去。

上例中的主角是阶下囚，应该是没有任何地位或实力的。可是他巧妙地（也许是不自觉地）运用了商务谈判学中“只要你认为你自己拥有权力，你就拥有权力”的原理，使握有绝对权力的看守反而成了囚犯命令下乖乖的执行者。

在商务谈判中，我们不论在何种情况下，都要比左手提着裤子的囚犯来得好些，所以只要你明白你要什么，只要你相信你拥有使用技巧的权力，你就有可能达到你的目的。

（二）广义技巧种种

广义的商务谈判学技巧，实际上是指商务谈判者“有权”使用的种种技巧，而之所以用“有权”相称，实在是因为很多没有经验的商务谈判者，一到商务谈判的关键时刻，尤其是自己处于下风时，就紧张得忘记了自己“有权”采取的种种对策，甚至怀疑自己是否真的“有权”去采取，以至于商务谈判莫明其妙地失败了。回头想想，自己竟然还有这么多的技巧可以采用，可以采取那么多的策略、做那么多事情，可自己什么都没有做！捶胸顿足，可悔之已晚。所以，在学习商务谈判学的过程中，有必要先明白作为一个商务谈判者可以采用哪些技巧，就是当务之急了。

1. 冒险的技巧

商务谈判中，必须要冒风险。凡是成功的商务谈判几乎没有不冒险的，而且冒险的程度越大，也就有可能获较大的利益。这正如炒股票一样，冒的风险越大，就有可能获较大的利益。例如，前面所举的松下幸之助与荷兰菲利浦公司转让技术的商务谈判中，他冒了极大的风险，用松下公司五亿资金中的两亿购买了菲利浦的技术，这不要说在当时，即使是在当代国际上的激烈竞争中，也不可能有那家企业，用这么大比例的资金去冒任何一次风险。正因为松下幸之助用非凡的魄力，冒了一次史无前例的风险，才有了今天松下公司的巨大成功。

再如，浙江某企业在与某港商谈判进口原材料时，该企业已经面临停工待料的尴尬局面，迫切希望早日达成协议，但该企业商务谈判代表面对的是漫天要价的港商，他知道此时说理也好、哀求也好，你越是讨价还价，对方越是放刁。唯一的办法就是——冒险。所以他冒着极大的风险，主动中止商务谈判，对港商说："没什么好谈的了，你走吧！"他一冒险就变被动为主动，迫使对方就范，从而取得了商务谈判的圆满成功。

当然我们主张的冒险，并非是建议你去碰几乎不可能的运气；而是建议你冒适当的风险。这是因为，如果你没有冒险的思想准备，你在商务谈判中，就会步步受制于人，被对方牵着鼻子走；相反，如果你有思想准备冒适当的险，对方就可能被你牵着鼻子走，步步受制于你。比如你去小商品市场买东西，一眼就看上了一件十分喜欢的衣服，左瞧右瞧，越看越喜欢。此时你越是想急于买下，与个体户讨价还价也就越困难，甚至他连几毛钱也不肯降。此时你要是转身走开决定不买了，就可能出现奇迹，个体户喊你回来降价卖给你。所以，敢不敢必要的冒险，能不能把握冒险的程度，是衡量一个商务谈判者水平高低的重要标准。

例如，1978 年底，我国急需从国外引进一套高效农药的生产设备，为此同某外国公司的代表进行商务谈判。在一番激烈的讨价还价之后，天色已晚，夜幕降临。双方摊牌了。中方经过几次压价后，现在又一次提出降价的要求。外商激动地从商务谈判桌前站了起来，对中方主谈说："代表先生，您的价格是我们公司不能接受的，绝对不能接受的！"

中方用户的代表在一旁非常着急，因为时间紧迫，年底以前必须签约，而且对现在的价格已经很满意了，生怕外商翻脸，商务谈判破裂，主张不要再压价了。

可中方主谈认为，现在的价格还太高，还应冒一冒险，再压低价格。所以，他示意外商坐下，微笑着说："请坐下，慢慢谈。"在外商坐下来以后，中方主谈说"不过，我也请贵公司考虑，如果价格不降下来，中方也是不能接受的。原因很简单，根据我们测算，贵公司的要价还可以再降 1 000 万美元！并且我们有足够的资料证明这一点。"

"NO! NO! NO!"外商又一次激动地从商务谈判桌前站了起来，瞪大了眼睛，连连摇头，"1 000 万美元！如果再降价 1 000 万美元，我回国就只剩下一条裤衩了。代表先生，我们不能接受，无论如何也不能接受！"

眼看商务谈判不能再进行下去了，中方主谈提议暂时休会，待到明天再继续商务谈判，并且向对方实施最后期限的商务谈判策略。他告诉外商："这样吧，明天是 1978 年 12 月 19 日，我们商务谈判的最后一天，请您回去再考虑一晚上，让我们珍惜这最后一次机会。"

回去以后，中方用户对中方主谈的压价非常的担心，认为太冒险了。可中方主谈胸有成竹地告诉用户,要他明天看好戏。

第二天早上,双方再次商务谈判时,对方宣布再次答应中方的降价要求,再降830万美元。直到这时,双方的手才紧紧地握在一起。

中方主谈的冒险获得了成功,他又为国家多节约了830万美元。

2. 制造竞争的技巧

这是商务谈判中使用得最多的技巧之一。当商务谈判中的一方处于不利地位时、或者情况不明时、或者需要进一步压制对方时、或者需要争取更好的目标时……都可以使用这种权利——“制造竞争”——来达到目的。例如,在承建海南岛现代化养殖场的招标过程中,由于主管不熟悉建筑行业,对前来投标的甲乙丙三家公司的标书上所列的条件看不懂,他就“制造竞争”,让三家公司的商务谈判代表同时来到他的办公室外等候。让他们在自己的思想中“竞争”——充分地想好了自己的优点、另外两家的缺点,然后一家一家地商务谈判,听到了三家不同的评论,真所谓“货比三家”,从而把握了情况,做到了心中有数。

再如,1987年初,中央批准上海自借自还、自己到国际上去融资、利用外资建设地铁一号线的消息见诸报端后,引起了轩然大波,使各国地铁建设承包商、设备生产商怦然心动,甚至引起了世界各主要工业国政府、财界的极大关注。当时,正逢国际地铁市场饱和、萧条、跌入低谷之时,决策者授权上海谈判专家在商务谈判中引进竞争、制造竞争、利用竞争。这就有了上海地铁融资商务谈判中白热化竞争的一幕。

为了制造竞争，让世界各国都有参与公平竞争的机会，1987年5月，首次在海外国际性报纸上公开"询价"，目标是外国政府的软贷款(优惠贷款)。这一招打破了我国以往争取外国政府贷款，都是先确定提供贷款的国家及融资条件，然后再进行技术和商务谈判的老框框。这种老一套的做法，往往使外商在商务谈判中处于有利地位，他们有恃无恐、价格居高不下，没有回旋的余地。

第一次"询价"的公告明确要求外商在报价的同时，必须争取到本国政府的软贷款，而且必须有所在国的财政机构提供承诺书。这一突破常规的高招果然见效，十几个发达国家的42家地铁集团纷纷前来，不少人带来本国政府愿意提供软贷款的信息。在"询价"的过程中，中方代表绝对秘密、背靠背地与各家地铁集团、公司、厂商商务谈判，指出他们在贷款、报价等方面的不足之处。

1987年9月、12月，再进行第二次、第三次"询价"。三次竞争下来，外商带来的政府软贷款越来越优惠，对我们越来越有利，当然，竞争的对象也越来越少，从十几个国家42个地铁集团，到三个国家七个地铁集团，其中竞争的激烈程度也就可想而知了。

1988年初，上海地铁融资的国际竞争进入了白热化。一位名叫克劳茨的德国人来到了上海，想赶上海地铁融资的"末班车"。他们事先迅速集合国内"AEG"、西门子、杜瓦洛、瓦格由尼等大公司，组成"德沪地铁集团"——"GSMG"——来沪参与竞争。开始德国人竞争的条件并不是很硬，他们带来的贷款中只有60%的政府软贷款，而且年利率高达2%，在领教了上海地铁竞争的激烈程度之后，德国政府的态度来了个“大跃进”：

政府软贷款： 60%上升到100%。

年利率： 2%下降到0.75%。

结果，德国政府软贷款的总数为4.6亿马克，还款期长达40年，其中含10年宽限期。这样，德国人后来者居上，切去了上海地铁这块“大蛋糕”的六分之五。当然对我们来说，这是我国迄今为止获得的赠与成分最高、最为优惠的贷款，也是世界上少有的优惠贷款。

据说当时中德双方都在担心会遭到国际“OECF”组织的反对和报复。这个“OECF”组织由24个发达国家组成，其宗旨是：防止在国际经济活动中，利用本国经济上的优势、压低报价、提供特别优惠的贷款、抢占国际市场，进行不正当的竞争。该组织每年根据各方面的情况，计算出各种经济投资的指标，比如政府贷款中的最低年利率，公布于世。如若违反，即遭谴责和报复。所幸的是计算下来，德国政府软贷款的年利率，竟然正好与“OECF ”公布的指数一样，都是0.75%，中德双方才松了一口气。

在中方制造的这场激烈竞争的开始阶段，法国人是占有优势的，而且被认为是最有可能中标的对象。这是因为，一开始法国驻上海领事馆的商务参赞就带了政府贷款参加竞争，并且条件不错；另一方面，法国的地铁技术也很好，他们能在英吉利海峡下面挖隧道，就有力地证明了这一点；加上法国商务参赞占有“地利、人和”，所以当时普遍看好法国人。

而这位法国人也过于乐观，他压根没想到上海地铁融资的竞争会如此激烈。据说，他在回国述职时，拍着胸脯保证法国能拿到合同。然而他没料到，在背靠背的秘密商务谈判中，人家已经大大优惠了贷款条件。法国人还蒙在鼓里，自我感觉不要太好哦！可惜，激烈的竞争毕竟是无情的，“大蛋糕”落入他人之手，法国人痛失大生意。这位太笃定的法国参赞立即被召回国，并且立即丢了饭碗——被撤了职。

法国人痛定思痛，决心参加中方制造的第四次竞争——进口七台地下掘进盾构的竞争。这第四次公开招标原不在计划之内，因为我们有自己的盾构，也有在黄浦江下面挖隧道的经验。然而，在城市中心下面隧道的沉降精度，要比黄浦江隧道的沉降精度要求高得多，国内的盾构不能达到那么高的精度，而且直径比较小。所以，考虑再三，搞了第四次竞争。对于这次竞争，法国人势在必得，法国政府也提供了优惠的混合贷款 1.36 亿法郎，其中政府软贷款 54%，出口信贷 46%。就这样法国“FCB ”公司赢得了七台地下掘进盾构的合同，多少得到了一点安慰，挽回了一点面子。

在中方制造的这场白热化的竞争中，美国人的态度变化是很有意思的。按照以往的惯例，美国政府从来不搞什么政府贷款，因为美国政府把这方面的钱，全给了世界银行，由世界银行给你贷款，再进行国际招标。所以美国公司不可能带什么政府贷款来，这样也就无法与其他国家公司竞争，只能眼睁睁看着人家吃香的喝辣的。

对此，美国政府再也坐不住了，破天荒第一次支持美国公司参与海外竞争——上海地铁的竞争。他们打破惯例，为美国“GRS”信号公司提供了 2 318 万美元的优惠贷款，其中 45%是无偿的赠款，55%是商业贷款，用来购买美国的地铁消防设备、信号系统、冷却机组、防水涂料等。应该说这些合同在上海地铁这块“大蛋糕”里所占的比例并不大，但签订合同的意义超过了合同本身。

也许有人会问，在这场白热化的竞争中，怎么没看见精明能干的日本人呢？这回他们怎么一点儿油水没捞到呢？其实并非他们无能，而是事出有因。按理说，日本人最有条件拿到上海地铁的合同，因为上海地铁的可行性论证是由日本国际海外协力集团——JAK（日本专门对外进行技术服务的公司）——免费进行的。日本很多大公司也与中方进行了接洽，但当时处于日本第二批对华贷款与第三批对华贷款之间，日本政府不可能再拿出其他政府贷款来。所以日本公司只能干瞪眼，插不进手来。

至于老牌资本主义国家——英国，也曾经将国内所有的地铁承建商、设备生产商等联合起来组成了英国地铁集团——“MTRO TEC”集团，在英国政府的支持下参与上海地铁的竞争，他们也带来了英国政府的优惠贷款，只是由于不及别人来得优惠，而英国政府又无力提供更加优惠的贷款，所以他们非常知趣地悄悄地退出了竞争，很早就打道回府了。

至于其他国家如加拿大、意大利等，也是由于这样、那样的原因，在上海谈判专家制造的这场白热化的竞争中败下阵来，无可奈何地看着别人吃“蛋糕”了。

3. 利用“合法”的技巧

商务谈判桌上，如果你能拿出一些正规的文件、印刷的表格，提出一些“原则”来，等等，都可以成为有力的武器，就有可能用来说服对方，至少可以增加对手对你的尊敬或信任。例如，在国内拿出“红头文件”来，往往是最有说服力的。尤其在外商投资犹豫不决时，你能拿出有关的“红头文件”来，也足以使外商下定投资的决心。

例如，在二次大战后远东军事法庭上的法官座位次序之争中，中国法官梅汝敖提出的庭长左边的第一把交椅是中国的，法庭庭长、澳大利亚的法官韦伯要把这一座位给英国法官。梅汝敖提出了“法庭座次应按日本投降时各受降国的签字顺序排列”的“原则”，这就是运用了“合法”的技巧。其实，投降书签字顺序与法庭座次之间并无必然的联系，不能由此及彼地进行推论，让澳大利亚的法官韦伯做法庭庭长就是有力的证明。但梅法官提出的“原则”之所以能成功，就因为在没有“原则”的情况下，你如果能提出一条“原则”，哪怕是不十分准确、不十分规范、不十分合理的“原则”，而对手又提不出什么来的话，那么，你提出的“原则”往往具有不可更改、不可辩驳的力量。正因为这样，尽管梅法官提出的“原则”虽然不是最合理的，但在法官们众说纷纭的意见中，却是最难驳倒、最站得住脚的。因而被认可了。

其实，上面所引的故事并没有结束，就在开庭前一天预演时，并不死心的韦伯（出生于英国的澳大利亚籍人）庭长突然宣布入场的顺序是“美、英、中、苏……”企图突然袭击，造成既成事实。梅法官立即提出抗议，并脱下黑色丝质法袍，拒绝登台。并且声明：“今天的预演已经有许多记者和摄影师在场，一旦明天见报，便是既成事实。……既然我的建议在同仁中并无很多异议，我请求立即对我的建议进行表决。否则我只有不参加预演，回国向我的政府辞职。”

此时，梅法官又提出一条“原则”、一条集体审判中惯用的原则——表决，庭长韦伯此时提不出其他任何有说服力的主张，陷于走投无路的窘境，最后只得召集法官们进行表决。表决的结果，自然是梅法官的建议被通过，庭长左边的第一把交椅是中国的。

4. 坚持的技巧

俗话说“水滴石穿”，在商务谈判中，“坚持”是一种很有效的技巧。即使是一只老鼠，长时期慢慢地咬啮堤防，也能淹掉一个国家。多数人在谈判时缺乏这种锲而不舍的坚持精神，当他们的意见未被对方接受时，他们就对自己能否成功开始动摇了，于是就开始让步、就提新的建议，以求进展。结果往往导致谈判失败。相反，那些成功的谈判者取得成功的原因之一，往往就是谈判者能坚持自己的目标，坚持不懈地、一步一步地朝既定的目标前进，决不轻易地后退，更不轻易地放弃，即便在不得不让步的情况下，也要争取从对手那里得到某种好处。结果他们往往心想事成，总能达到他们预期的目标。

奇迹往往出于坚持。那些在人们眼里看来几乎是不可能的事情，在锲而不舍的努力之下，在始终不渝的坚持之下，出现了奇迹。本节开头所举的“戴维营谈判”中，正是美国前总统卡特的“坚持”，才使原来外界普遍认为根本不可能成功的“埃以停战协定”得以成功地签署了，埃以两家冤家对头的手握在了一起。

再如，第二次世界大战后，统治日本的美国占领军认定三井、三菱、住友、安田、右河以及松下等十四家日本大公司为财阀家族，指责它们在二战中支持了日本军国主义发动二次大战，犯下了滔天大罪。所以，冻结了十四家大公司的资产，并要将它们全部解体。本来，这似乎是铁案一桩，无法可想了。为此其他十三家大公司的社长、总裁纷纷辞职。唯独松下公司的总裁松下幸之助拒不辞职，因为他认为松下公司不是财阀家族，也没有支持日本军国主义发动二次大战，不该受到这样的惩罚，美国占领军对松下的处理是错误的。为此，他开始了坚持不懈的上诉努力。

当时，松下公司的所有资产被冻结，连他的私人财产也被冻结，他给仆人发工资也要向占领军申请方可从银行支出。而他自己的生活费，只能依赖向朋友借贷度日。日常生活已经如此艰难，要想上诉成功简直难于上青天。

松下幸之助没有被生活困难吓倒，更没有被操生杀大权的美国占领军吓倒而停止上诉，他始终坚持要求占领军当局纠正对松下公司的错误认定，撤销对松下公司的错误裁决，以维护松下公司的正当利益。为此，他锲而不舍地、坚持不懈地与占领军当局进行一次又一次、一年又一年的谈判；一次不成、再一次，一年不成、再一年。就这样在长达四年之久的时间里，松下幸之助前后主动与占领军当局谈判了五十多次，前后递交的正式材料达5 000多页。

在他的坚持下，最后奇迹终于出现了，美国占领军当局终于答应纠正对松下公司的错误认定，把松下公司从十四家必须解体的财阀家族的名单上抹掉了。松下幸之助的“坚持”终于取得了辉煌的成果。

应当说明的是，仅仅像松下幸之助那样的“坚持”——同一种方式、同一个目标——收效往往不大，一般是用不同的方法，向同一个目标前进。比如，美国前总统吉米·卡特取得的“戴维营谈判”的成功，就是在坚持同一目标的前提下，采用了多种手段：如提供财政援助、满足埃以的不同需要等等，来达到目的的。

再如，日本某著名私人医院院长，就是采用了“坚持”的手段，得以创办成功该医院的，很发人深思。

他从日本一家医学院医学系毕业后，就准备自己开医院。但他出身贫寒，没有一大笔家产；他向亲戚朋友借贷，他们不是和他一样清贫，就是不愿借给他。他只好去向银行借贷。可银行向他要不动产、有价证券的抵押，或者有著名的大公司担保。

他在四处碰壁之后，仍然坚持自己的目标——找银行借贷，并决心进行最后一次尝试。为了使银行相信他的偿还能力和偿还信心，他参加了巨额的人寿保险，用他所有的钱投保1.77亿日元。然后他拿了保险单来到银行，对银行经理说：“我已同人寿保险公司讲定，以贵银行为人寿保险的领款人，这样，即使我死了，也能还上贷款。”

银行经理说：“先生，所谓人寿保险，人不死是不能取出钱来的呀！”

他说：“这项保险规定，如果保险费交了一年以上，就是自杀，也能取出保险费。如果医院办了一年以上，还不顺利，我就上房顶，头朝下跳下来。”

最后，银行经理被年轻人不折不挠的顽强精神感动了。他相信有这种锲而不舍精神的年轻人，一定能创就一番轰轰烈烈的事业来。所以，破例给他一大笔贷款。而他也没有辜负银行经理的期望，创办了一所日本有名的一流医院。

5. 有限的技巧

众所周知，每个商务谈判者的技巧都有一定的限制，就一般性的商务谈判来说，就有诸如：

① 金额的限制，如最高或最低价格、总额（限制了购买数量）等；

② 条件的限制，如交货时间、地点的限制，运输方式、付款方式的限制等；

③ 政策的限制，如交易的对象、范围的限制，涉外的种种限制等；

④ 法律法规的限制，如有关法律、政府的规章制度的限制等；

⑤ 其他限制，如环保、交通的限制，质量、工时的限制等。

以上种种限制，在商务谈判中一般不得违反或者超越。那么这种种的限制对商务谈判者是有害还是有利呢？这些限制是否削弱了商务谈判者的实力呢？商务谈判专家的回答是：这种种的限制是对商务谈判者有利的，因为有限制才有真正的技巧。一般地说，任何商务谈判都是有种种限制的商务谈判，即使是腐朽没落的清政府同帝国主义列强的一系列丧权辱国的商务谈判，也是有所限制的。而正是这种种必要的限制才给商务谈判者以活动的舞台和真正的力量，让他们演出一场又一场精彩的节目来。

当然，演出成功的关键在于，商务谈判者是否能充分地利用这种种的限制，把它当成一种行之有效的“秘密武器”，而不是当成约束自己的条条框框。有经验的商务谈判者，经常使用这种权力——“有限的技巧”，作为对付对手的一种有效的武器。在商务谈判中，如听到诸如“你的建议的确很合理，只是我的领导不会同意。”、“你出的价格，我还得请示我的公司。”等等，这就是在使用“有限的技巧”了。

有一次，尼尔伦伯格和他的客户一起参加了一次商务洽谈会。半途中，他的客户因故不能再出席了，就由他全权代理客户继续谈判。在谈判过程中，他巧妙地运用“有限的技巧”，取得了很大的成功。一者，对方了解代理人多半技巧有限，所以，往往衡量情况后才提出要求，比较中肯，不太过分；二者，当对方提出要求，要他作出承诺时，他总是借口“哦，我的权力有限，很抱歉，不能做主。”而对方往往也就不再坚持了。这样谈判下来，他运用“有限的技巧”拒绝了对方的许多要求，没有作出什么让步，为他的客户争取了许多利益，取得了客户在场根本不可能得到的好处。这就是合理动用“有限的技巧”法的威力所在。

一般地说，利用“有限的技巧”法这一商务谈判技巧有两个作用：

① 可以为商务谈判者争取时间，理由很简单，需要请示当事人或自己的上级；

② 可以作为挡箭牌拒绝对方的要求，因为自己无权作出这样的让步。

但是，万事有利必有弊，频繁使用这一商务谈判技巧，会让对方感到你无能、窝囊，既然你说了不能算数，对方就有可能撇开你，直接找你的上级商务谈判；而且，对方一旦看出，你明明有权作出承诺，却借口“权力有限”，就会认为你没有商务谈判的诚意，从而毒化了商务谈判的气氛，导致不良的后果。

6. 利用专家的技巧

社会心理学研究表明，相信专家、权威的意见，是一种常见的社会心理定势。有许多专门的实验证明了这一点。

一位事先被介绍具有高深造诣的外国“化学博士”来到教室，向同学们介绍他带来的一瓶据说是具有某种说不出是什么气味的液体，他打开瓶塞。说这种气体即将弥漫全教室，要求学生一闻到立刻举起手来，以测定自己是否具有正常的嗅觉。很快全教室的学生果真先后举起了手。接着实验者出来说明真相，这位外国的“化学博士”其实只是一位化了装的演员，瓶里装的不过是普通的蒸馏水而已。这就是所谓的专家效应、权威效应。

从上例可以看出，人们普遍十分尊敬专家、权威，因此在商务谈判中，你可以利用这一点：

① 你自己充当某方面的专家、权威。这就要求你在商务谈判前做好这方面的准备，并在商务谈判初期，就显示出你确实拥有高人一筹的专门知识。

② 在商务谈判中引用专家、权威的有关结论。这也要求你在商务谈判前做好这方面的准备，才能在需要时能准确及时地引用。

③ 请有关方面的专家、权威参加商务谈判。如能做到这一点，比起前两种方法更有说服力。在商务谈判中，专家、权威比起非专家、权威来，往往具有更大的影响力，从而占据有利的地位。因为不少人容易被专家、权威的头衔所征服，因而变得缺乏自信，轻易不敢发表自己的意见，不敢对专家、权威的话提出异议。

据研究表明，人们最信服的是实验室里的专家、权威，其次是从事分析工作的专家、权威，再次是将各种资料综合归纳，然后作语言游戏的专家、权威。专家、权威的征服力不仅表现在他实际拥有的专业知识上，其他方面，诸如年纪较大、仪表不凡、写过专著、拥有学位等等，都可以是征服别人的因素。

应当指出的是，在商务谈判中，如果对方抬出专家、权威来怎么办？第一不要紧张，第二不要害怕。你千万要记住，他们如果不是需要你及你所提供的东西，就不会和你商务谈判了。第三不妨装得傻一些，对方那些搬弄专业知识、企图以此镇住你的专家、权威，你不妨傻乎乎地问："我听不懂，几分钟前就不知道你在说什么！"也不妨傻乎乎地要求："你能不能用外行话，解释得通俗易懂一些？"事实证明，这类看似傻乎乎的问题，经常能改变专家、权威的态度和行为。

二、情报因素

20世纪70年代，日本三井物产株式会社做成了一笔冷战时代难以想象的三角交易——将美国的废钢铁转售给中国。他们并非是通过非法渠道做成这笔买卖的，而是从公开的经济情报的分析判断中，赢得了这笔交易。

1972年，美国前总统尼克松访问中国后，中美关系开始"解冻"。其实，说是"解冻"，两国之间还有许许多多的问题有待解决。所以，两国之间的贸易往来，不知哪年哪月才能正常进行。据权威人士的乐观估计，起码要十年以后才行。

就在此时，一位三井物产株式会社派驻美国纽约的工作人员，从尼克松访华的事件中受到启发，在研究美国经济的同时，开始收集、研究中国的经济情报。他发现中国的钢铁工业发展很快，所以大量从英国和加拿大进口废钢铁。而英国似乎限制废钢铁的出口，加拿大的废钢铁的资源又很有限。相反，美国的废钢铁资源非常丰富，又是世界上最大的废钢铁出口国。

经济情报分析的结果，使这位工作人员意识到："这里大有油水！"于是立即行动起来，频繁地分别与美国、中国两方面的有关部门进行洽谈。当世界绝大多数公司还认为中美贸易往来为时尚早时，三井物产株式会社竟然以令人难以置信的手段，分别与中国、美国商务谈判成功，而且很快达成了协议。1972 年 3 月，大批的废钢铁就从美国起运，用船运到了中国。三井从中赚了一大笔钱。

可见，有关商务谈判的情报(指信息和资料)对于商务谈判来说，犹如情报对于战争一样重要。没有情报，作战部队就会寸步难行，处处被动，陷于挨打的局面，甚至会遭致全军覆没；同样，没有情报(信息和资料)商务谈判中也会处处被动，也会导致商务谈判的失败。因此，掌握有关商务谈判的信息和资料，并且能合理地运用这些信息和资料来为商务谈判服务，是一个高水平的商务谈判者必须具备的基本功。

(一) 商务谈判前的情报收集

商务谈判前收集了有关的情报(信息和资料)，才能有针对性地制订相应的商务谈判方案和计划，采用相应的商务谈判策略、方法，确定本方的商务谈判目标。否则，对对方的情况一无所知，或者知之不多，就会造成盲目商务谈判。这样即使不是“每谈必败”，至少也是“每谈少赢甚至不赢”的下场。

例如，美国前总统肯尼迪在前往维也纳，与前苏联部长会议主席赫鲁晓夫谈判之前，就通过各种渠道收集了赫鲁晓夫全部演说和公开声明，他还收集了可能获得的这位部长会议主席的其他资料，诸如个人经历、业余爱好，甚至早餐嗜好、音乐欣赏趣味等等，并精心进行了研究。从而对赫鲁晓夫的心理状态、思维特点，均有所了解。所以，尽管还未见面，肯尼迪一旦说起赫鲁晓夫，能像对待老朋友那样，如数家珍似的说上一大通，以至于两人进行谈判时，肯尼迪总是胸有成竹，仿佛对赫鲁晓夫下一句要说什么，都了如指掌一般。

这次谈判的结果虽然没有公布于世，但不少观察家分析，在后来的古巴导弹危机中，肯尼迪之所以敢于作出如此强硬的姿态，不仅是因为他已经摸透了赫鲁晓夫脾气，说不定就是在那次谈判中，赫鲁晓夫败在肯尼迪的手下，对肯尼迪惧怕三分所致。可见，谈判前情报的收集有多重要。

1. 收集的内容

商务谈判前情报收集主要有两个方面，一是与商务谈判标的有关的情报，二是与商务谈判对手有关的情报。

（1）与商务谈判标的有关的情报

就商务谈判而言，与商务谈判标的有关的情报就是指商业行情与对方对这次商务谈判总的态度等。（见“商务谈判环境的可行性研究”）

对方对商务谈判的总态度包括对方的商务谈判目的、

真正的需要，可能采取的态度、所持的真正立场等等。只有掌握这方面的情报，才能有针对性地制订相应的商务谈判方案和计划，采用相应的商务谈判策略和方法。

例如，在一次中日关于某种农业加工机械的商务谈判中，正是由于中方谈判代表事先作了精心的准备，充分掌握了与商务谈判标的有关的种种情报，知道日方的报价大大超出了产品的实际价格，便用"问题法"拒绝了对方的报价："请问，你们的报价比某国某公司出售的同类产品高得多的依据是什么？"

中方代表的提问使日方代表非常吃惊，对方不便回答也无法回答。日方主谈借故离开了商务谈判桌，他的助手也装着低头找什么材料不说话。过了一会儿，日方主谈回到商务谈判桌前，问他的助手："这报价是什么时间定的？"他的助手马上醒悟过来，接口说是以前定的。日方主谈笑着打圆场，作了一番解释。

双方休会以后又回到商务谈判桌前，日方主谈宣称已经与其总经理重新作了成本核算，同意削减 100 万美元。中方主谈根据掌握的交易信息，并且以对方不经请示就可以决定降价 10%的让步信息作为还价的依据，提出 750 万元的还价。但马上遭到了日本方面的拒绝，商务谈判陷入了僵局。

为了打开商务谈判的局面，说服日本方面接受中方的要求，中方代表郑重地指出："这次引进，我们从几个国家的十几个公司中选中了贵公司，这已经说明了我们成交的诚意。"接着，中方代表以掌握的详细情报为依据，开始摆事实、讲道理："你们说价格太低，其实不然。此价虽然比贵公司销往某国的价格稍低一点，但由于运费很低，所以，总的利润并没有减少。”

中方代表侃侃而谈，面对中方的准确情报，日方代表哑口无言，不知说什么才好。为了帮助日方代表下决心，中方代表拿出了杀手锏——制造竞争：“更为重要的是某某国、某某国出售同类产品的几家公司，还正等待我方的邀请，迫切希望同我方签订销售协议。”说完，中方主谈随手将其他外商的电传递给了日方代表。

在中方代表的强大攻势面前，日方代表不得不败下阵来，他们被中方所掌握的详细的情报和坦诚的态度所折服，感到中方的还价有理有据，无可挑剔，只好握手成交。

在这场激烈的交锋中，中方代表之所以能够获得极大的成功，关键就在于他们掌握了大量而详细的“与商务谈判标的有关的情报”，并巧妙地用这些情报为商务谈判服务分不开的。

(2) 与商务谈判对手有关的情报

在重大的商务谈判中，除了必须掌握与商务谈判标的有关的情报外，还必须掌握与商务谈判对手有关的情报。(见“商务谈判对手分析”)这里面包括：对方人员的组成情况、对方主谈的个人情况、对方人员的权限和策略，等等。

“对方人员的组成情况”又包括：职位的高低(可以看出对方对这次商务谈判的重视程度)、性别差异(尤其要注意对方商务谈判中的女代表，不可掉以轻心)。

“对方主谈的个人情况”则包括：

① 年龄：年老的则经验丰富但精力不足，年轻的则精力有余但经验不足，中年人则年富力强又有经验(最不好对付)。

② 家庭情况：和睦幸福的则容易安于现状，不大敢冒

大风险；濒临破裂的则容易走极端，可能会破罐子破摔(前面所讲的“移置”心理所致)；有外遇的则喜欢猎奇，可能出怪招。

③ 嗜好：从个人嗜好中很容易窥视出对手的心理特征，例如美国总统克林顿喜欢看美国西部的牛仔片，爱好橄榄球，就不难分析出他的心理特征来。

④ 个性：个性倔强的，有时会刚愎自用；个性软弱的，有时会委曲求全，容易让步；性格内向的，深藏不露，有时会有阴谋诡计；性格外向的，容易激动，也容易上当受骗。

⑤ 经历：一方面指个人的成长经历，经历坎坷的人，性格顽强，能百折不挠地去实现目标，这样的人不大好对付；一帆风顺的人，一遇到困难，容易灰心丧气，相对来说，这样的人比较容易对付；另一方面指对手的商务谈判经历，要分析他哪些商务谈判是成功的，为什么能成功？运用了哪些商务谈判策略？又有哪些商务谈判是失败的，为什么会失败？对手在商务谈判中成功运用的策略，他会牢记在心，而且会在以后的商务谈判中，情不自禁地一再运用这些策略，所以可以事先有所防备；相反，那些使他失败的教训，由于前面所讲的“压抑”心理的作怪，他很容易重蹈覆辙，不妨挖一个同样的陷阱，让他再一次跳进去。

“对方人员的权限和策略”则是本方指定计划、方案和策略的依据，其重要性不言自明。

2. 收集方法

(1) 依靠专门的信息咨询机构查询

在改革开放的今天，社会主义市场经济的发展，有越来越多的信息咨询机构诞生了，他们专职收集各种各样的商业情报，为客户提供比较客观的分析和有价值的情报。在重大的商务谈判前，请这种专门的信息咨询机构进行分析论证，是必不可少的一步。

(2) 从公开的资料收集

在市场经济不断完善的今天，我们可以从企业的管理部门了解该企业的注册资金、经营范围，从金融机构了解该企业的信用等级、经营状况，如果是股票上市公司，还可以从他们公开发布的资料和股市的股票行情作出比较客观的判断。

(3) 从电脑网络查询

如果是和国外的公司打交道，不妨通过因特网，查询该公司的各方面的情况。因为国外的经济法规比较完善，公司的注册资金、经营范围、信用等级、财务状况等等，一般在电脑里都可以查到，而且比较客观、准确，水分比较少。

(4) 派出专门的人员前往调查

如果是特别重大的商务谈判，完全有必要事先派人前往调查。因为无论是上述的哪一种方法，都有可能有水分，甚至可能有很大的水分。特别是对方为了要蒙骗你，很可能在各种各样的资料上搞得像模像样，好像什么问题都没有似的。然而，一旦派人前去实地调查，马上就能了解得一清二楚。最简单的例子是，前几年某些单位为了留住某人，外单位来了解时，单位领导会把他说的一无是处；相反，当希望把某人调出时，又对外单位来调查的人，说得天花乱坠，没有任何缺点。所以商界有句行话："市场上叫得最响的人，往往是想把最坏的货物卖出去的人。"

(5) 找知情人开座谈会了解情况

知情人可以是曾经在对方公司工作过的人员,曾经和对方公司商务谈判过或打过交道的人。他们往往有亲身体会和丰富经验,可以通过调查了解对方参加商务谈判人员的各种情况;也可以对方公司内部的组织人事关系、机构管理情况,等等。由于得来的都是感性材料,需要认真地对待。

应当说明的是,在通讯联系发达的今天,收集情报的方法多种多样,只要下决心收集,总能收集到许多有价值的资料和信息,多多少少总能在商务谈判中派上这样那样的用处,最终为取得商务谈判的胜利打下基础。

(二) 商务谈判中收集情报的方法

收集情报的工作不仅要在商务谈判前进行,而且应该在商务谈判中的每一个回合中,通过观察分析对手的一举一动、一言一行(即有声语言和态势语言)来收集情报,以补充和修正商务谈判前收集的情报,从而更全面地掌握情况,更彻底地了解对手。

商务谈判中收集情报的方法有多种,主要有下列三种。

1. 提问法

商务谈判中的提问,是了解对方情况的有效方法。当然,这取决于你提问的水平:提问的质量,决定了可能获得的信息量的大小;提问的角度,决定了对手是否会对你的要求加以认真地推敲。提问的水平表示了提问者的素质、风度、知识水平、文化修养,等等,恰当的提问往往能驾驭商务谈判的进展，就像水龙头能控制水的流量一样；巧妙的提问能引导对方考虑自己的要求，从而引导双方更好地商务谈判。

例如，美国有一位著名的商务谈判家叫科文，他的邻居是一位医生。有一次，这位邻居的房屋遭受台风的袭击，有些损坏。这房屋是在保险公司投了保的，可以向保险公司索赔。他想要保险公司多赔一些钱，但又知道保险公司很难对付，自己没有能力做到这一点，于是去请科文帮忙。

看在邻居的面子上，科文答应帮忙。他问医生希望得到多少赔偿，以便有个最低的标准。医生回答说，他想要保险公司赔偿 300 美元，不知道行不行?

科文又问："再请告诉我，这场台风你究竟损失了多少钱?"

医生红着脸回答："我的房屋损失大约在 300 美元以上，不过，我知道保险公司是不可能给那么多的!"

不久，保险公司的理赔调查员来找科文，对他说："科文先生，我知道，像你这样的专家、权威，是专门商务谈判大数目的，不过，恐怕我们不能赔太大的数目。请问你，如果我只赔你一百美元，你觉得怎么样?"

科文多年的经验告诉他，对方的口气是说他"只能"赔多少多少，显然他自己也觉得这个数目太少，不好意思开口；而且，第一次出价后必然还有第二次、第三次。所以他故意沉默了半晌，然后反问对方："你觉得怎么样?"

对方愣了一会儿，又说："好吧！真对不起你，请你别将我刚才的价钱放在心上，多一点儿，比方说 200 美元怎么样?"

科文又从对方回答的口气里获得了情报，判断出对方的信心不足，于是又反问道："多一点儿？"

"好吧！300美元如何？"

"你说如何？"

就这样，科文从对方的语言中，获得了对方害怕专家、权威的情报，巧妙地一再用提问来获取新的信息，从而一再地使对方提高出价，使理赔的数目一再提高，最终以高于邻居希望数的三倍多——950美元了结。这一数目大大出乎科文邻居的意料，使他喜出望外。

可见，提问法是商务谈判中获取情报的有效方法。

所以，如果想要成为成功的商务谈判家，必须学会用提问来获取情报，而想要成为这方面的行家里手，在前面"商务谈判的语言"一节里有关"提问"的知识的基础上，还必须做到以下几点：

① 有可能的话，商务谈判前事先准备好问题，因为临时想出来的问题往往不是最好的问题。即使在临场时，想起某些问题，也要仔细考虑好再提问，没有考虑好的问题，最好不要提问。否则，容易犯两个错误，一是提无效的问题。商务谈判中切忌提无效的问题，例如，"贵方对这次商务谈判有没有诚意？"请问，对方会说他没有诚意吗？再如，"我方的态度你们明白了吗？"什么叫"明白"？明白又怎么样？不"明白"又怎么样？而且提问的口气居高临下，有教训人的味道，对人很不尊重。这两类提问，都从根本上违背了商务谈判中提问的目的，那就是澄清事实，获取信息。二是把握不好提问的时机，确定一个提问是否恰当，把握时机是一个重要的因素。再好的问题，如果提问的时机不对，也不会是好问题。

② 要敢于提问，一方面要敢于提出某些似乎是很笨的

问题,这不会丢你的架子,相反这种态度往往会鼓励对方给你一个好的答案;另一方面,要有勇气提出可能或已经在回避的问题,因为对方对这些问题的回答,足以给你某些启示;再一方面,假如对方的答案不够完整或故意转移话题,你要有耐心和毅力继续追问,坚决请对方对你的问题给予直接的回答。

③ 提问后,应该保持沉默,等待对方回答。这好比把球踢给了对方,下面轮到对方把球踢回来。你提问后保持沉默,就是要求对方回答你的问题。如果对方拒绝回答你的问题,就要对商务谈判中的僵局负责。所以,千万注意不可在对方未回答之前,又提出第二个问题,或者说出自己的意见。

④ 可以提出某些你已经知道答案的问题,这将会帮助你了解对方的诚实程度,也可以对某些问题给予再次确认,尤其是事关重大的要害问题,这种重复决不是多余的,因为这种提问可以防止以后产生不必要的麻烦。

⑤ 可以用各种方式反复提出同一个问题。反复提问可以了解对方在回答这个问题时,前后是否一致;如果前后一致,说明对方对这个问题已有考虑,也有准备。如果前后回答不一致,说明对方对这个问题没有作过深入的思考,只是临时应答而已,但高明的商务谈判者,能从对方不一致的回答中,找出破绽,发现对方的真实意图;而且能在适当的时机抓住这些破绽攻击对方,动摇对方的立场。

⑥ 突然提问。在商务谈判过程中,打断对方的思路,突然提出一个涉及对方要害的问题,使对方猝不及防,在无意中吐露真情。这种提问有两点必须注意:一是提出的问题必须涉及对方的要害,否则,一般性的问题,对方根本不

予理睬；二是这种方法不宜多用，多用则不灵，而且由于这种提问很不礼貌，常常使对方感到不高兴。所以一般地说，不要打断对方的话题提问，即使你急于提问，也应该将问题写在纸上，等对方发言告一段落后再提问。

⑦ 当然，商务谈判中的提问也要注意不能提那些指责对方的问题、怀有敌意的问题、或者单纯为了显示你的聪明才智的问题。

2. 观察法

这里所谓的观察，不是指我们日常生活中的观察，即看一看、听一听，而是指心理学上的观察，即根据一定的目的，运用自己的感官或其他手段，以获取第一手的感性材料。商务谈判学中的观察，通常有两种形式：参与观察和从旁观察。

(1) 参与观察

是指亲自参与商务谈判，在商务谈判中观察对手。这种观察者可以记录和收集对手的第一手资料，并及时将资料分析、归纳，从中整理出有用的情况，供自己人参考。例如：对方阵营中的真正关键人物、对方商务谈判人员意见是否一致、对方谈判人员在谈判活动中是否有异常表现，等等。

例如，前些年，上海从事文物进出口贸易的某单位，与一位日本文物商谈判一批中国文物的出口贸易。这位日本商人带来一位中文翻译，是上海去日本打工的男青年，而上海的这家外贸单位使用的日文翻译是一位上海籍的女青年。商务谈判进行得很艰苦，因为日本人开价很低，几个回合下来,双方的差距仍然很大。

当时,上海正风行出国热。这位老奸巨猾的日本奸商在商务谈判中观察到,中方女翻译的言谈举止中,对到日本打工而当上日商翻译的男青年非常羡慕,就心生奸计,要自己的男翻译在商务谈判休息时,主动接近这位女翻译。表示他愿意将来为这位女翻译到日本学习提供担保,以及路费、学费、生活费在内的所有费用,条件是这位女翻译必须把中方文物的底价全部透露给他。

这位女翻译经不起出国的诱惑,出卖了全部机密。在接下来的商务谈判中,这位日本奸商完全掌握了商务谈判的主动权,全部用中方内部所开的底价买下了这一批文物,大大地赚了一大笔,而上海的这家单位亏得可惨了。当然,这位做着出国梦的女翻译好梦不长,当她刚拿到护照,就因事情败露而锒铛入狱,断送了自己的前程。

这一反面教训告诉我们,在商务谈判中观察对方的表现,从中获取情报,并采取相应的对策是多么重要。

(2) 从旁观察

是指不直接参加商务谈判,而以旁观者的身份去观察和了解对手。俗话说:“当局者迷,旁观者清。”由于不设计直接的利害关系,从旁观察往往能更客观、更全面地观察对手、分析对手。例如,我们可以旁观对手与别人的商务谈判活动,从旁研究和观察对手的商务谈判水平、风格、技巧以及商务谈判队伍的整体能力、内部协调机制等等。

参与观察与从旁观察往往是交替使用的。在商务谈判前收集资料的过程中,如有机会,总要千方百计通过从旁观察来了解对手、对对手有一个初步的感性印象,尽管从旁观察所获得的资料比较有限,但容易了解到对手的真实情况;

在商务谈判的过程中，运用参与观察来加深对对手的进一步认识，参与观察所了解的情况比较深入、仔细，但容易被对手察觉，对手一旦发现你在观察他，很可能故意制造一些假象来干扰、破坏你的观察活动。

人人都能进行观察，但绝不是人人都能观察到真实的情况，因为观察要求非常客观、精确、全面，正像古今中外从事破案的人成千上万，但具有“福尔摩斯”水平的破案专家并不多。

3. 试探法

在某些场合下，也可以用试探法来收集情况。这种方法顾名思义是通过试探来达到目的。例如在前面所举的海南岛养殖场的例子，也是使用试探法的典型。当主管对现代化养殖场的三份建筑投标书拿不定主意时，他就约了甲乙丙三家建筑公司的商务谈判代表，在同一地点、同一天的上午 9:00，9:30，10:00，分别与他们商务谈判，可他却晚到一小时，让他们在客厅里等，三家商务谈判代表在客厅里没闲着，都在暗地里勾心斗角，找了一大通另两方的缺点和不足之处，而主管再和三家分别商务谈判时，他得到了每一家对另两家的批评，实际上，他通过这种试探的方法，得到了三家的可靠情报，这就为他拍板打下了基础。

再如，1984 年，我国需要进口一种 L－1000 型的电动轮装载机，为此，中方代表同美国 M 公司的代表进行商务谈判。但由于我们对电动轮装载机的使用毫无经验，这方面的资料也掌握得很少，给商务谈判带来了很大的不便。为了不使我们在商务谈判中吃亏，中方商务谈判代表决定使用“试探法”来弥补。

中方代表在介绍了我国煤炭工业发展的远景规划、露天煤矿的远景规划后，对方对此留下了深刻的印象，因为按照这些远景规划，中国的煤炭行业需要进口大量的这类机械，从而使对方商务谈判代表对中国的市场产生了很大的兴趣。

在此基础上，中方代表用“试探法”——向对方坦诚提议，由于我们对美国此种类型的装载机的各种性能、指标等还不太了解，因此，希望M公司先拿出一台装载机在霍林河矿区试用，时间是包括一个冬季在内的10个月。

根据试验的情况再决定取舍，如果试验的结果令人满意，中国就留购，并向美国M公司成批订购；如果试验的结果不令人满意，对方就将装载机运回。机器试用期间的消耗件，由美国M公司提供，燃料由中方负责。

在这一商务谈判过程中，中方代表的试探方案对美国M公司来说暂时无利可图，甚至还有些苛刻，但中方代表的诚意打动了对方，他们将中方的试用方案以及未来中国的市场远景报告了他们的公司总部以后，得到了肯定的答复。

商务谈判获得了意想不到的成功。

三、时 间 因 素

20世纪70年代末，美国为寻求墨西哥扩大对美石油出口，曾经费尽了心机、想尽了办法，进行了多次商务谈判但都没有成功，后来，美国总算抓住了“商务谈判制胜因素之一——时间因素”，迫使墨西哥屈服，实现了朝思暮想的目的。

美国的成功告诉我们，在决定商务谈判胜负的诸多因素中，时间因素是一个重要因素。商务谈判中的时间因素又分为“战略时间”与“战术时间”两种。

（一）战略时间的选择

中国古代兵法讲究“天时、地利、人和”。实践证明做任何事情，都要讲究“天时、地利、人和”，商务谈判作为人类的复杂行为、文明的高级活动，就更要讲究“天时、地利、人和”了。商务谈判中的“天时”就是指“战略时间”，所谓战略时间，就是恰当的“时机”，即选择最佳的时间（对自己最有利的时间）与对方商务谈判。

一般地说，当商务谈判一方迫切希望进行商务谈判时，对于对方来说，就是最佳商务谈判时机，因为，在这样的商务谈判中，往往能收到很好的商务谈判结果。反之，当一方并不急于进行商务谈判时，则往往不能达到比较理想的商务谈判结果。正如本书开头时所讲的，买菜时和个体户讨价还价，也有一个“时机”问题。一清早你和他讨价还价根本没门，因为他还有一上午的时间可以做买卖，所以他不会贱卖给你；到中午时分，他的菜还未卖完，为了早些脱手，你简直不要花什么力气讨价还价，就能便宜地买到你想要的东西。这就是时机因素的威力所在。

商务谈判的实践证明，当商务谈判中的一方迫切希望进行商务谈判时，往往背着各种包袱：时间压力、经济压力、政治压力、军事压力等等，这时对另一方来讲，就处在有利的商务谈判时机。如果商务谈判起来，他们的要求更容易被满足，意见和建议更容易被接受和采纳。

例如，20 世纪 70 年代末，美国一直要求墨西哥扩大对美的石油出口。可是，对墨西哥来说，对美国的石油出口量已经很大了，几乎占到墨西哥出口总额的 52%，所以，历届的墨西哥政府都拒绝扩大对美的石油出口量。美国政府早就想改变墨西哥的这一立场，但一直没有找到合适的时机。

到了 1982 年，墨西哥国内发生了严重的经济危机。墨西哥政府向西方国家呼吁，向其发放优惠贷款帮它渡过难关。美国认为这是一个极好的时机，应该加以利用。所以决定立即同墨西哥政府进行商务谈判。

在商务谈判中，美国政府以 20 亿美元的贷款为条件，要求墨西哥政府改变不扩大对美石油出口量的立场。由于美国政府选择了最好的商务谈判时机，所以轻而易举地实现了她朝思暮想的目标。这是一场一面倒的商务谈判，最后的决议是这样的：

① 美国政府为墨西哥提供 20 亿美元的紧急贷款；

② 贷款的一半以美国的剩余农产品的相等价值支付，另一半则作为美国购买墨西哥 4 010 万桶优质石油的预付款项。

这个协议是在墨西哥政府承受着沉重的经济压力下，为摆脱国内的严重经济困难，不得不接受美国政府的要求而达成的。这一商务谈判虽然使墨西哥得到了 20 亿美元的紧急贷款，以解燃眉之急。但另一方面，墨西哥政府却被迫放弃了多年以来一直坚持的——拒绝扩大对美国出口石油的态度和立场，作出了重大的让步，使向美国出口的石油从原来占墨西哥出口总额的52%增加到72%。

无独有偶，此事发生后不久，1983年9月，阿根廷也发生了经济困难。以美国为首的国际银行和国际金融机构，在阿根廷要求取得新的贷款以解燃眉之急的情况下，举行了双边商务谈判。

在商务谈判中，国际银行和国际金融机构利用阿根廷背负沉重经济压力的有利时机，向阿根廷提出了两个条件：

① 要求阿根廷政府修改现行的《破产法》，以使外国债主在处理破产案件时享有优先权；

② 要求阿根廷国营企业在同外国债主签订外债续借合同时，必须接受外国债主提出的条件。

毫无疑问，这两个条件都是十分苛刻、极不公平甚至是丧权辱国的，但阿根廷政府迫于国内沉重的经济压力，不得不答应他们的苛刻条件，牺牲民族和国家的利益。

从上面两个例子可以看出，只要抓住了战略时间，就可能完全掌握和控制商务谈判的主动权，迫使对方接受自己提出的苛刻条件，满足自己的经济利益，成为商务谈判中的大赢家。

（二）战术时间的选择

时间是永不停止的，无论我们做什么事情，时间总是以同样的速度在前进。但是商务谈判者所做的工作是需要时间的，而且商务谈判的参与者是人，人的精力和水平的发挥，与时间之间有内在的规律。这就是说，我们有必要搞清楚，时间的变化是如何影响商务谈判的进行的。

1. 商务谈判人员的精力结构分析

(1) 精力结构分析图

商务谈判是要由人来进行的,而人都有一人精力的问题,即随着时间的迁移,人的精力也会有不同的变化。在商务谈判中要巧妙地利用时间,首先必须弄清楚商务谈判人员的精力结构。显而易见,在商务谈判初期,双方的精力都十分充沛,注意力也最为集中。但是,这种状态持续的时间很短,马上就开始下降。随着时间的推移,商务谈判人员的精力和注意力的下降速度逐渐减缓,在一种较低的水平上。时间进一步推移到双方意识到达成协议的时刻已经到来时,这种低水平线上的精力和注意力会直线上升,达到高潮。和开始阶段相似,这种高潮持续的时间也很短。这以后,商务谈判人员的精力和注意力随着商务谈判的结束而直线下降。如图 6-1 所示:

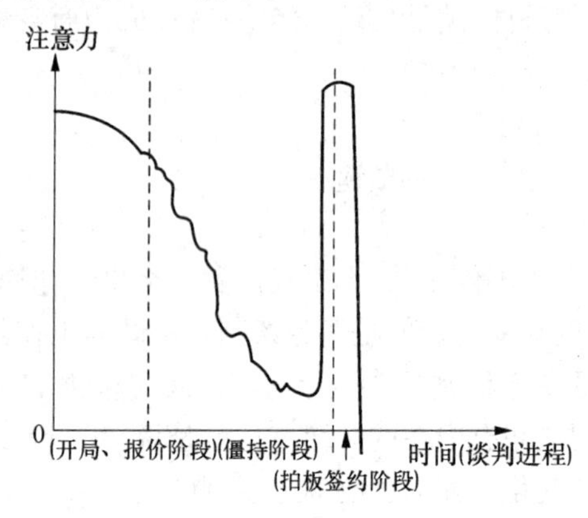

图 6-1 谈判人员的精力结构分析图

由此可见，想要取得商务谈判的成功，自己要用好开始阶段和结束阶段的精力旺盛、注意力集中的有限时间是十分重要的。同时，也要避免自己在精力和注意力处于低潮时，犯不必要的低级错误。

另一方面，要避免或者不让对方在精力旺盛、注意力集中的有限时间里有所作为。而且，还要让他在精力和注意力处于低潮时，犯一些低级错误。

(2) 选择时间的注意事项

具体说来，对于商务谈判的时间选择应注意三点：

一是，商务谈判的地点如果在对方地或中立地，由于舟车劳顿，应该在充分休息、消除疲劳之后再开始商务谈判，这样才能以充沛的精力投入到紧张的商务谈判中去。

二是，商务谈判如果在自己的根据地进行，那么商务谈判实践尽量选择在对自己有利，对对方不利的时间进行。例如有人早晨、上午的精力充沛，有人下午、晚上的精力充沛，有的人则是夜猫子，可以通宵达旦地工作，等等，应该选择自己精力充沛，而对方精力不足时进行为好。

三是，根据现代先进的生物学研究表明，生物都有节律周期，即俗称的“生物钟”。人也是如此，在一个周期里，有高潮期和低潮期。在高潮期里，人容易出成绩、成果，容易取得事业上的成功；而在低潮期，人容易犯错误、出叉子。所以，商务谈判也应选择自己处于高潮期，而对方处于低潮期进行，至少两者要有其一。

2. 运用战术时间的技巧

时间就是力量，如果能在商务谈判中巧妙地利用时间，就是增添了自己的力量。商务谈判中利用时间的技巧有很多，但必须先搞清楚商务谈判人员的精力结构分析。

(1) 避开锋芒法

从上面介绍的精力结构分析原理出发，利用战术时间的技巧有多种，避开锋芒法就是其中的一种。此法顾名思义是避开对方精力旺盛、注意力集中的有限时间，使对方在此时间内所作的种种努力，付诸东流。相反，在此期间自己则养精蓄锐，一旦对方像泄了气的皮球、精力和注意力下降到低潮时，再果断地出击，从而一举攻下对方的城池，获取商务谈判的成功。

例如，前几年，日本航空公司的三位代表为购买飞机前往美国，与美国波音飞机制造公司进行商务谈判。为了接待好这家大主顾，同时也知道日本人不好对付，所以美国方面派出了许多精明能干的高级职员参加商务谈判，并事先作了精心的准备，力求一开始就镇住号称“商业机器”日本干将，打他们一个下马威。

占尽“地利”优势的美国人，又在商务谈判时间上作了巧妙的安排，他们把商务谈判安排在日本人到达后的第二天早上八点钟进行。商务谈判开始后，他们用现代化的种种视听器材，以及三台幻灯片放映机，在银幕上映出了好莱坞式的产品介绍，还利用许多挂图，分发了许多电脑资料，并由一位精明能干、音色悦耳的高级职员作了非常精彩的产品分析。

在整个过程中，三位日本代表静静地坐在商务谈判桌边，一言不发，显得有点迟钝和麻木。当两个半小时的介绍结束后，美国方面的主谈——公司的一位主管清了清嗓子站了起来，打开了商务谈判室的电灯。只见他脸上闪烁着得意洋洋的笑容，充满了热情和希望，声音洪亮地对三位日本代表说："请问，你们的看法怎么样？"

第一位日本代表非常有礼貌地站起来说："我们还不懂。"

美国公司的这位主管马上收敛起笑容，仿佛没听懂一般，又问道："什么？你们没听懂？这是什么意思？你们哪一点没听懂？"

第二位日本代表也同样有礼貌地站起来说道："我们全部都不懂！"

美国公司的主管如雷灌顶一般，浑身上下都凉透了，他无比沮丧，而又语无伦次地问："从时间……什么……时候，开始，你们不懂？"

这回轮到第三位日本代表了，只见他也是非常有礼貌地站起来说道："从关掉电灯，开始放映电视、幻灯时，我们就不懂。"

这时，美国公司的主谈全身无力地斜倚在商务谈判桌边，感到透不过气来，他用力扯开了脖子上那条昂贵的领带，像害了大病似的，有气无力地、结结巴巴地说："那么、那么、那么……你们希望我们做些什么呢？"

三位日本代表异口同声地、声音洪亮地说道："请你们从头开始再来一遍！"

商务谈判的结局可想而知，美国公司那帮精明能干的商务谈判人员，被非常狡猾的日本代表的类似愚笨和无能的怪招一击，彻底崩溃了，他们的精力和注意力直线下降，迅速跌入低谷，而日本航空公司的商务谈判代表则处于精力和注意力的高峰。他们沉着冷静，不慌不忙地控制着整个商务谈判的局面，将美国公司的要价压得很低很低。从而为日本航空公司节约了一大笔外汇，他们也高高兴兴地回日本领赏去了。

(2) 故意拖延法

在商务谈判中，故意拖延时间是一种常用的商务谈判技巧，特别是为东道主一方乐于采取的方法。因为他们可以抓住对方的弱点：客居外地，对生活、气候等不习惯的心理，故意拖延时间，或者推迟商务谈判，或者出尔反尔要求重新商务谈判等，使对方在生理和心理上都承受不住的情况下，逼迫对方让步，这往往可以为东道主带来好处和利益，甚至很多好处和重大的利益。

例如，美国商务谈判界的权威科文在20世纪60年代他还年轻缺乏经验的时候，曾经接受了一个去日本商务谈判的重要任务。由于这是他第一次被派往国外执行任务，而且是同他反感的“经济动物”——日本人打交道，他心想：时机终于到了！总算轮到我了，我不把那些“经济动物”踩在脚下才怪呢！

经过精心准备后，他带着一些讨论日本人习俗和心理方面的书，买了双程机票，登上了去东京的班机。他登机时还一再鼓励自己：这次要真正大显一下身手了。

飞机在东京降落了，科文抢先第一个走下了飞机。在入境处的那一端，迎接他的是两位彬彬有礼的日本绅士。主人们对他到来的尊敬态度，令他内心产生说不出的高兴。两位日本人为他一项又一项地办完手续，把他送上一辆豪华轿车。在轿车上，科文舒舒服服地伸着双腿，坐在后座上，而两位日本人却挤在一个前座上。他对日本人说：“为什么不跟我坐在后座上来？后座很宽松嘛！”日本人却嗫嗫嚅嚅地回答说：“喔！你有重要任务，你需要好好休息，我们就不挤你了。”他很喜欢这一套，感到很得意。

一路之上，日本人很客气地问科文：“请问，你会讲日语吗?”他回答：“很抱歉，我不懂日本话。不过我倒希望这次能学几句日常用语，领教一下贵国的风俗。我还随身带着一本字典呢!”

接着，另一位日本人又关切地问：“请问你是不是按预订的飞机班次离开日本?我们可以替你安排汽车，送你到机场。”科文心想：不是他提醒我，我还根本没想到返程机票的事儿呢！日本人做事真细心。于是从口袋里掏出十四天后的返程机票，交给日本人，好让他们根据机票的日期和班次，准备汽车送他。

没有经验的科文还不知道，这么一来，日本人知道他的“商务谈判期限”是十四天，而他却不知道日本人的商务谈判期限。

在东京安顿下来之后，日本人并没有急于开始商务谈判，而是领着科文到处游览，让他领略日本人好客和民族文化。大约有整整一个星期以上，科文从东京的皇宫，游到京都的神社。他们甚至还为科文报名参加研究日本禅道的英语班。每天晚上，总要花费四个小时以上，同日本人盘坐在硬木地板的榻榻米上，享受日本的传统晚餐，观赏日本歌舞伎的表演等等。每次科文向他们问起什么时候开始商务谈判时，他们总是说：“还早还早，别急别急!”

终于熬到第十二天，离科文返程日期还剩两天，总算开始商务谈判了。可是为了去打高尔夫球，商务谈判很早就中止了。到了第十三天，又因为科文要出席日本人安排的欢送盛宴而早早中止了商务谈判。

到了第十四天，即商务谈判的最后一天，正当大家认认真真地开始讨价还价时，送他去机场的轿车又到了，等他启程返回美国。于是最重要的问题，只能在轿车里继续解决，随着汽车的飞驰，他们也只好快马加鞭，将遗留下来的问题（重要的、关键的问题）匆匆解决掉，直到汽车到达机场，商务谈判才告结束。

当然，商务谈判的结局可想而知，用科文的话来说，日本人取得了“自偷袭珍珠港以来的第二次最大的胜利！”

(3) 打持久战法

研究证明，在商务谈判双方讨价还价的过程中，买方要接受卖方出乎意料的高价格，卖方要接受买方压得不能再低的价格，没有足够的时间让双方充分考虑，没有一个逐渐让步、逐渐适应的过程是不可能达成协议的。

不可否认，也有那种“快刀斩乱麻”速战速决的商务谈判，在这种商务谈判中，双方互报价格，迅速讨价还价，能成则成，不成则罢。一般地说，速战速决的战术在对手没有充分准备的情况下，有时能发挥一定的作用，获取较大的优势。但毫无疑问的是，这种商务谈判带有很大的冒险性和极端性。实践证明，商务谈判的结果，要么是极好，要么是极坏，在很多场合中，则是因为双方速战速决，迅速进入僵局，商务谈判迅速破裂。

心理学家的研究表明，由于拒绝改变是人的本性，人们在接受新生事物或全新观念特别是那些与自己相反的观念时，总是需要一定的时间。正因为如此，谈判学家把“打持久战”作为一种谈判的技巧甚至武器来使用。

例如，20 世纪 60 年代中期，美国在越南战争的泥潭里越陷越深，人力和物力的巨大消耗，引起了美国人民的强烈不满，形成了声势浩大的全国性的反战运动。而且世界上爱好和平的国家和人民也纷纷起来谴责美国的侵略行为。为了缓解美国人民的反战情绪，平息世界舆论对美国的谴责，美国前总统约翰逊被迫宣布同河内举行停战谈判。

1969 年，美国和越南停战谈判在第三方法国巴黎举行。美国派出了老资格的外交家哈里曼为全权代表的代表团，前往巴黎。他们在巴黎市中心文达姆区的五星级宾馆——里兹宾馆包租层面，扎下营寨，租金按周付款。很显然，美国方面是准备速战速决，不打算进行长期谈判。越南方面则派出了春水为全权代表、黎德寿为顾问的代表团来到巴黎，他们在巴黎市郊租赁了一座别墅作为基地，而且预订租期为两年半。也就是说，越南方面是做好了打持久战的思想准备的。

在接下来的艰苦谈判中，越南方面以打持久战为指导思想，始终坚持强硬立场，在谈判场上同美国展开了针锋相对的斗争，甚至对谈判桌的形状都毫不让步，至于说实质性的问题了，那更是拒绝作任何让步了。

当时，随着世界上对美国卷入越南战争的谴责的升级，美国国内反战呼声的日益高涨，越南方面所开出来的条件也越来越高。谈判在艰苦的讨价还价中，时间长达四年之久，越拖对美国的舆论压力越大、越是不利。

在越南方面这种英明的持久战略面前，美国方面在国内外要求停战的强大压力之下，不得不一而再、再而三地应越南方面的要求，作出各种各样的让步。

到了 1973 年 1 月 27 日，终于签订了记载越南谈判代表打持久战丰硕成果的《关于结束越南战争与恢复和平协定》，主要有三条：

① 美国和其他国家必须尊重 1954 年关于越南问题的

日内瓦协定所承认的越南的独立、主权和领土完整；

② 美国必须在协定生效后的24小时内在越南南方全境实现停火，同时停止其陆、海、空军在越南民主共和国的军事行动，结束其在越南北方的海域、港口及水道的布雷，并进行排雷，使其永远失效或销毁；

③ 美国应在协定签字后60天内从越南南方撤出它和同盟者的全部军事人员、武器弹药及作战物资，不继续对越南进行军事卷入。

总之，《关于结束越南战争与恢复和平协定》的签订，既表示美国侵略越南的失败，也表示美国在巴黎和谈中的失败；同时，既表示了越南在越南战争中的胜利，也表示了越南方面运用持久战略的谈判指导思想和谈判技巧的胜利。

(4) 及时出击法

所谓“及时出击法”，是指商务谈判的过程中，选择最佳的时间；或阐述自己的主张、或据理力争、或妥协退让，从而争取最佳的商务谈判结果。作为一种商务谈判的策略和技巧，及时出击法对商务谈判（包括其他方面的谈判）的进程甚至商务谈判的最后结局都有着重大的影响。

例如，1955年4月，包括印度、缅甸、锡兰（现在的斯里兰卡）、印度尼西亚和巴基斯坦在内的29个亚非国家，在印度尼西亚的万隆召开著名的亚非会议。这实际上是一场有关亚非国家合作的一场重要的政治谈判。

美国派出了庞大的记者团前往万隆，在会场内外到处煽风点火，制造分歧，挑起事端，企图破坏会议的进行，阻挠会议达成协议。由于美国记者的上窜下跳，由于与会者的立场观点的不同，4月20日的会议开完以后，有的代表就预言会议将成为僵局，永远也无法达成协议。

当时,与会国的主要分歧在于是否把“苏联殖民主义”写进关于殖民主义的声明,以及对“共处”这个词儿上的分歧。一派支持印度前总理尼赫鲁的中立主义与共产主义共处的观点;一派支持集体防御主义,主张同西方结盟反对共产主义,反对使用“共处”这个词儿。

黎巴嫩代表马立克在发言中指出:“一个国家参加某个防御条约总是有理由的,至于说到‘共处’,那是共产党的词,用这个词要小心。”菲律宾代表罗慕洛反对尼赫鲁的观点,他说:“像菲律宾这样的小国,必须同别的国家联合起来才能保护自己,小国必须参加大一点的集团。”……两派针锋相对,各不相让,争论十分激烈。

当时,中国是由周恩来总理兼外长率领中国代表团参加了亚非会议,在这场激烈的谈判中,周恩来总理大部分时间都按兵不动,他在等待最好的时间出击。一直到各国代表都发表了各自的意见,谈判陷入僵局之时,周恩来总理认为时机已到,果断地及时出击,发表了他在亚非会议上最重要的讲话:“我们应当采取这样的态度,虽然我们信奉的意识形态和承担的国际义务不同,但我们的目的都是寻求维护和平的共同基础。有人不喜欢‘共处’这个词,那好,我们也可以用联合国宪章的‘和平共处’这个词。共产党中国反对一切形式的军事同盟,但是如果结盟的趋势持续下去的话,我们会被迫同其他国家签订条约。”

正是由于周恩来总理选择了最佳时机及时出击,抛出了精心准备的最佳替代方案,解决了谈判中引起分歧的问题,使谈判出现了转机,与会各国代表在重要的方面取得了一致,并使谈判改变了方向,正常地进行下去。

这次会议是周恩来总理展示他杰出的外交才华和杰出的谈判才能的大好舞台,从而开始了他外交上最伟大的胜利的辉煌年月。

3. 争取战术时间的技巧

我们在进行任何一次商务谈判时,都会感到时间的压力。尤其是对方采取了某种策略或技巧,使自己处于不利的情况下,更会感到时间不够用,从这种意义上说,谁拥有更多的时间,谁就拥有商务谈判的主动权,甚至拥有商务谈判的最后胜利。所以,老练的商务谈判家,都有争取战术时间的种种技巧和方法。

下面介绍商务谈判中常用的几种争取战术时间的技巧。

(1) 利用商务谈判前的准备争取时间

商务谈判前的充分准备,无形中使你争取了很多时间。这方面的准备前面已经有所交代,这里还须注意几点:

① 安排好与你的领导、上级通讯联系的方法,以保证在商务谈判中一旦需要时,能及时联系上,这也是争取时间的重要方法;

② 对于对方可能要求你作出的让步,预先必须有所估计,并准备好经过领导(董事会、经理会)讨论同意的答复条件;

③ 对于可能发生的技术性问题,如工程的法律、环保、财务等方面的问题,事先准备好有关的资料,以备自己查询或者提供对方验看。

例如,上海的重点工程之一上海永新彩管厂,是上海电子管厂引进的彩色显像管生产线。这一项目上报后，拖了很长时间没有批下来。上海电子真空股份有限公司的项目经理通过调查研究，发现握有审批大权的老工程师对上报的申请书有异议。这位精明能干的项目经理针对老工程师的异议，马上请了环保、财政、城建筑部门的代表开会，一一作了带有权威性的解答。并有针对性地写了新的申请书，附上了这些部门的审核意见，再次上报。在项目审批会上，项目经理及时而准确地回答了参与审批的各部门领导的各种提问。结果圆满地通过了审批，使彩色显像管工程得到了批准。

(2) 利用款待争取时间

一般来说，东道主对前来的对方商务谈判代表，总要尽地主之谊，加以盛情款待。这样既可以搞好双方的人际关系，又可以消耗对方的时间和精力。每日一小宴，三日一大宴；民俗风光的浏览，名胜古迹的参观，使对手不过午夜不能上床，不醉不休，不累不歇。搞得他们精疲力尽，没有时间讨论研究对策。这样白天是无休止的讨价还价，夜晚是无休止的应酬，使得影响商务谈判结局的决定性因素是商务谈判人员的精力，而不是原则、立场和商务谈判的策略、技巧。这种策略古以有之，而今更加发扬光大了。例如，前面所举的科文赴日商务谈判中，日本方面使用的拖延战术中，最主要的武器就是这种“盛情款待”。

如要实施这种策略，作为东道主的商务谈判主谈，可以寻找借口因某种原因不能参加盛情款待，而把交际活动委托一位与商务谈判无关，而可以是德高望重的或身居要位的人。

如果对付这种策略，作为客人的一方，也可以请一位德高望重的或身居要位的人作为商务谈判团领队，出席对方的盛情款待，以应付对方。而本方的主谈则可寻找借口，非常抱歉地不出席款待，如果没有这样的领队，也可以寻找这样那样的借口，甚至直截了当地就推托身体不适也可以。

(3) 利用打岔争取时间

在商务谈判中利用打电话、上厕所甚至处理突发事件等等为借口，从而争取宝贵的时间。例如，一次商务谈判中，乙方先发制人，出人意料地提出了一个条件，亮出了底牌。整个商务谈判只等甲方表明态度，就可拍板成交。甲方代表由于一时间无法断定接受些条件是否有利，从而陷入了窘境。他迅速地开动脑筋，计上心来。于是抬手看看手表，平静地站起来，微笑地致歉道："实在对不起，我现在有个约好的电话，两三分钟就好。失陪了！"然后，他走到门边，拿起电话，胡乱地拨了几个号码，然后掏出笔飞快地计算起来，一边嘴里还不知嗯啊些什么……两三分钟后，他胸有成竹地回到商务谈判桌旁，因为甲方代表已经明白，接受乙方的条件不会吃亏。可他还非常漂亮地说："为了今后的合作，我们以友谊为重，接受你们的条件！"商务谈判就这样成交了。

(4) 利用翻译来争取时间

在涉外商务谈判中，即使商务谈判者精通某国外语，出于外交礼节的原因，也应该配有翻译。而利用翻译来争取时间，是许多商务谈判高手的惯用手法。尽管他们自己听得懂对方的话，他们也从来不跳过翻译，直接与对方对话。前苏联外长、著名的外交家葛罗米柯，能讲一口非常流利、非常标准的英语，可他在同英语国家的代表谈判时都用翻译。这样，在翻译的过程中，他就可以从容不迫地考虑问题了。

毫无疑问，在涉外商务谈判中存在着语言障碍和文化差异。商务谈判高手能化不利条件为有利条件，利用这种障碍和差异，构筑有利于自己的“工事”，从而争取更多的商务谈判时间。

(5) 利用助手争取时间

此法与上述方法如出一辙，即在商务谈判中可以用向助手征求意见为理由，从而争取更多的商务谈判时间。例如，赫鲁晓夫和艾森豪威尔的商务谈判中，当赫氏问艾氏一个问题时，艾氏总是看着助手杜勒斯，等杜勒斯把写着答案的纸条递过来，看了以后，才回答问题。可见艾森豪威尔精通商务谈判之道，而养猪倌出身的赫鲁晓夫的问题——“究竟谁才是美国真正的最高领袖，艾森豪威尔？还是杜勒斯?”就显得他对商务谈判学知之不多了。

(6) 让对方再次复述问题

以没听清为理由，或者故意曲解对方的立场、条件，当对方不厌其烦地复述你已知的立场、条件时，你在无形中赢得了宝贵的商务谈判时间。

(7) 再抛一些不太重要的文件

关键时间你不妨再抛出一些文件，其中可以有一两份有用的文件，其余都是无关紧要的文件，这样也够对方忙乎一阵子的了。而对你来说，这段时间就可干你想干的事情了。

(8) 让善于短话长说者发言

事先可在商务谈判班子里安排一位善于短话长说的唠叨者。当你需要时间思考时，就可发挥善于短话长说者的“威力”。当他唠叨个没完时，也就为你赢得了宝贵的商务谈判时间。

(9) 调换商务谈判人员

为了赢得宝贵的商务谈判时间，不妨在商务谈判中途调换商务谈判人员。例如，寻找借口，让原来的主谈退出商务谈判，新换一个主谈(可以从公司新调一个来，也可以在原来商务谈判班子中提升一个为主谈)。商务谈判势必重新开始，这样也就赢得了宝贵的时间。

(10) 建议休会

在时间窘迫之时，建议休会是商务谈判中常用的招数。

第七章　商务谈判的策略

一、报价的策略

1975年12月，英国前首相撒切尔夫人在欧洲共同体各国首脑讨论削减英国支付共同体经费的商务谈判中，出人意料地报了很高的价格，并且坚持己见，毫不妥协，迫使各国首脑——各国出类拔萃的须眉们——不得不就范，从而赢得了商务谈判的胜利，还获得了"铁娘子"的美誉。由此可见，报价在商务谈判中的重要作用。

商务谈判中的报价，通常是商务谈判者所有要求的总称，包括价格、交货期、付款方式、数量质量、保证条件等。商务谈判中的报价直接影响商务谈判的结果，事关商务谈判者最终获利的大小，是关系到商务谈判能否取得胜利的关键问题之一。而在一部分商务谈判中，价格因素的作用非常之大(下面称为"价格型"的商务谈判)，也就是说，卖方开价与买方还价的技巧，在很大程度上直接影响商务谈判的最终结果。所以，这部分内容，主要讨论价格型商务谈判中，处理价格的技巧问题(下面简称"报价")。

（一）报价的原理

1. 一般报价的三种情况

价格型商务谈判中的报价，不仅取决于卖方的开价和买方的还价，还取决于买卖双方各自的底价。一般地说，卖方的开价往往是很高的，但他一定有一个低得多的底价；买方的还价往往是很低的，但他也有一个高得多的底价。

实践证明，卖方的一系列报价通常是递减的，即价格一路往下跌，最多跌到底价；而买方的一系列报价通常是递增的，即价格一直往上涨，也是最多涨到底价为止。可见，当卖方的底价小于买方的底价，则买卖有可能成功（见图 7－1）；但卖方的底价小于并且接近等于买方的底价时，买卖成功的难度就相当大了（见图 7－2）；如果卖方的底价大

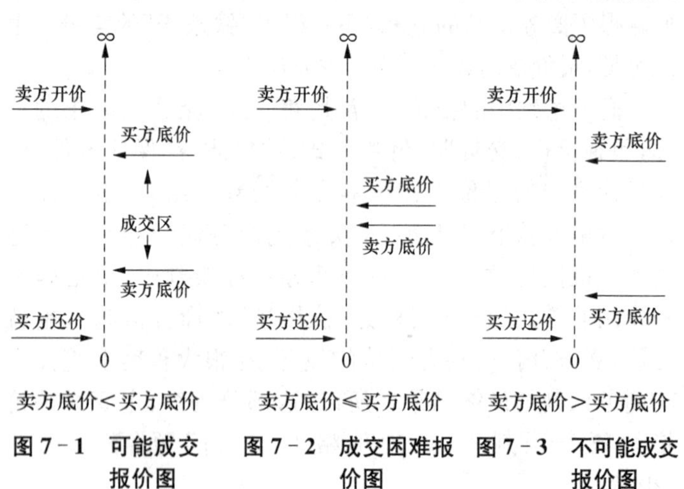

图 7－1　可能成交报价图　　图 7－2　成交困难报价图　　图 7－3　不可能成交报价图

于买方的底价，则买卖是不可能成功的（见图 7－3）。

2. 可能成交的三种报价

就可能成交的价格型商务谈判而言，双方报价的优劣又分为三种情况，如图 7－4、7－5、7－6 所示。

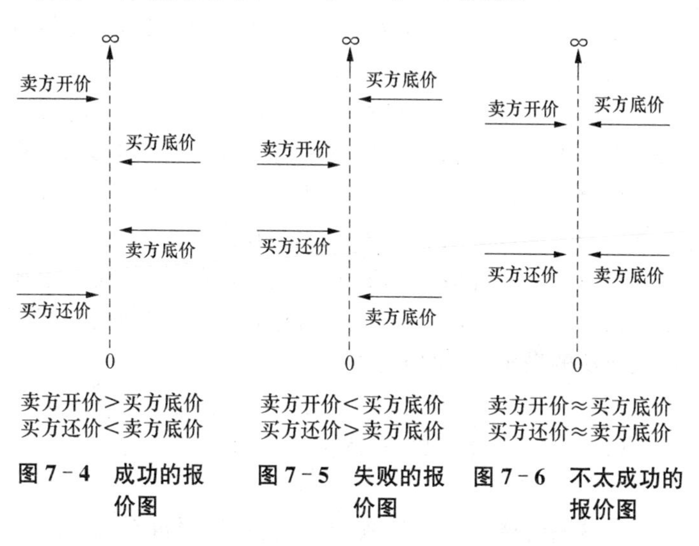

图 7－4　成功的报价图　　**图 7－5　失败的报价图**　　**图 7－6　不太成功的报价图**

如前所述，在价格型商务谈判中，卖方的一系列报价通常是递减的，即价格一路往下跌，最多跌到底价；而买方的一系列报价通常是递增的，即价格一直往上涨，也是最多涨到底价为止。从图 7－4 来看，买方或卖方的报价如能报到图中所表示的情况，这种报价是非常成功的。因为一方的报价与对方的底价之间还有较大的距离，这是讨价还价的本钱。而且，如果卖方的开价越是大于买方的底价，或者买方的还价越是小于卖方的底价，那么只要不犯大错误，是可以获得较大的利益的。

从图 7 - 5 来看，如果卖方开价比买方的底价低，由于卖方的开价是一路下跌的，所以，只可能在低于卖方开价的基础上成交；同样，如果买方的还价比买方的底价高，由于买方的还价只会上涨，所以，结果也只会在高于买方还价的基础上成交。无论其中的哪一种情况，商务谈判结果都会损失很大的利益。所以说，无论是卖方还是买方，这类报价都是失败的报价，应该竭力避免。

从图 7 - 6 来看，一方的报价与对方的底价比较接近，由于谁都不愿在自己的底价或接近底价的价格上成交，都要竭尽全力获得更多的利益，所以，在一般情况下，不可能在其中一方的报价上成交，往往只会在高于卖方底价，或者低于买方底价的价格上成交，可想而知，双方讨价还价起来是多么艰巨。所以说，无论是卖方还是买方，这种报价都是不太成功的报价，应该努力避免。

（二）先后报价的利弊

在这种价格型商务谈判中，究竟是先报价有利？还是后报价有利？平心而论，各有利弊。

1. 先报价的利弊

无论是卖方或买方先报价其有利之处在于：对商务谈判影响较大，而且为商务谈判划定了一个框框，即便是报出来的价很高或很低，只要对方能坐下来商务谈判，结果往往对先报价者有利。

例如，不久前，北京服装检测中心的同志曾经公开说过，北京市场上的服装，往往高出进价的3倍到10倍。如果一套衣服进价300元，标价900元。请问，购买者还价会还到多少呢？一般还800、700，就不得了了；还到600的，算是很有勇气了；买主很少敢还到500、400，他们怕被卖主骂，怕被人瞧不起，所以，宁可不还价而转身一走了事，免得招惹是非。而卖主往往在500、400的价位上就愿意成交了；何况买主愿意出600、700，甚至800呢？所以说，卖主只要一天中有一个人愿意在900的价格上与他讨价还价，他就大大地成功了。

然而，先报价也有不利之处，因为你一旦先报价，首先显示了你的报价与对方事先掌握的价格之间的距离。如果，你的报价比对方掌握的价格低，那么就使你失去了本来可以获得的更大利益；如果你的报价比对方掌握的价格高，对方会集中力量对你的价格发起攻击，逼你降价，而你并不知道对方掌握的价格，变成你在明处，他在暗处，你降到哪里才好，心里没有底，往往在对方的攻击之下，贸贸然降得太多，以至于遭到了不必要的损失。

例如，1987年，我国南平铝厂为进口意大利B公司的先进技术设备，派代表前往意大利商务谈判。对方极为重视这次商务谈判，派出了公司总裁、副总裁和两名高级工程师组成的商务谈判团与中方进行商务谈判。

商务谈判一开始，对方企图采用先报价、报高价的商务谈判手法，为商务谈判划定一个框框，在中方身上大砍一刀，获取大笔利润。所以，抛出了一个高于世界市场上最高价格的筹码，企图先声夺人地镇住中方商务谈判代表。

中方主谈是南平铝厂精通技术的厂长，也精通商务谈判之道，他并没有被对方的策略吓唬住，一边耐心地倾听 B 公司代表吹嘘他们公司的技术设备世界第一，一边暗自想好了对付他们的策略。等到对方的报价、吹嘘完毕以后，他很有礼貌地向对方说，我们中国人是最讲究实际的，请你们把图纸拿出来看看吧！等到对方把图纸摊开来，中方主谈不慌不忙地在图纸上比比划划、指指点点，中肯而又内行地分析出哪些地方不够合理、哪些地方又不如某某国家的先进……

眼看对方代表面面相觑，无法下台，中方主谈又很有心机地给他们一个台阶："贵公司先进的液压系统是对世界铝业的重大贡献……"接着又不无讽刺地说："……我们在 20 年前就研究过。"B 公司的商务谈判代表深深地被折服了，对方主谈由衷地说："了不起，了不起！……你们需要什么，我们就提供什么，一切从优考虑！"

这一仗打得如此漂亮，以至于南平铝厂以极为优惠的价格引进了一套世界先进水平的铝加工设备，不仅为国家节约了一大笔外汇，而且使该厂处于全国同行中的先进行列。

分析上例，不难看出，意大利 B 公司的失败原因主要是由于先报价，给中方提供了可攻击之处。

2. 后报价的利弊

后报价的利弊似乎正好和先报价相反。其有利之处在于，对方在明处，自己在暗处，可以根据对方的报价及时地修改自己的策略，以争取最大的利益。

例如，爱迪生还是在某公司做电气技师时，他的某项发明获得了发明专利权。一天,公司经理派人把爱迪生找来,表示愿意购买他的发明专利,并问爱迪生希望要得到多少钱。

爱迪生巧妙地回答:“我的发明对于公司有怎么样的价值,我并不清楚。请你说一说吧!”这样,无形中把球踢给了对方,让经理先报价。

经理果然先报价了:“40 万美元,怎么样?”

爱迪生内心笑了……

谈判很快就结束了。

事后,爱迪生对别人说:“我原来只想把专利卖5 000美元。因为其他实验还等着要用钱,所以再便宜些我也肯卖的。”

可见,爱迪生就是靠了这位经理的先报价,所以才及时修改了自己的报价,得到了他意想不到的收获,也为他继续从事他的研究发明事业打下了经济基础。

然而,后报价的弊病也很明显,即被对方占据了主动,而且必须在对方划定的框框内商务谈判,正如本节开头所举的服装例子一样,如果你不得不在标价 900 元的框框里商务谈判时(进价才 300 元),你能有多大的本事讨价还价才不吃亏呢?

3. 注意事项

关于先后报价孰优孰劣,要视具体情况而言。一般地说,应注意以下几点:

① 在高度竞争或高度冲突的场合,先报价有利;

② 在友好合作的商务谈判背景下,先后报价无实质性

区别；

③ 如果对方不是"行家"，以先报价为好；

④ 如果对方是"行家"，自己不是"行家"，以后报价为好；

⑤ 双方都是"行家"，则先后报价也无实质性区别；

另外，商业性商务谈判的惯例是：

① 发起商务谈判者，一般应由发起者先报价；

② 投标者与招标者之间，一般应由投标者先报价；

③ 卖方与买方之间，一般应由卖方先报价。

（三）介绍几种常见的报价技巧

1. 报高价法

俗话说："漫天要价，就地还钱。"原来是要价很高，还价很低的意思。其实这句俗话和商务谈判中报高价法的原理大致相符。不过可以再发挥一下，赋予更新的意义：其中的"天"，可以指天空，是说所要的价格，仿佛在天空中，漫无边际地漂荡，高得吓人；而"地"，可以指大地，是说把对方的价格从天上拉下来，压到了地面上，低得不能再低。

（1）报高价的好处

在价格型的商务谈判中，有经验的商务谈判者为了拔高自己的要求或者压低对方的要求，往往采取这种"漫天要价，就地还钱"的报高价法。实践证明，如果卖主开价较高，则往往在较高的价格上成交；相反，如果买主还价很低，则往往在较低的价格上成交。这两种情况即矛盾又统一，开价高还价低，这是矛盾的；但两者报价的统一之处在于：大多数的最终协议结果往往在这两个价格的中间，或者接近中间的价格上成交。

例如一块手表卖主开价 100 元，买主还价 60 元，那么最后买卖可能在 80 元或接近 80 元的价格上成交。所以，高明的谈判者，在不导致谈判破裂的前提下，尽可能地报高价，比如卖主开价 300 元或者买主还价 30 元，从而来争取更大的利益。

如本节开头所举的撒切尔夫人与各国首脑的商务谈判就是典型的例子。1975 年 12 月，在柏林召开的欧洲共同体各国首脑会议上，举行了削减英国支付共同体经费的商务谈判。英国前首相撒切尔夫人在商务谈判中成功地运用了报高价法的技巧，取得了极大的成功。

会议前，撒切尔夫人向共同体提出：英国对欧洲共同体负担的经费过多，要求举行商务谈判，削减英国支付的经费。各国首脑们原来以为英国政府可能希望削减 3 亿英镑，从商务谈判的惯例出发，撒切尔夫人会提出削减 3.5 亿英镑，所以，他们就在商务谈判中，提议可以考虑同意削减 2.5 亿英镑。这样讨价还价商务谈判下来，会在 3 亿英镑左右的数目上达成协议。

可是完全出乎各国首脑们的意料之外，撒切尔夫人狮子大开口，报出了 10 亿英镑的高价，使首脑们瞠目结舌，十分惊讶，一致加以坚决的反对。可撒切尔夫人坚持己见，声称这 10 亿英镑是“英国的钱”。她在商务谈判桌上始终表现出不与他国妥协的姿态，共同体各国首脑——这些绅士们，简直拿这位女士——铁娘子，没有任何办法，不得不迁就撒切尔夫人，结果不是在 3.5 亿英镑，也不是在 2.5 亿和 10 亿英镑的中间数——6.25 亿英镑，而是在 8 亿英镑的数目上达成协议，即同意英国对欧洲共同体每年负担的经费削减8亿英镑。

撒切尔夫人用报高价的手法获得了商务谈判的巨大成功。

(2) 报高价的作用

归纳起来，这种报高价技巧的主要作用在于：

① 改变谈判对手的最初要求，从而使自己能得到更多的利益。报出的高价，只要能坐下来谈判(即对方不是拍案而起，拂袖而去。)就是报价者的成功。因为大多数谈判的最终协议价格，是在你报出的高价与对方报价的中点上下之间。可见你报得越高，可能获得的利益也就越大。

② 报高价还可以向对方提出诸多刻薄的要求，向对方施加压力，以此来动摇对方的信心，压低对方的期望目标。并使你在以后的讨价还价中，具有较大的余地。那时，你在价格上每退让一步，都可以指望对方在其他方面对你有所回报。

(3) 报高价的弊端

但是万物有利也有弊，报高价的弊端在于：

① 过高的报价，往往导致商务谈判的破裂。从前面的报价示意图可以看出，如果卖方的开价大大超过买方的底价，或者买方的还价大大低于卖方的底价，那就势必导致商务谈判的破裂。例如，你去自由市场买青菜，假如一般行情是5角钱一斤。如果个体户开价是5元钱一斤，或者你还价是5分钱一斤，请问这样的商务谈判还能进行下去吗？不是你怀疑个体户疯了，就是个体户怀疑你是疯子。

② 太高的价格会延长商务谈判时间，降低商务谈判效率，增加商务谈判的成本支出，甚至可能给竞争的第三者乘

虚而入。因为无论是那一方“漫天要价”，另一方一定会“就地还钱”，双方报价的差距越大，讨价还价的时间也就越长。对一般商务谈判来说，就可能增加了旅馆开销、工资支出、办公经费等等，如果算起经济账来，有可能得不偿失。还以上面买青菜的例子来说明，个体户开价 7 角 5 分，你还价 2 角 5 分，两个人讨价还价，纠缠了两个小时，就算以 5 角钱成交了，你买了一斤，便宜了 2 角 5 分，请问你两个小时的工资是多少？难道不是得不偿失吗？

至于在实际的商务谈判中，早就在一旁窥视的第三者就会乘虚而入，以比你优惠一点的条件，与你的对手达成协议，把你抛弃了，而事实上有可能你愿意出比第三者更优惠的条件，只是已经木已成舟，无法改变既成的事实了。

总的来说，报高价一般只适用于一次性商务谈判、或垄断性供求关系（指无竞争对手）、或时限较宽的商务谈判中。这种商务谈判即使成功了，双方代表的感情往往比较对立，以后很难再次这方面的合作。

2. 鱼饵报价法

商务谈判的特点是“利己”和“合作”兼顾，因此，如果商务谈判者想要顺利地获得商务谈判的成功，而且还维系和发展同商务谈判对手之间的良好关系，那么在尽可能维护自己利益的基础上，还要照顾和满足商务谈判对手的需要和要求。这个道理有点类似用鱼饵钓鱼，你想要钓到大鱼，就得准备“牺牲”鱼饵；而且有经验的钓鱼者知道，用什么样的鱼饵钓什么样的鱼，正如俗话所说的“舍不得孩子，套不住狼”。因此，我们把这种在维护本方利益的基础上，兼顾商务谈判对手的利益的报价技巧称作鱼饵报价法。

例如，美国有位大富翁詹姆斯经营旅馆、戏院、自动洗衣店等等颇有章法，他出于某种需要决定再投资一本杂志。经内行人介绍，詹姆斯看中了杂志出版界的大红人鲁宾逊。鲁宾逊本人恃才傲物，瞧不起其他同行，更不要说外行人了。以至于很多出版商争相罗致，甚至出一大笔钱，也无法把他和杂志弄到手。

詹姆斯在多年的竞争中养成一种习惯，越是难啃的果子，越是要啃。他下定了决心要把鲁宾逊和他的杂志一起弄到手。在商务谈判之前，詹姆斯除了了解到鲁宾逊恃才自傲的一面外，还了解到鲁宾逊有一个幸福的家庭，他非常珍惜家庭的幸福，并且非常热爱自己的妻子和孩子。另一方面，鲁宾逊对于独立承担竞争性非常强烈的这类杂志，已经没有当初的兴趣了；而且，为了节省开支，他不得不整日泡在办公室里，处理繁杂的事务，对此，他早已感到乏味。

针对鲁宾逊的性格和心理，詹姆斯决定在商务谈判中实施鱼饵报价法。经过两次会面和共进午餐之后，双方有了初步的了解，并同意坐下来商务谈判。

商务谈判一开始，詹姆斯开门见山地承认自己对出版杂志一窍不通，因此，需要借助鲁宾逊这样有才干的专家。满足了鲁宾逊恃才傲物的心理，使鲁宾逊对詹姆斯产生了好感。

接着，他把一大笔数目的现金支票和他公司的股票放在鲁宾逊面前，告诉鲁宾逊他公司的股票在过去几年中如何涨价，利益如何可观，利息有多大等等。这等于告诉鲁宾逊，给他的现金和股票两者的利息，就使他的家庭生活有了保障；另一方面，也等于告诉他，由于詹姆斯公司的雄厚实力，使鲁宾逊的杂志有了足够的财政支持，不仅没有破产的危险，而且还有扩展业务的可能。

再者，他告诉鲁宾逊，为了把鲁宾逊从繁杂的公务中解脱出来，他已经物色了一批人，并把这些人一一介绍给鲁宾逊，其中还有未来的经理。他指着这些人说，他们将来都归他使用，帮助他处理办公室的繁琐事物，好让他全力以赴只管他感兴趣的杂志编辑工作。

詹姆斯的"鱼饵"一下子就打动了鲁宾逊，尽管还进行了现金和股票数目的讨价还价，实际上，詹姆斯仅仅花了其他出版商十分之一的钱，就将鲁宾逊和他的杂志弄到了手。理由很简单，詹姆斯把这笔钱的大部分作为"鱼饵"，满足了鲁宾逊的需要，从而顺利地钓到了鲁宾逊，而不是出十倍的钱去买整个杂志社。

使用鱼饵报价法必须注意掌握分寸：鱼饵太少，就想获得对方很多利益，势比登天；鱼饵太多，付出的代价太大，得不偿失。所以，在使用鱼饵报价法时，必须清醒地认识到投下鱼饵的目的是为了钓到大鱼，即满足对方的需要是手段，最终为了满足自己的需要才是目的，不可本末倒置。

3. 中途变价法

此法顾名思义是在报价的中途，改变原来的报价趋势，从而争取商务谈判成功的报价方法。所谓改变原来的报价趋势是说，买方在一路上涨的报价过程中，突然报出一个下降的价格，或者卖方在一路下降的报价过程中，突然报出一个上升的价格来，从而改变了原来的报价趋势，促使对方考虑接受你的价格。

商务谈判的大量实践告诉我们，许多谈判者为了争取更好的谈判结果，往往以极大的耐心，没完没了地要求、要求、再要求，争取、争取、再争取。碰到这种的对手实在让人头疼，尽管已经满足了对方的许多要求，使他一次又一次地受益。可他似乎还有无数的要求在等待着你，而你不愿意一而再、再而三地答应对方的要求，此时对付他的有效方法就是“中途变价法”，即改变原来的报价趋势，报出一个出乎对方意料的价格来，从而遏制对方的无限要求。

例如，在本书第一章中所举的山姆在圣多明哥买皮箱的例子，就是一个“中途变价法”的典型。皮箱店的老板为了让山姆买下皮箱，所报的价格一路下降，从 20 美元、18 美元、16 美元……12 美元、11 美元，可是山姆还在看他怎么降价，而老板又不想再跌价了，于是用“中途变价法”的技巧，在报出了“11 美元”以后，突然改变下降的趋势，报出了一个上升的价格“12 美元”来，当感到奇怪的山姆揪住“11 美元”不放时，老板顺水推舟地以 11 美元的价格把皮箱卖给了山姆。

再如，皮特律师准备购买一幢度夏的别墅，已经与一房产商进行了几轮讨价还价，皮特的报价一路上升，房产商的报价一路下降，双方已就房屋的价格基本达成一致。可精明的皮特看中了别墅里的全套法国路易时代的家具，这套家具至少要值 10 万美元，而房屋的价格中并不包括家具在内，怎么样才能少花钱，至少不花大钱，把这套家具也吃下来呢？深谙商务谈判之道的皮特决定采用“中途变价法”来对付房产商。

在两人再次谈判时，皮特突然把原来答应的价格下降了 10 万美元，据说是从其他渠道得知，原来答应的价格太高，他吃亏了，而且他的太太也反对以原来答应的价格成交。房产商很气愤,但又不愿失去这个主顾,两人又陷入激烈的讨价还价之中。在接下来的商务谈判中,皮特始终坚持价格下降 10 万美元,使得房产商十分沮丧。

就在房产商有点绝望之时,皮特像说漏嘴似的,在有意无意之中,透露了他的太太喜欢那套法国路易时代的家具。聪明的房产商马上明白是怎么回事儿了,他提出如果要那套家具的话,必须在皮特原来答应的价格上,再加上 5 万美元。而皮特则坚持房屋加家具以原来答应的价格成交。

接着,两人就在 5 万美元的框架里讨价还价了,双方再各自作出些让步,房产商的价格下降些,皮特的价格上升些,最后双方在原来价格的基础上上升 2 万美元成交了。

精明的皮特采用了“中途变价法”,仅用 2 万美元,就买下了原来要用 10 万美元才能买到的法国路易时代的家具。

总而言之,“中途变价法”作为一种商务谈判的技巧,有时候为达到某种目的,不妨使用一次,有时候也确实有令人意想不到的效果。但是,这种方法不宜多用,多用此法者,很可能会被人认为你言而无信,这当然是很糟糕的。另一方面,如果对方一旦识破你的企图,此法不仅不能发挥作用,甚至可能弄巧成拙。

4. 挑剔还价法

俗话说:“鸡蛋里挑骨头”,成语说:“吹毛求疵”,都是说人们有一种挑剔的习惯,再好的东西也能从中找出毛病来。这种挑剔的习惯,如果运用到商务谈判中,就是一种讨价还价的高招儿。这种技巧通常被买主用来压低卖主的报价,方法是故意找茬儿,提出一大堆问题和要求,其中有些问题的确存在，有的则是“鸡蛋里挑骨头”，“故意”制造出来的。

例如，美国商务谈判学家罗切斯特有一次去买冰箱。营业员指着罗切斯特要的那种冰箱说：“249.5 美元一台。”接着罗切斯特上演了一台精彩的“挑剔还价法”的喜剧：

罗：这种型号的冰箱一共有几种颜色？

营：共有 32 种颜色。

罗：可以看看样品本吗？

营：当然可以！（说着马上拿来了样品本）

罗边看边问：你们店里现货中有几种颜色？

营：现有 20 种。请问你要哪一种？

罗指着样品本上有而店里没有的颜色说：这种颜色与我的厨房墙壁颜色相配！

营：非常抱歉，这种颜色现在没有。

罗：其他颜色同我的厨房颜色都不协调。颜色不好，价格还那么高，要不便宜一点，我就要去其他的商店了，我想别的商店有我要的颜色。

营：好吧，便宜一点就是了。

罗：可这台冰箱有点小毛病！你看这儿。

营：我看不出什么。

罗：什么？这一点毛病虽小，但冰箱外表有毛病通常不都要打点儿折扣吗？

营：……

罗又打开冰箱门，看了一会儿说：这冰箱附有制冰器吗？

营：有！这个制冰器每天 24 小时为您制冰块，1 小时才 2 美分电费。（他以为罗切斯特对这制冰器感兴趣。）

罗：这可太糟糕了！我的孩子有哮喘病，医生说他绝对不能吃冰块。你能帮助我把它拆下来吗？

营：制冰器是无法拆下来的，它和整个制冷系统连在一起。

罗：可是这个制冰器不仅对我根本没用，相反，现在我要花钱把它买下来，将来还得为它付电费，这太不合理了！……当然，价格可以再降低一点的话……

结果，罗切斯特以相当低的价格，不到200美元买下了他十分中意的冰箱。

以上罗切斯特的“挑剔”在日常工作和生活中绝不是可取的态度，但在商务谈判过程中，买方却常常利用这种方法来和卖方讨价还价。为此，国外商务谈判学家曾经作过许多这方面的实验，实验证明：在商务谈判中，如果其中一方用这种“挑剔还价法”向对方提出的要求越多，得到的也就越多；提出的要求越高，结果也就越好。

现在要问，假如在商务谈判中，遇到这样难缠的主儿怎么办？一般地说，可以这样来对付：

① 作为卖方，你首先必须有这样的心理准备，买方总是喜欢挑剔的，这是它的权利；从这点出发，要做到两点：一是要有足够的耐心，心平气和地对待挑剔者，千万不能发火，一旦没有耐心对挑剔者发火，就可能把真心购买者气走了。二是对待挑剔者千万不要轻易让步，否则对方会得寸进尺，要求越提越多，越提越高，使你无法招架。至于挑剔者在你这里尝到了甜头，下次再来时，会变本加厉地挑剔。

② 对待任何难缠的挑剔者，最好的武器是耐心加笑

容，只要你有足够的耐心一定会使任何难缠的挑剔者的挑剔和问题失去作用和影响；同时只要你始终能心平气和地微笑，那么任何难缠的挑剔者也找不出发火的理由。

③ 要观察和识别挑剔者是否真心购买，如果挑剔者根本没有购买的诚意，那只要用心平气和的微笑来对付他就足够了；如果挑剔者是真心购买的，那就要分析对方的挑剔和问题是否确实存在？如果是确实存在应该尽量帮助解决；如果是节外生枝，故意找茬儿，则不必搭理，仅用微笑来对付就够了。

④ 除了“心平气和”这一招外，对付真心购买的挑剔者的故意挑剔，不妨来个针锋相对，即把对方无中生有挑剔出来的问题，毫不留情地打发回去，只要来那么几下，往往会使他无法再挑剔下去。例如高明的营业员对付罗切斯特对冰箱颜色的挑剔，可以这么打发他：“你要的那种颜色是畅销货，价格要贵得多！”至于对付罗切斯特说冰箱有小毛病的挑剔，则可以说：“正因为有所谓的小毛病，现在才卖这个价，不然要高得多。”罗切斯特要拆掉制冰器的要求更是故意找茬儿，不妨这么对付他：“你也知道，制冰器和整个制冷系统连在一起是无法拆下来的。而且你要的这种冰箱都有制冰器，看来你只好到冰箱厂去定做一只了。”试想，如果罗切斯特连碰几个这样的软钉子，他还能挑剔多少呢？

5. 加法、除法报价法

(1) 加法报价法

所谓加法报价法，就是报价时并不将自己的要求一下子报出，而是分成几次提出，以免一锅端出吓倒了对方，导致商务谈判破裂。由于总的要求被分解后逐个提出的，往往都是一个个小要求，容易为对方所接受，而一旦接受了第一个要求后，就增加了下一次让他接受进一步要求的可能性。

例如，前几年，我国某汽车制造厂为引进比较先进的某种汽车生产线，曾经与M国K汽车公司进行商务谈判。汽车生产线中，最大的也是最重要的项目，是发动机生产线。商务谈判中，K公司表现出对中国人民的友好，和对中国汽车工业腾飞的大力支持，以相当优惠的价格，把汽车发动机生产线的成套技术和设备转让给这家中国汽车制造厂。很快，这种发动机制造厂就在中国北方某地上马建造了。

这家中国汽车制造厂的商务谈判代表以为，在前面友好合作的基础上，接下来的商务谈判一定非常友好而顺利。没料到下面的商务谈判非常的艰巨、格外的困难，对方对接下来的任何一个小项目，都是狮子大开口，报价都非常之高。中方代表一看，合起来整条汽车生产线的价格变得非常之贵，原来汽车发动机生产线的优惠根本就荡然无存。回过头来，中方代表才发现，K公司所玩弄的是“加法报价”的把戏。不得不中止了余下所有项目的商务谈判，以免上当使国家财产遭受巨大的损失。

M国K公司毫不在乎中方代表中止商务谈判行为，他们胸有成竹地等待，等待中方代表再回头找他们。因为，已在建设的发动机制造厂对中方来说，是一块食之无味，弃之不甘的“鸡肋”，将来成批的发动机制造出来，没有与之相配的其他部件，怎么能装配成汽车。再说，这种发动机不要说在其他汽车上，就是在同一种牌子的其他型号上也派不上用处。所以M国K公司在等待、等待中方主动回头找他们，那时他们还可以再抬高价格，迫使中方接受他们开出的类似天文数字的价格。

中方代表在一段时间内，也确实是走投无路。此事被欧洲X国的D汽车公司知道了，这家汽车制造公司已经和中方有友好合作的项目。在中国北京一次宴会上，D公司总经理与中国这家汽车制造厂的商务谈判代表相遇了，酒席间，这位总经理请中方代表一周后参观他们的工厂。中方还以为是一般性的参观访问，没放在心上。可一周后，D公司总经理发来电传，催促中方代表前往参观。

到了X国D公司下属的汽车制造厂，中方代表非常惊讶地发现，D公司技术人员，已经成功地把K公司的汽车发动机，装在了D公司的A牌——一种比较先进的汽车车身里了。在接下来的商务谈判中，D公司商务谈判代表表示，愿意提供除了发动机以外的、A牌型号汽车的所有配件的制造技术和成套设备。本着以往友好合作的历史，他们表示在保证他们利益的基础上，愿意以比较优惠的价格与中方成交。中方商务谈判代表经过精心的计算，认为D公司的报价比较客观，对中方相当有利，如果再加上K公司提供的优惠的发动机制造厂，一条合成的汽车生产线反而比整条引进节省了大量的外汇。于是欣然拍板，握手成交。

M国的K公司做梦也没想到，X国的D公司从中插了手，搅了他们的美梦，使他们“赔了夫人，又折兵”。

(2) 除法报价法

所谓除法报价法，与加法报价法不同之处在报价时先一下子报出自己的总要求，然后再根据某种参数(例如时间、用途等等)将价格分解，使买主觉得价格不贵，可以接受。

例如，太平洋保险公司的煤气保险广告就是说，一年

3.6元，一天一分钱，天天保太平。而某种电脑游戏机的广告则声称，一台电脑游戏机＝一台打字机＋一台游戏机＋一台电脑学习机。这样就把一台本来价格不很低的电脑游戏机，通过“除法报价法”使买主的心理上感到不贵、便宜、从而下决心购买。

6. 哄抬报价法

在商务谈判场上，有时会看到有些卖主为了提高价格，刺激买方的购买兴趣，同时也创造一种竞争的局面，不惜采用哄抬报价法。这是利用人们的“从众心理”，例如，电视台曾经采访一个炒股票的老年人，问他什么时候买进，什么时候卖出，他的回答只有一句话，但很有意思，他说：“人家买进，我也买进；人家抛出，我也抛出。”他的回答就是典型的“从众心理”。这正如现在的独生子女，在家是“蝎子的巴巴——独一份”，为了让他（她）吃一顿饭，父母、爷爷、奶奶、外公、外婆不知道要追在他（她）屁股后面忙多久，还吃不好饭。可如果有两三个小孩在一起吃饭，那就会抢着吃，还吃得多、吃得快、吃得好！

正是因为这种“从众心理”，我们可以经常发现，如果有家商店里挤满顾客，他们都在争相抢购某种商品，就会有路过者不分青红皂白挤进去抢购，他们往往不管自己是否真正需要这种商品，也不管这种价格是否真正合算，抢到手为好，买下来再讲。支配他们的只有一种观念，那就是那么多人都在抢购，肯定是好东西，肯定合算，不然，他们都发疯了不成？正是由于这些人的“从众心理”。这种商品往往会抢购一空。而抢购者事后发现，这种商品很可能是价高质次的劣等货，大呼上当已经来不及了。而以后再遇到这种情况，他们往往还会重蹈覆辙，再次上当。

至于个体户搞几个自己人充当买主在那里煞有介事地讨价还价，上海话叫“撬边”；另外，也有人拿了一枚黄澄澄的戒指，眼泪汪汪地说什么被偷了钱包、或者投亲不成、或者中途生病，急需钱用，忍痛变卖。

一旦有人上去看看，旁边就煞有介事地围上几个“内行”来，说什么成色不错四九金、店里起码卖800元到1 000元，现在才卖600元，绝对合算，只可惜自己没带钱，不然一定买下，等等。

等到看的人心活了，但拿不定主意时，就有人叫卖主等着，他（她）回去拿钱，使得看的人下决心成了买的人，旁边又有人帮忙了，叫卖主再便宜一点，500元算了，这才使这位贪小便宜者买下了戒指。

可是，买回去叫识货的人一看，原来是一枚黄铜戒指，此时大呼上当为时已晚了。这样的事情古已有之，现在更不少见，只是戏法天天在变、处处在变，花样略有不同而已。

笔者曾经和朋友D君一起应原国家教委的邀请在北京编写教材，D君在休息时去西单游玩，被一位年轻美貌的女士拉住，说她看中了一种毛料，想为她丈夫裁一套，只是说不清尺寸，所以请D君帮帮忙，因为D君的身材和她的丈夫差不多。D君乐于助人，欣然前往。

卖毛料的是一位个体户，非常热情地在D君身上比划裁剪，旁边也有几个看热闹的，都说这种毛料好，市场上根本买不到。毛料剪下来，一共300多元，个体户细心地包好问那位漂亮的女士收钱，此时这位女士突然发现没有带钱，个体户一把抓住这位女士，说是毛料已经剪下，再也卖不出去了，非要这位女士买下不可。这位女士先是申述，继而流泪，被个体户推来拉去，甚是可怜。

旁边有人打圆场说，木已成舟，无法挽回，然后指着D君说，这块毛料对这位先生正合适，不如这位先生帮帮忙，买下算了。D君正在犹豫之际，又有旁观者插话，要个体户便宜一点，就这样三搞两搞，D君花300元买下了这块毛料。可拿回来给识货的女同志一看，连50元都不值。等到叫了几个人再赶到西单，个体户及看热闹的就跑得不知去向了。

这种哄抬报价法在商业场上运用比较多，特别在个体和私营交易中十分常见。这种策略确实不道德，尤其现在越用越滥，渐渐演化为带有欺骗性勾当，如上例即是证明。在提倡商业道德、文明经商的今天，我们尤其要反对这种不道德的伎俩，但是，只有了解这种伎俩才不至于上当受骗，这也就是本书分析这种伎俩的原因。下面再以《新民晚报》1995年2月20日第三版一则消息为佐证：

叫骂声中施骗术
——日前三官堂桥下一幕活剧

“苦肉计”权作“促销”之招。2月13日上午8时不到，在万航渡路三官堂桥下，5名“连裆模子”演了一场“精彩”的戏。

当日一大早，三官堂桥下人来人往熙熙攘攘。突然，一大个子男青年一把揪住一个中年男子，口中骂骂咧咧，一阵叫骂声引来几十个过路人。旁观者纷纷询问个中缘由，大个子义愤填膺：“这家伙原是我邻居，三年前向我借了5 000元，说是老婆下岗生活困难，要开个小店补贴补贴。我当时心一软就答应了，一年后他还了我3 000元，谁知不久就搬了家，2 000元也就此赖掉了。今天正巧被我看见，这次决不放过他。”

这时，人群中走出一男青年说，这家伙是不对，该打！大个子拔出拳头要动手。又有一男子出主意：打又不解决问题，看看他身上有多少钱。大个子摸出一钱夹，只有90元，“这点钱连付利息都不够。”此时，人群中第三个男青年发话了：“看他自行车后面不是有包东西吗？”大个子打开一看，是整条整条的三五牌香烟，共20条。

“干脆把这些香烟卖了补偿给大个子！”在这三名“热心人”的建议下，过路人纷纷掏钱以每条65元的价格买下了这“便宜货”。待人群散去，有人竟看到这出戏的五个“演员”，骑着自行车来到中山公园后门“坐地分赃”。由此想来，这“三五”牌香烟是真是假就得打个问号了。

二、让步策略

宝山钢铁公司的副总工程师王铁梦在一次报告中说起，他为筹建宝钢，曾经参与了和日本新日铁制铁公司的商务谈判。商务谈判下来的重要体会是，凡是在商务谈判中，和日本人针锋相对地讨价还价，使对手占不了什么便宜的人，日本人非常尊敬他们；相反，那些在商务谈判中，被中日友好搞糊涂了、在商务谈判中糊里糊涂就作出让步的人，被日本人瞧不起，他们私下叫这种人是中国的“熊猫”。因为熊猫虽然可爱，但傻里傻气的。可见，让步让得不得法，不仅自己的利益要遭受巨大的损失，而且失去了对方对你的尊重，真是名副其实的“人财两空”。

让步是商务谈判中的普遍现象，可以说只要有商务谈判存在，就有让步行动；没有让步也就没有商务谈判。因为没有让步，商务谈判各方无法达成任何协议，商务谈判各方的需要无法得到满足，商务谈判也就名存实亡，没有任何意义了。

商务谈判开始前，商务谈判各方总要制订出商务谈判的目标，然而他们的报价往往都很高，他们明白直接把自己的商务谈判目标报出来，最后的商务谈判结果要比预想的商务谈判目标差得多，他们之所以报那么高的价，就是准备在商务谈判中，双方逐步降低自己的条件，以求得一致和共同的利益。正如前面所讲的，在价格型经济商务谈判中，卖方的开价比底价高得多，但卖方的价格总是一路下跌，跌到底价为止；而买方的还价则比底价低得多；相反，买方的价格一路上升，升到底价为止。这种卖方价格的递减与买方价格的递升，就是商务谈判中的让步。

也许人们都知道商务谈判中要让步，也知道让步就是商务谈判各方从自己原有的立场上后退，降低自己的要求和需要。但是如果仅仅作这样的理解，未免太粗糙了。如前所述，卖方价格的递减与买方价格的递升，其幅度多大才是安全的、合理的？怎么样才能制止对方的无限要求？等等，这就有很多讲究了，要研究起来，那是商务谈判技巧中一个重要的方面——让步技巧。至于说到用让步作为一种手段来促使商务谈判双方达成协议，那甚至是一种艺术了。

（一）让步的节奏和幅度

商务谈判中让步的次数该多少？幅度该多大？这是一个颇有争议的问题。例如：我国某地机械进出口分公司准备购买一台先进的机械设备，在收到了众多的报价单后，看中了西方某国的公司，因为他们的设备和技术都比较先进，所以，决定邀请他们来我国进一步商务谈判。

商务谈判的焦点集中在价格问题上，外商的报价单和商务谈判中的报价一样，都是20万美元；而中方的还价是10万美元。双方都已估计有可能在14万到15万美元的价格范围内成交，但以往的经验告诉他们，还要有好几个回合的讨价还价，双方才能在价格问题上达成一致意见。

面对让步的节奏和幅度问题，中方代表团内部意见分歧，主要分成三派：第一种意见认为要速战速决，既然对方开价20万美元，我方还价10万美元，双方应该互谅互让，本着兼顾双方利益、消除差距、达成一致的原则，所以，在第二回合中，还价14万美元为好。

第二种意见否定了第一种意见，认为这种让步节奏太快、幅度太大，别说还价14万美元，就是还价11万美元，也嫌幅度太大，在第二个回合中，我方让步不能超过5千美元，即增加到10万5千美元。

第三种意见又否定了第一、第二种意见，认为第一种意见让步的节奏太快、幅度太大，而第二种意见的让步节奏太慢、幅度太小，认为我方的让步应分为几步：第一步，增加到11万5千美元(增加了1万5千美元)，第二步，增加到12万7千美元(增加了1万2千美元)，第三步，增加到13万5千美元(增加了 8 千美元)。这样几个回合讨价还价下来,最后再增加 5 千美元,这样就有可能在 14 万美元的价格上成交。

这些意见孰是孰非,已经涉及到让步的类型与技巧的问题了。

(二) 让步的类型

西方商务谈判界对让步已有比较深入的研究,他们把常见的正确和错误的让步类型概括为九种,现在假定买卖双方各准备让步 100 元,又都准备让四次,那么,可以从下表 6-1 中看到九种不同的让步情况:

表 6-1　九种不同让步情况表

让步的类型		第一步	第二步	第三步	第四步
1	坚定冒险型	0	0	0	100
2	强硬态度型	5	5	5	……
3	刺激欲望型	25	25	25	25
4	诱发幻想型	13	22	28	37
5	希望成交型	37	28	22	13
6	妥协成交型	43	33	20	4
7	或冷或热型	80	17	0	2
8	虚伪报价型	83	17	−1	+1
9	愚蠢缴枪型	100	0	0	0

(表格中的数字,对于卖方来说,是报价时逐步减少的数字;对于买方来说,出报价时逐步增加的数字。)

1. 坚定冒险型(0—0—0—100)

这种让步的特点是商务谈判的前阶段里丝毫不让步，给人一种没有讨价还价余地的感觉，只要对方比较软弱，有可能得到很大利益，但更大的可能是导致商务谈判的破裂。这种让步使用的场合比较少而特殊，由于要冒很大的风险，应该慎用。

2. 强硬态度型(5—5—5—……)

与上面的让步类型相比，这种方法的特点是有所让步，但幅度很小，因而给对方一种十分强硬的感受，而第四步之所以用省略号，是因为有可能让下去，也有可能就此为止，不再让步了。这种让步类型与上述让步类型的结果相似，所以，也应该慎用为好。

3. 刺激欲望型(25—25—25—25)

这种让步的特点是定额增减，它会刺激对方要你继续让步的欲望，因为在三个25之后，对方都等到了一个25，那么在第四个25之后，对方也完全有理由等待第五个25、第六个25……而你一旦停止让步，就很难说服对方，从而很可能导致商务谈判的中止或破裂。这种让步是极不明智的外行做法，内行人决不采用这种让步方法。

4. 诱发幻想型(13—22—28—37)

这种让步比第二种更糟糕，其特点是每次让步都比以前的幅度来得大，这会使对方坚信，只要他坚持下去，你总会作出越来越大的让步。这无疑诱发了对方的幻想，给你带来灾难性的后果。

5. 希望成交型(37—28—22—13)

看上去这种让步与第三种让步的幅度正好颠倒了一下，实质上两者有本质的区别，这种让步的高明之处在于：一是显示出让步者是愿意妥协的、希望成交的；二是显示出让步者的立场越来越强硬，即让步不是无边无际的，而是明白地告诉对方让步到什么时候为止，对方不要再抱什么幻想了。这种让步方法在合作性较强的商务谈判中常常使用。

6. 妥协成交型(43—33—20—4)

这种让步的特点是先作一次很大的让步，从而向对方表示一种强烈的妥协姿态，表明自己的成交欲望，然而，让步幅度的急剧减少，也清楚地告诉对方，自己已经尽了最大的努力，要作进一步的让步根本不可能了。这种让步往往是在商务谈判实力较弱的场合中经常使用。

7. 或冷或热型(80—18—0—2)

开始让步的幅度巨大,表示出强烈的妥协态度;后来让步的幅度又剧减,表示出强烈的拒绝态度。开始的妥协使对方抱有很高的期望,后来的拒绝又使对方突然非常失望。这样或冷或热,使对方很难适应,不知你葫芦里卖得是什么药。所以,这种让步带有很大的危险性,是外行人使用的方法,内行人只有在非常极端的情况下,偶尔一用。

8. 虚伪报价型[83—17—(−1)—(+1)]

所谓虚伪报价型,可从让步的数字中看出,有个起伏的过程,第三步(−1)是在前两步让了 100 元的基础上,减去 1 元,实际上成了 99 元,这当然会遭到对方的坚决反对,于是第四步再加上 1 元,实际上还是 100 元,可却给对方一种满足感,好像他又赢得了一个回合的胜利似的。这种让步,我们在第一部分“商务谈判的分类”的“经济商务谈判”一节中,所举的山姆在圣多明哥买皮箱的例子里,皮箱店老板的报价就是采用的这种技巧。

不过这里有两点要说明:一是开始让步的幅度不应这么大、这么快,这里受表格的局限,为了凑成四格才这么安排的;二是这种让步法不登大雅之堂,在大多数正规庄重的商务谈判场合,决不能采用这种让步法,因为给人虚伪欺诈之感,有失身份和体面。

9. 愚蠢缴枪型(100—0—0—0)

这种让步法是商务谈判一上来就把自己所能作的让步和盘托出,从而断送了自己讨价还价的所有资本,下面因为没有退让的余地,只好完全拒绝作任何进一步的退让。这种让步是愚蠢地放下了自己的商务谈判武器,如同战场上缴械投降一般。所以,不可能给自己带来任何利益,而且反而因为你太愚蠢而让对方看不起。既输了商务谈判,又失了人格。真所谓“赔了夫人,又折兵”。一般地说,在任何情况下,都不宜采用。

针对上述八种让步的类型必须有两点要交代:

首先,八种让步类型又可分为三种:

① 常用型。第五种“希望成交型”和第六种“妥协成交型”两种。

② 慎用型。第一种“坚定冒险型”、第二种“强硬态度型”、第七种“或冷或热型”和第八种“虚伪报价型”必须视具体情况而定,应小心而慎重地采用,不然很可能会惨遭失败。

③ 忌用型。余下的第三种“刺激欲望型”、第四种“诱发幻想型”和第九种“愚蠢缴枪型”都是外行人经常容易犯的错误,一般地说,在商务谈判中不能采用,是否有例外,还闻所未闻。初学商务谈判者更不必去冒这种险。

其次,不必死扣表中的数字,这里所举的数字只是一种大约概数,仅供读者参考之用,不能拘泥,也不必拘泥。例如本节开头所举的某地机械进出口公司的例子中,第三种意见是正确的,四次让步的幅度大致与第五种“希望成交型”相符，不然的话，按照第五种让步的数字比例，第三种意见四次让步的数字都将出现小数点，这是完全没有必要的。至于，第一种意见那是“愚蠢缴枪型”，完全不可取；第二种意见类似“强硬态度型”也是不可取的，所以都是错误的。

（三）特殊的让步策略

1. 附加条件法

前面讲过，任何一方作出的让步应该是有价的，即应从对方那里得到你所需要的让步。有的商务谈判者虽然知道只有自己的让步才能换来对方的让步，但是也担心两点：一是自己作出了让步，对方不作出任何让步来回报；二是对方虽然作出了让步，但不是你所希望的那种让步。

正因为如此，商务谈判高手总是用条件句“如果……那么……”来表述自己的让步。前半句“如果……”是明确要求对方作出的让步内容，后半句“那么……”是你可以作出的让步。这前半句是条件，后半句是结果，没有前半句的条件，就没有后半句的结果。

这种表达有两个作用，一是对方必须在你作出让步后，也作出让步来回报，因为你的让步是以对方的让步为条件的，对方如果不作出相应让步的话，你的让步也就不成立了。二是指定对方必须作出你所需要的让步，以免对方用无关紧要的、不痛不痒的让步来搪塞你。

例如，在一次批发买卖的商务谈判中，买方因为行情看好，所以希望交货期越快越好，他私下准备出一个较高的价，而卖方因为价格看涨，希望卖个好价。商务谈判一开始，精于商务谈判之道的买方，坚持要求在不涨价的基础上成交，把交货日期越快越好的要求隐而不提。而卖方坚持要涨价，因为行情看好。在讨价还价的过程中，卖方由于买方坚持不涨价，卖方的价格作了几次让步后，涨价的幅度已经非常小了，只比原来的价格高出了一点儿。此时，看看火候已到，买方觉得是作出必要让步的时候了。他非常聪明地采用了"附加条件让步法"，作出了如下让步：

"考虑到我们以往多次愉快的合作，如果贵方能够把交货期比以往提早 10 天的话，那么我方可以考虑贵方的涨价要求。"

卖方考虑到反正他能保证在对方所要的日期内交货，所以毫不迟疑地答应了。

在这种行情看涨，价格上升的情况下，如果买方不是这样商务谈判，而是一开始就提出交货日期提前 10 天，价格放在后面谈判的话，卖方会作出怎么样的反应是可想而知的，商务谈判结果又会怎么样，是不难猜测的了。

再如，前面所举的中日集成技术商务谈判的过程中，日方代表最后的让步，也是采用了"附加条件让步法"。日方主谈说："代表先生，你们也知道这种集成块成品的成本是多少，所以，十分抱歉我方不能再降价了。但考虑到我们在转让集成技术商务谈判方面的愉快合作，如果贵方能够接受我方集成块成本价，而且又能购买一定数量的话，那么，我方愿意将转让集成技术的费用适当降低一点。"下面双方就购买集成块的数量和降低集成技术转让费的幅度，又进行了新一轮的讨价还价。直到双方满意，握手成交为止。

2. 无损让步法

商务谈判中的让步是有高低之分、雅俗之分的。我们往往可以在商务谈判场上见到许多低级的、粗俗的让步现象：有时，甲方作了让步，乙方并未感觉到甲方的让步；有时，甲方作了很大的让步，乙方却一点都不领情；有时，一方做了一点似乎微不足道的让步，却带来全线的崩溃，不得不节节让步、处处让步；有时，甲方作出了让步，乙方非但不作出让步来回报，反而提出更多、更高的要求，等等，诸如此类的让步，就是没有达到目的的让步、是失败的让步。

如果你的让步让对方了解了你的诚意，感到了你的宽宏大量，体会到你在作自我牺牲，这样的让步是达到了目的的让步，是比较成功的让步，但是这样的让步必须以牺牲自己的利益为代价。如果你的让步并不减少你的利益，甚至你未作任何让步，对手却感到你在让步，这样的让步就是比较高级的让步，是具有艺术性的让步了。这种让步虽然并不多见，但也并非天方夜谭，读者以后可以在自己的商务谈判实践中慢慢体会。

例如，前面“鱼饵报价法”一节中，企业家詹姆斯在与鲁宾逊的商务谈判开始，首先坦诚地承认自己对于出版杂志是个外行，需要有鲁宾逊这样的能人来帮助自己。承认自己不行，也是一种“让步”，这一“让步”满足了鲁宾逊的心理需要，詹姆斯没有任何利益上的损失，但为商务谈判的成功起了不可低估的作用。这就是一种比较高级的让步了。

下面就卖方而言，介绍几种不损害自己利益的让步，几种你实际上未作让步，而对方却感觉到了你在让步的“让步”——几种无损让步法：

① 向对手说明，其他大公司或者有地位、有实力的人也接受了相同的条件；

② 明示或者暗示这次商务谈判成功将会对以后的交易产生有利的影响；

③ 反复向对手保证他享受了最优惠的条件；

④ 尽量圆满、严密、反复地解释自己的观点、理由，详尽地提供有关证明、材料，但是，不要正面反对对方的观点（这是关键，否则力气全是白费）；

⑤ 反复强调本方的完美、周到、突出的某些条件，如交货日期、付款方式、运输问题、售后服务，甚至保证条件等等；

⑥ 努力帮助对方了解自己产品的优点和市场行情；

⑦ 全神贯注地倾听对方的讲话，不要打岔、不要中途反驳，打岔会使对手不快，中途反驳会使对手生气，都是得不偿失的行为；

⑧ 在恰当的时候重述对方的要求和处境。通常人们都喜欢自己被别人了解，所以这是与己无损的妙法。

有个伟人说过：“人们满意时，就会付出高价。”所以，以上方法都会使买主满意，但都与己无损，并往往能让对方作出让步来回报你。

3. 针锋相对法

商务谈判中我们往往可以发现有些难缠的人，类似“铁公鸡——一毛不拔”，他们往往报价很高，然后在很长的时间内拒不让步。如果你按捺不住，作出让步，他们就会设法迫使你接着作出一个又一个的让步。

对于这类商务谈判对手，美国心理学家们作了深入研究和模拟实验。模拟实验是汽车买主与卖主之间的讨价还价，他们找来了许多互不相识的人，组成两人一组的买卖对子。

在实验前，私下关照所有对子中的一方（简称 A 方，可能是卖方，也可能是买方）作强硬而难缠的对象。然后把这些买卖对子又分为三组，并根据三组不同的要求，分别对买卖对子中的另一方（简称 B 方）规定了让步的总额，但要执行不同的让步要求；甲组作幅度相等的让步；乙组作一般常规性的让步（指类似上面介绍的第五种、第六种让步类型）；丙组也作强硬而难缠的态度（指类似上面介绍的第一种、第二种让步类型）。

模拟实验的结果表明，对待强硬而难缠的 A 方商务谈判对手，甲组和乙组的 B 方实验选手采用的让步方法根本没有任何作用，他们的“汽车买卖”商务谈判少部分完全破裂，大部分以 B 方遭受巨大的损失而告终。

只有丙组的 B 方实验选手成绩斐然，他们中一部分将近四分之一人，迫使 A 方对手就范，获得了很大的利益；将近二分之一的人，与 A 方对手打了个平手，基本不亏也不赚；剩下的那部分由于双方态度都是强硬而难缠的，结果以商务谈判破裂而告终。

实验的结果告诉我们，对付强硬而难缠的对手，唯一有效的办法是，针锋相对、以牙还牙。

(四) 让步应注意的其他事项

在本部分开头讲到过,经济商务谈判中价格占有主要的地位,但除此而外,报价还包括交货期、运输问题、付款方式、数量质量、保证条件,等等。所以,在让步的问题上还须注意下列问题:

① 首先要懂得让步的辩证法,前面所讲的种种让步类型也好、所举的具体数字也好、所分析的种种让步技巧也好,都要根据具体的情况作具体的分析,不能一概而论,切忌生搬硬套,必须要根据对方的情况、本方的情况、商务谈判场上的进展情况等等,选择不同的让步措施,作出不同的让步幅度,目的只有一个,争取最大的利益。

② 其次要懂得让步的重要心理因素之一是,轻易得到的让步人们往往都不珍视,不仅如此,对方因为能从你手里轻易得到让步而拒绝作出他的让步,更谈不上较大的让步了;相反,对方珍视从你手里费了九牛二虎争取来的微小让步,不仅如此,他还愿意为此付出较大的代价,即愿意作出较大的让步来作为回报。所以,让步学问中的重要经验是:“不要轻易让对方从你手里获得让步。”

③ 除了必须要作出的让步以外,应在较小的、不太重要的问题上先作出让步,以争取对手在较大的问题上作出让步来回报自己。

④ 你的让步应该是有回报的,即你的每次让步应该从对方那里获得好处;而对于对方的让步,你不必马上作出让步来回报,或者不必作出同等幅度的让步来回报。

⑤ 商务谈判场上崇拜精明、能干的人,所以不要企图

通过让步来赢得对方的好感，这种人往往不是被对方骂愚蠢，就是被对方认为无能，例如本部分开头所举的例子中，日本人把那些在商务谈判中轻易让步的人，叫作中国的“熊猫”就是最好的证明；相反，你在商务谈判场上和他打得难解难分，越是针锋相对地和他干，商务谈判场下，越是能赢得他的尊重，因为他反而认为你是精明、能干的商务谈判行家。真所谓“棋逢敌手、将遇良材”，不打不相识嘛！

三、拒 绝 策 略

苏联前外长葛罗米柯由于擅长在谈判中使用“不”来拒绝对手，特别是在1946年到1949年，他任苏联驻联合国大使期间，更是经常使用不说明理由的“不”来拒绝对手，甚至在安理会代表苏联使用否决权时也是如此，因而被人们戏称“不”先生。葛罗米柯不仅是著名的外交家，而且是一位杰出的谈判家。使用“不”也是一种技巧，一种商务谈判中重要的谈判技巧——拒绝的技巧。

（一）商务谈判需要拒绝

1. 让步与拒绝共生

商务谈判中不仅充满了让步，同时也充满了拒绝，如果说，没有让步就没有商务谈判的话，那么，没有拒绝不仅没有了让步，同时也就没有了商务谈判。首先，让步的本身也就是一种拒绝，因为让步是相对的，也是有条件或有限度的。试想难道有无条件的、无限制的让步吗？那不是让步，而是彻底的溃败。所以，一方的让步既说明他答应了对方的某种要求，同时这也就意味着拒绝了对方的更大的要求。

假定在某次买卖中，甲方报价 1 000 万，乙方报价 600 万；当甲方让步到 900 万时，实际上拒绝了乙方的 600 万；而乙方让步到 700 万时，也意味着拒绝了甲方的 900 万。所以说让步中蕴涵了拒绝。

2. 拒绝的相对性

其实，拒绝本身也是相对的。商务谈判中的拒绝决不是宣布商务谈判破裂、彻底失败，拒绝只是否定了对方的进一步要求，却蕴涵着对以前的报价或让步的承诺，而且商务谈判中的拒绝往往不是全面的、立体的，相反，大多数拒绝往往是单一的、有针对性的，所以，商务谈判中拒绝某些东西，却给对方留有在其他方面讨价还价的可能性。

就拿上例来看，假定讨价还价进行下去，在第二轮让步中，甲方让步到 950 万，乙方让步到 750 万，在第三轮让步中，甲方再让步到 920 万，乙方让步到 780 万时，形成了僵局，双方拒绝在价格上再作任何让步了。此时，甲方的 920 万是对乙方 780 万的拒绝，同时也是一种新的承诺，即可以在此价格上成交。乙方的 780 万也同样蕴涵了这两层意思。

假定为了打破僵局，乙方用“附加条件让步法”提议，如果甲方能把交货期提前 10 天的话，那么乙方可以考虑把价格再提高到 10 万。甲方表示赞赏乙方的提议，不过甲方认为，如果价格定在800万的话，那么可以满足乙方提前10天交货的要求。最后双方达成了价格800万、提前10天交货的协议，握手成交。

可见，商务谈判中对某种要求的拒绝，并没有对所有要求都加以拒绝，相反却可能敞开了在其他方面让步的大门。而这方面没有经验的商务谈判者往往容易犯错误，他们一旦在某一方面遭到对方拒绝后，就觉得商务谈判没有希望了，没有考虑到“堤外损失，堤内补”的道理，从而轻易地放弃努力，放弃了商务谈判。究其原因，实在是不懂得商务谈判中拒绝也是一门高深的学问，也需要高超的艺术。

3. 拒绝注意事项

要掌握商务谈判中拒绝的艺术，必须注意以下两点：

① 要明白拒绝本身是一种手段而不是目的，这就是说，商务谈判的目的不是为了拒绝，而是为了获利、或者为了避免损失，一句话，是为了商务谈判成功。这一点似乎谁都应该明白，毋庸多言的了。其实不然，纵观商务谈判的历史，尤其在激烈对抗的商务谈判中，不少商务谈判者被感情所支配，宁可拒绝也不愿妥协、宁可失败也不愿成功，目的就是为了出一口气。

② 有的商务谈判者面对老熟人、老朋友、老客户等时，该拒绝的地方不好意思拒绝，生怕对方面子下不来，其实，该拒绝的地方不拒绝，不是对方没有面子，而是你马上就可能没有面子。因为你应该拒绝的地方，往往是你无法兑现的要求或条件；你不加以拒绝，就意味着你承诺了你无法兑

现的要求或条件，这不意味着你马上就要失信于对方，马上就要没有面子了吗？

（二）拒绝的策略

商务谈判中的拒绝，说是“技巧”也好、“艺术”也好，是指拒绝对方时，不能板起脸来态度生硬地回绝对方；相反，要选择恰当的语言、恰当的方式、恰当的时机，而且要留有余地巧妙拒绝，这就需要把拒绝作为一种手段、一种技巧来探讨和研究。下面介绍几种商务谈判中常见的拒绝技巧。

1. 预言法

心理学家证明，人都有一种想看透别人、了解别人的嗜好；同时又怕被别人看透、被别人了解的心理。出于后面的这种心理，每当别人看透自己、或了解自己时，人们往往会因为“文饰”心理，用相反的行动或言论来伪装自己，以证明别人的看法或了解是错误的。这种现象在自尊心特别强、爱挑别人毛病的商务谈判对手身上特别明显，而对付这种人，最好的方法就是用“预言法”来拒绝。

所谓“预言法”就是在不希望对方出现某种行为或语言时，先预言对方会出现这种行为或语言，而对方出于“文饰”心理，必然会“自觉”地避免出现这种行为或语言，这下就正中了你的下怀。

例如，西方某大公司下属的一个工厂的老厂长能力很强，把工厂管理得井井有条。然而这个人的毛病是自尊心太强，简直可以说是刚愎自用。公司要他的厂这样，他偏那样，要他那样，他又偏偏这样，老是和别人对着干，公司里私下都叫他“倔厂长”。公司主管由于曾经是他的下级，对他网开一面。另外，主要是爱惜他的才干，同时也摸透了他的脾气，所以无论什么事情都用“预言法”来对付他。

一次，公司要求下属的部分工厂采用某种新的设备，但是暂时还轮不到他的工厂，公司主管知道，你越是不给他，他越是盯着你要。为了巧妙地拒绝他，防止他来无理取闹，所以，这位主管先找上门去，主动向“倔厂长”推荐这种设备。果然不出所料，“倔厂长”连听都不要听就拒绝了，说他的厂没用什么新设备，不也生产得蛮好嘛！这位主管在装模作样一番以后，显得非常遗憾似的走了。

过了不久，轮到这家厂更换这种新设备了。这位主管如法炮制，又用“预言法”来对付“倔厂长”了。不过，这回主管在腋下夹了一卷图纸，到工厂和“倔厂长”谈别的事情，在谈话的过程中，公司的主管几次有意无意地把图纸夹夹好，似乎怕丢了似的。果然引起了“倔厂长”的注意，他问公司主管是什么图纸，主管故意支支吾吾地说没什么，可主管越是说没什么，“倔厂长”越是要看。主管装作没有办法似的，把图纸拿出来给他看，“倔厂长”问是什么设备，主管故意说，一种没什么了不起的设备，你们厂没有必要使用，这是给其他厂的，他们急需要用。主管越是这么说，“倔厂长”越是要得起劲儿。到最后不给他的话，公司主管根本不要想走得了。这当然正中主管的下怀，他又故意装作无可奈何似的，答应把这台原先就准备给“倔厂长”的新设备，“先”给“倔厂长”，“倔厂长”得意地笑了，而主管只好在肚子里好笑，脸上是千万不能露出笑容来的。

2. 问题法

所谓问题法，就是面对对方的过分要求既不是冷笑一声，拂袖而去，也不是拍案而起，怒斥对手的卑劣动机，而是针对对方的过分要求，提出一连串的问题。这一连串的问题足以使对方明白你不是一个可以任人欺骗的笨蛋，如果对方回答这一连串的问题，那么他将不得不承认他提的要求太过分了。

例如，前面“情报因素”一节中所举的中日关于某种农业加工机械的贸易商务谈判中，中方主谈面对日方代表高得出奇的报价，巧妙地采用了问题法来加以拒绝，中方主谈一共提出了四个问题：

① 不知贵国生产此类产品的公司一共有几家？

② 不知贵公司的产品价格高于贵国某某牌的依据是什么？

③ 不知世界上生产此类产品的公司一共有几家？

④ 不知贵公司的产品价格高于某某牌（世界名牌）的依据又是什么？

这些问题令日方代表非常吃惊，他们不便回答也无法回答这些问题，因为他们明白自己报的价格高得过分了，所以，设法自找台阶，把价格大幅度地降了下来。

运用问题法来对付上述这种只顾自己利益、不顾对方死活而提出过分要求的商务谈判对手，简直是一副灵丹妙药，假如，你作为一个公司的商务谈判代表与对手进行投资商务谈判，你的公司投资 100 万美元，可是对方却草拟了一个使你的公司在两年内一无所获，而对方可以每年有 20%

利润的协议。你就可以用问题法来拒绝对方,你不妨问他:

① 能否帮我想想办法,解决一下本公司的利润问题?

② 如果本公司和贵公司一样,每年也能获得20%的利润,不算过分吧?

在商务谈判中,任何思维正常的商务谈判对手都不会说出"我只管自己赚钱,你们公司赚不赚,跟我没关系!"之类的话来。所以,一旦你用问题法拒绝对方,往往能使只想赚别人钱的对手冷静下来,考虑如何让步的问题。

当然问题法也可以用来对付那些缺少专门知识的无知者。商务谈判中有时会遇到那些身居高位而又不学无术的家伙,此时用问题法来拒绝既保住了他的面子,又给了他下来的台阶。

例如自由市场上有个卖柿子的个体户,一个无知的顾客看了看柿子说,这种烂柿子也能卖钱吗?卖柿子的个体户是个有心机的人,他没有发火,而是无师自通地用上了问题法来教育对方。他问道:"你说什么样的柿子是好的呢?"

"当然是又大、又红、又新鲜的了!"顾客回答。

"这些柿子不是又大、又红、又新鲜的吗?"个体户问。

"不,你的柿子太软了,是烂柿子!"顾客又说。

"为什么软的就一定是烂的呢?"个体户又问。

"……"顾客回答不上来了。

个体户看顾客被问瘪了,这才找了个台阶让他下来,说道:"俗话说,柿子要拣软的吃,因为柿子只有熟了才甜,而熟的柿子一定是软的,你看这些柿子,又大、又红、又新鲜,而且软而不破皮,是甜而不腻的上等货。不信你买几个尝尝,不甜不要钱,吃得好,再来多买一些。"一席话说得顾客心服口服,外带一点难为情,结果买了两斤,似乎是对前面错话的一种补偿。

当然，这种有心机的个体户似乎不多，往往在市场上见到的是咧开大嘴、破口大骂的家伙。不过，在这种情况下，买卖将会如何发展是可想而知的了。

说到骂人，在商务谈判中有时也会遇到脾气暴躁的对手，商务谈判一不投机，他就用谩骂来对付别人。此时不能和他对骂，那样于事无补，相反降低了你的身份和人格，而且往往是导致不欢而散、商务谈判破裂了事。遇到这样的对手，最好的办法也是用问题来对付他。

在对手骂人骂得起劲之时，你应当装着什么也没听清楚似的问他："你在说什么？我没听清楚！"一般地说，大多数脾气暴躁的对手碰了这样的软钉子后，往往会冷静下来。要是他还没冷静，还骂人的话，你不妨再问："我还是没听清楚，你能不能再说一遍？"这样绝大多数对手都会冷静下来。由于你装着什么也没听见，所以无形中给对方留了面子，避免了使他尴尬地找台阶下来的局面。这样一方面能使商务谈判顺利地进行；另一方面，只要是还有廉耻之心的人，他会因为骂了你而感到理亏有愧，这在以后的商务谈判中，你就在无形中占了上风。

当然在使用问题法拒绝对方时，必须十分注意语气，即不能用带有嘲弄、挖苦或者教训的语气来提问，否则反而会激怒对方，增加了新的对立成分，冤家会越结越深。

3. 借口法

现代企业不是孤立的，它们的生存与外界有千丝万缕的联系。在商务谈判中也好，在企业的日常运转中也好，有时会碰到一些无法满足的要求，而对方的来头很大；或者过去曾经有恩于你；或者是你非常要好的朋友、来往密切的亲戚。如果你简单地拒绝，那么很可能你的企业一年半载后会遭到报复性的打击；或者你会背上忘恩负义的恶名，等等。对付这类对象，最好的办法是用借口法来拒绝他们。

例如，上海某合资的针织企业的产品销路非常好，有人拿了某领导的批条来找销售经理，想要以最低的批发价购买一大批。

销售经理一看这种人就来火，不过他火在心里，笑在脸上。他看时间已近中午，所以灵机一动先把来人让进饭厅，招待吃饭，并对来人说："你要东西数量大、批价低，已经超出了我的权限。不过你放心，这件事我马上全力去办，你先吃饭。"他绕了个圈子，也吃饭去了。吃完饭，他来找这位持条人对他说："你的条子，要我们总经理批了我才能发货，可是总经理刚到北京开会去了。这样，你是否先回去，过两天再打电话来问问，等我们总经理回来，你再来。"这家伙兴高采烈而来却碰了个软钉子，发不出火，只好先回去再说。

过了两天，这家伙打电话去问时，销售经理告诉他，总经理回来过了，他及时向总经理汇报了，总经理答复说，这种大事要开董事会研究。不过他安慰持条人说他会尽力向董事会争取的，要持条人过两个星期(因为董事会两个星期开一次，不能为持条人破例提前召开)再打电话问情况。

持条人一听要这么麻烦，心就惊了半截，知道要董事会里那些外国人点头同意、董事会决定通过，几乎是不可能的事，所以，再也不打电话问结果了。

销售经理巧妙地把对方的注意力从自己身上，引导到总经理身上，再转移到外国董事身上，叫他有怨气也无处发。

再如，某合资公司的经理要调动一位得力的下级去郊区工厂当主管，这位下级回答要求回去商量商量，过两天给他答复。

两天后，这位下级找到了经理，对经理说："我应该去，我是公司的人，平时我也要求下属要服从上级调动，可是我妻子说，孩子今年要考高中，如果调到郊区，再搬家的话，肯定要影响孩子升学。能否过半年等孩子升了学再说？"

这个借口出于无奈，公司经理也是过来人，明白独生子女在家长心目中的分量，所以，不好再坚持要他去。而郊区的工厂无法半年之久没有主管，公司经理只好另选他人。

俗话说："有了政策，就有对策。"如果对方向你实施借口法拒绝你，最好的办法是直接去找提出拒绝你的人，如上例中的总经理，或者下级的妻子。可想而知，如果你向对方实施借口法，千万注意不要让对方见到你用来作借口拒绝对方的人，否则会有什么样的后果也是可想而知的了。

4. 补偿法

所谓补偿法，顾名思义是在拒绝对方的同时，给予某种补偿，这种补偿往往不是"现货"，即不是可以兑现的金钱、货物、某种利益等等，相反，可能是某种未来情况下的允诺、某种未来场合下有条件的让步、某种未来的前景等等，甚至提供某种信息（不必是经过核实的、绝对可靠的信息）、或者某种服务（例如，产品的售后服务，甚至出现损坏或者事故的保险条款，等等）。这样如果再加上一番并非己所不为而乃不能为的苦衷之后,就能在拒绝了一个“朋友+对手”的同时,继续保持你和他的友谊。

例如,有一个时期,市场上钢材特别紧张,有个专门经营成批钢材的公司生意非常兴隆。一天,公司经理的好朋友来找他,说急需一吨钢材,而且要求价格特别优惠,其优惠程度要求比市场上的批发价还要低百分之十。公司经理因为过去的亲密友谊,实在无法直截了当告诉他:“千做万做,赔本的生意不做!”从而毫不留情地加以拒绝,所以就巧妙地用补偿法来对付这位朋友。他对朋友说,公司经营钢材是以千吨为单位的,无法拆开一吨来给他,而把那余下的999吨给别人,而且是由买方到车站码头直接提货的,也无法在车站码头拆货给他。

不过,总不能让老朋友白跑一趟,空手回去。所以他提议这位朋友去找一个专门经营小额钢材的公司,这家小公司和他们有业务往来,他可以给这家小公司打招呼,以最优惠的价格(毫无疑问这种“最优惠”的含义是模糊语言,因为再优惠,也不会比市场批发价低10%。),卖给他一吨。这位朋友虽然遭到了拒绝,但因为得到了“补偿”,所以拿着他写的条子,高高兴兴地走了。

可以想象,这位朋友拿着条子,去找那家小公司,人家告诉他:“千做万做,赔本生意不做!”仅仅因为他是那位公司经理的朋友,所以才不赚什么钱以市场上的批发价卖给他时,他不仅不会因为没有得到他所要求的、比市场上的批发价再低10%的价格而愤怒,相反,他很可能会高高兴兴地接受这个价格,并且从心底里感谢他的经理朋友帮了大忙。

从心理学来看,这种带有“补偿”性质的拒绝,实际上是补偿了对方因遭到拒绝而产生的不满、失望，或者把对手的不满、失望引导到替代物上去，避免了对手冲着你而发泄。

再如，美国人际关系大师卡内基被有关方面邀请去作一次演讲，对方来头很大，而且与卡内基的关系也非同一般，卡内基似乎于情于理都不应拒绝。麻烦的是卡内基的日程已经排满了，而且那天的活动内容也非常重要，无法调换或者推迟，卡内基在走投无路的情况下，采用了“补偿法”巧妙地拒绝了对方。他是这样说的：“很遗憾，我实在排不出时间来。”紧接着又推荐说：“×××先生对这方面也很有研究，而且也很会演讲，说不定是比我更合适的人选呢！”

可见，补偿法不失为一种拒绝对手的妙法。

5. 转折法

在英语国家也有叫“YES……BUT……”法的。这种拒绝法渗透了说服的原理，即在拒绝时的开始，先不亮出自己的观点，而是从对方的观点、意见中找出双方的共同点，加以肯定、赞赏，或者站在第三者的角度对对方的观点表示理解，从而减少对抗心理，减弱心理防范，然后再用婉转的语言陈述自己的观点，来拒绝对方，甚至说服对方。

例如，在一次商品交易会上，某公司的产品陈列台前，来了一位客户。他四下看了看后，转身想走。公司的推销员不肯放过任何一个机会，所以，主动上去答话，问道：“你想买什么？”

“这里没什么可买的！”客户轻蔑地说，说完又要走。

“是呀，别人也说过这话。”想走的客户站住了脚，不走了。他似乎有点暗暗得意，让他说中了，情绪完全松弛下来。

“可是,他们后来都改变了看法!”推销员话锋来了个一百八十度的大转弯。

“噢? 为什么?”猎奇的心理引起了客户的极大兴趣。

推销员顺水推舟地开始了推销,而客户也在无形中接受了推销员的观点,甘心情愿地买了公司的大批产品。

世界上的事物都是辩证的,只要你有耐心,总能从对手的意见中找出一条或几条可以肯定的东西来,实在不行的话,可以从一条意见中找出可以肯定的方面来。这样的例子在买卖中常常可以见到。聪明的卖主对待抱怨价格太高的顾客决不是讽刺人家穷鬼,买不起别来捣乱,而是采用转折法来应付他们。在服装店里,女顾客手拿着时装爱不释手,可就是一个劲儿抱怨太贵。聪明的女售货员一边拿着衣服在女顾客身上比划,一边赞同说:“是不太便宜。不过,一分价钱一分货,你看这料子、这款式、这质量,再加上这是名牌,价钱其实并不贵。”然后,又好像发现了新大陆似的,高声赞美道:“这衣服你穿太好看了! 不信你自己照照镜子!”被捧得晕头转向的女顾客这时什么疑虑也没有了,也绝不会去想价钱贵不贵了,非常爽快地掏出钱来买下据说能使她更美的服装来。

如果一下子找不出对手意见中可肯定之处,甚至不妨肯定对手陈述意见的坦率、勇气,或者是表达方式上的措词。在一次商务谈判中,买方十分激动地拒绝了卖方的要求,卖方从容不迫地站了起来,用转折法面带笑容地说:“我十分钦佩贵方代表的坦率,正是这种坦率,使我们了解了我们的朋友,也正是这种坦率,鼓励我必须以加倍的坦率的态度来表明自己的看法……”。

买方讲完以后坐下来，显得冷静一点，正有些后悔自己话说的太重了，想怎么样补救时，听到卖方的发言，更感到有点理缺，所以，在下面的商务谈判中作了适当的让步，而卖方也作出了让步的回应，商务谈判在双方的努力之下取得了较好的结果。

6. 条件法

赤裸裸地拒绝对方必然会恶化双方的关系，甚至导致对方对你的攻击。如果在拒绝对方前，先要求对方满足你的一个条件：如对方能满足，则你可以满足对方的要求；如对方不能满足，那你也无法满足对方的要求。这就是条件拒绝法。

这种条件拒绝法在民间故事中常常可以读到。比如某国王有一位非常美丽的公主，求婚的人成千上万。国王为了拒绝众多的求婚者，也为了给自己心爱的女儿找一位才貌双全的如意郎君，提出了一个非常苛刻的条件，要求求婚者到深山老林的某个威力无比的妖怪处，盗取某样稀世珍宝，作为订婚的礼物献给公主，国王就答应他的求婚。国王的条件一下子就拒绝了大多数的求婚者，因为他们没这个胆量前往，就是有胆量前往的，也因没本事，结果被妖怪吃掉了。最后只有一位聪明勇敢的王子，历尽千辛万苦，最终消灭了妖怪，他不仅为一方百姓谋得了幸福，而且也拿到了稀世珍宝，得到了公主的垂爱，有情人终成眷属。

这种条件拒绝法往往被外国银行的贷款发放人员用来拒绝向不合格的发放对象发放贷款。例如前面“坚持的权力”一节中，日本某著名医院的院长在创办这家医院时，是个一贫如洗的医学院毕业生。他去向银行借贷时，银行的主管对他说："如果你能从亲戚朋友那里获得一些不动产或有价证券作担保或者著名的大公司作担保的话，我一定批准你的贷款要求。"

这是一种留有余地的拒绝，银行方面的人绝不能说要求借贷的人"信誉不可靠"、或"无还款能力"、或"从事的投资前景不妙"，等等，那样既不符合银行的职业道德，也意味着断了自己的财路，因为说不定银行方面看走了眼，这些人将来飞黄腾达了、成了有钱的大财主了呢？那位日本著名的医院院长，不就是最好的证明吗？所以，银行方面的人总是像拒绝那位医院院长那样，用条件法来拒绝不合格的发放对象。这样，那些遭拒绝的客户往往会马上起身，去说服自己的亲戚朋友。如果说服成功，那当然一切都好说，如果说服不成功，他们只会迁怒于亲戚朋友头上，因为那不是银行的原因，而是亲戚朋友不信任他。进一步说，连亲戚朋友都不信任的人，银行又怎么能信任他呢？

再如，1985年，某国的工业贸易代表团来华谈判，该国大使事先找到了有关领导，要求促成贸易合作。有关领导指示，在可能的前提下，尽量与对方达成协议。

谈判的主要项目之一对方要向中国出口的是矿山设备，对方的矿山设备比不上先进国家的水平，可是要价高，而且坚持要用外汇结算。中方商务谈判代表认为，如果按对方的要求达成协议，中方的损失太大了，谁也承担不起；而考虑到两国之间的关系，又不便直截了当地拒绝对方的要求。真是大大地为难了中方商务谈判代表。

在苦思冥想之际，中方主谈或然想起了条件拒绝法。

经周密地研究后，中方提出一项新提案，要求对方拿出一台矿山设备，到我国北方某严寒地区的矿山进行一定时间的试验。如果在零下40度的严寒中，工作性能可靠，我方就可以留购，并批量购买。至于不能经受零下40度严寒的考验，那该怎么办之类的话，就不必多说了。

对方商务谈判代表表示他们要回去研究研究。两个月后，对方答复说，他们的这些设备虽然经过工业试验和一定时间的使用，但他们国家的最低气温才达到零下20度，要适应我国零下40度的工作条件，目前在技术上还有一定的困难。所以对方放弃了向我国出口矿山设备的要求。

在这个实例中，由于双方政治上的关系密切，对对方提出的贸易要求，中方无法接受，但也无法直截了当地拒绝。而当中方代表巧妙地用条件法，提出一个对方无法实现的条件来拒绝对方时，对方只好主动放弃原先的商务谈判要求和目标了。

拒绝了别人，又让别人不朝你发火，这就是条件法的威力所在。

7. 不说理由法

本部分开头所举的葛罗米柯的例子就是这种拒绝法的典型。作为苏联前外长的葛罗米柯是个精通商务谈判之道的老手，他在对手准备了无可辩驳的理由时，或者无法在理论上与对手一争高低时，或者不具备摆脱对手的条件时，他的看家本领是不说明任何理由光说一个“不”字。

正因为葛罗米柯在1946年到1949年担任苏联驻联合国大使期间，经常在谈判中不说明理由而说一个“不”字，所以,人们送他一个外号"'不'先生"。美国前国务卿万斯早就领教过葛罗米柯的"不"战术。1979年,他在维也纳同葛罗米柯谈判时,出于好奇在谈判中记录了葛罗米柯说"不"的次数,一次谈判下来竟然有12次之多。

平心而论,葛罗米柯之所以历经四位苏联领导人的变换而不倒,先后同九位美国总统谈判而不败,这种不说明理由的"不"战术,是他众多法宝中的重要法宝之一。

就运用这种不说明理由法而言,可以造成一种使对手感到沮丧和绝望的商务谈判气氛,或者可以使自己摆脱一旦说明理由后造成的困境。当然,也有某些对手并不善罢甘休,一定要追问"不"的理由。此时,你可以说:"我有苦衷,实在不能告诉你。"

例如,一次高级职称评定之后,某人没有被评上,他在作了充分的调查了解之后,认为自己受到了不公正的待遇。于是,他准备了充足的材料和理由,找到了有关领导。在谈话中,这位领导仔细地倾听了他的申述和理由,发现他的申述和理由的正确性超过了这位领导的想象。但现实情况是职称评定已经结束,名额已经用完。这位领导非常诚恳地说:"尽管你的话有道理,但这次只能这样了!"

"为什么?"申述人不满地追问道。

"我有我的难言之处,请你原谅我不能告诉你。不过请你放心,下次评定职称,我一定亲自过问你的情况,所以不会再发生类似的情况了。"

细心的读者不难发现这位领导的话,不仅用了不说明理由拒绝法,还加上了补偿法来安慰这位没被评上高级职称的人。

8. 无法……法

所谓“无法……法”，用一句古话来解释，就是“非不为也，乃不能也”。从社会心理学来看，人们谴责那些“能为而不为者”，而不会谴责那些“不能为而不为者”。举例来说，一个人落水了，由于不会游泳而在水里挣扎。岸边有一个大人一个小孩经过，两人都没有下去救人，甚至连救人的脑筋都没动。人们往往会谴责大人不道德，而不会去谴责小孩，因为小孩“无法……”。

例如，一位朋友来找在化工原料进出口公司的经理，要求比市场批发价低百分之五的优惠价，批一吨某种进口化工原料，这位公司经理知道他的朋友很会纠缠，很难用一般的办法打发他。所以决定用“无法……法”来拒绝他的朋友。

他这样对他的朋友说：“你的事就是我的事，我一定尽力去办。不过，我的公司不卖一吨、两吨的散货，你要一火车车皮，倒是马上可以给你。好在我认识几家专卖小额化工原料的公司，对了，本地一共有 12 家，你等着我马上给你打电话联系一下。”他打开了免提电话，以便让他的朋友也听得一清二楚。

他的朋友在旁边看着他打电话，打通了五家，三家也没现货，两家报价比市场批发价还高。他在电话里和这两家公司左说右说，可对方只同意以市场批发价卖给他，还说这是看在他的面子上，才给这个价的。经理的朋友在旁边听着，等于上了一堂价格课，他开始怀疑自己的要求是否过分？

经理打完电话还回过头来安慰他的朋友，叫他不要着急，还有七家公司没问呢！说不定他们有他要的价格。经理让他的朋友先回家，等他联系好了以后，再打电话给他的朋友。

第二天一早，公司经理打电话把他的朋友从床上叫醒，告诉他，昨夜又联系了几家，不是没有现货。就是价格比市场批发价高。不过，他已经和最后两家联系好了，让他的朋友亲自去谈谈。当然，他已经说好了要这两家公司以最优惠的价格，批给他的朋友一吨。经理的朋友心里明白，他要求比市场批发价低百分之五，是太过分了，他此时只想以市场批发价买到一吨就行了。

到了那两家公司去一谈，人家说是看在经理的面子上，才不赚什么钱以市场批发价卖给他的。此时，他以比原计划高出百分之十的价格买到一吨已经十分满意了。并且从心里感谢他那位当经理的朋友，因为不是他帮忙的话，他是买不到市场批发价这么便宜的化工原料的。

在自由市场上，我们常常可以见到精明的买主用"无法……法"来对付个体户，他们在讨价还价到一定程度，个体户不肯再进一步让步的情况下，往往来最后一招，掏出口袋里所有的钱，说："我只有这些了，你卖就卖，不卖拉倒。"在这种情况下，个体户往往让步做成买卖。当然，事先应"安排"好口袋里的钱，不然掏出来的钱，数量多得多，那不是自讨没趣吗？

一对即将结婚的青年男女跟给他们装修新房的施工队负责人讨价还价说，由于筹办婚礼，用去了很多钱，现在只剩下这么多钱了，说着他把钱掏了出来（比施工队的开价要少一些），施工队负责人也就同意了。

9. 幽默法

在商务谈判中，有时会遇到不好正面拒绝对方，或者对方坚决不肯让步的情况，此时不妨用幽默法来拒绝对方。所谓幽默法，就是对于对方提出的、对你来说是不可接受的要求或条件，你并不直接加以拒绝，相反全盘接受。然后根据对方的要求或条件推出一些荒谬的、不现实的结论来，从而否定了对方的要求或条件。这种拒绝法，往往能产生幽默的效果，所以，称为“幽默法”。

例如，有一个时期，前苏联与挪威曾经就购买挪威鲱鱼进行了长时间的商务谈判。在商务谈判中，深知贸易商务谈判诀窍的挪威人，卖价高得出奇。苏联的商务谈判代表与挪威人进行了艰苦的讨价还价，挪威人就是坚持不让步。商务谈判进行了一轮又一轮，就是没有结果。

为了解决这一贸易难题，前苏联政府派出了柯伦泰为苏联驻挪威的全权贸易代表。柯伦泰是前苏联的著名女大使，也是一位杰出的外交家和商务谈判家。她几乎掌握了欧洲十一个国家的语言，担任过许多重要的外交使命，在各种外交和贸易活动中，充分显示出她杰出的外交和商务谈判才能。

聪明的柯伦泰，面对挪威人报出的高价，针锋相对地还了一个极低的价格，无疑双方进入了一个漫长的、艰苦的讨价还价的阶段。而且由于双方都不愿作出大幅度的让步，商务谈判像已往一样陷入了僵局。

挪威人并不在乎僵局，更不害怕僵局，因为不管怎么样，你们苏联人只要吃鲱鱼，就得找我们买，所以是“姜太公钓鱼,愿者上钩”。而柯伦泰是拖不起、也让不起,而且还是非成功不可的。情急之余,柯伦泰使用了幽默法来拒绝挪威人。

她对挪威人说:“好吧!我同意你们提出的价格,如果我的政府不同意这个价格,我愿意用自己的工资来支付差额。但是,这自然要分期付款,可能要我支付一辈子。”

挪威的绅士们从来没有遇到过这样的商务谈判对手,在堂堂绅士面前能把女士逼到这种地步吗?所以,在忍不住一笑之余,就一致同意将鲱鱼的价格降到最低标准。而柯伦泰用幽默法完成了她的前任们历尽千辛万苦也未能完成的工作。

幽默法在日常生活中,也是用来拒绝不好正面拒绝的对象的好办法。例如,美国前总统罗斯福在当总统之前,曾担任海军部的高级官员。一次,他的好朋友听说美国海军在加勒比海秘密地建造潜艇基地,便问罗斯福有没有这回事。罗斯福非常神秘地问他的朋友:“你能不能保密?”

他的朋友以为罗斯福要把机密告诉他,便非常肯定地说:“我能保守秘密!”

谁知罗斯福也非常肯定地说:“我也能!”

他的朋友先是一愣,继而哈哈大笑起来。不过他再也不问罗斯福潜艇基地的秘密了。

10. 让步法

所谓让步法,其原理已经在前面作了介绍。我们说过,让步的本身也是拒绝,所以,面对咄咄逼人的对手,或者一下子把握不准的情况，不妨先退让一小步，看看对方有什么样的反应。这正如高手下围棋，遇到不好走、或看不清的地方，索性不走，等对方走了棋子再应对。

那么在什么样的情况下，可以采用让步法来拒绝对方呢？一般地说，有这样几种情况可以考虑使用：

① 对方的意见具有不可反驳的正确性；

② 对方提出的意见容易造成争论，而争论又对你不利；

③ 对方的意见模棱两可，含糊不清，你一时难以把握；

④ 对方在经过精心策划以后突然提出一个你没有想到、也无法一下子回答的问题。

这种让步法，表面上似乎接受了对方的意见，而且作出了退让，对方似乎也占了上风，但实质上是用小小的让步换得了取消讨论对方要求的结果，从而达到了拒绝的目的，所以是典型的"吃小亏，占了大便宜"。

四、"最后通牒"策略

（一）"最后通牒"的原理

1. 什么是最后通牒

最后通牒原来是外交上的术语，也叫"哀的美敦书"。意思是在谈判破裂前的"最后的话"。通常是一国对另一国提出某种苛刻条件或绝对要求，限制在一定时间内接受其要求，否则就要使用某种强制手段，包括断绝外交关系、实行经济制裁，甚至使用武力。

发展到现在，在商务谈判中，也使用最后通牒这一概念。一般地说，商务谈判中的最后通牒包含两个方面：最后出价和最后时限。

所谓最后出价，是指商务谈判中一方给出了一个最低的价格，告诉对方不准备再进行讨价还价了，要么在这个价格上成交，要么商务谈判破裂。西方商务谈判界把最后出价形象地描述为“要么干，要么算”。

例如，1990 年 8 月 2 日，伊拉克搞突然袭击，派出了 10 万大军占领了科威特，美国借机插手，组建了以美国为首的多国部队进驻中东地区，并制订出“沙漠盾牌”的行动计划，以防止伊拉克进一步侵吞沙特阿拉伯。

为了解决海湾危机，联合国安理会多次召开紧急会议，通过各项决议要求伊拉克撤军。有关方面也曾试图寻求过和平之路。但由于伊拉克撤军的条件过分苛刻，美国方面的态度也十分强硬，纵有国际社会的众多和平努力，也都付诸东流，一次又一次的谈判都不欢而散。

在其他办法用了都不见效的情况下，联合国安理会再次召开特别会议，一致通过第 678 号决议，向伊拉克发出最后通牒——1991 年 1 月 15 日以前(最后时限)必须无条件地从科威特撤军(最后出价)，并授权以美国为首的多国部队，到时候如果伊拉克还未撤军，就可以“使用一切必要的手段”迫使伊拉克撤出科威特。

由于伊拉克顽固地坚持对抗的立场，拒不从科威特撤军。在最后时限过了两天即 1991 年 1 月 17 日，当地时间凌晨 2 点 40 分，以美国为首的多国部队向伊拉克发动了代号为"沙漠风暴"的海湾战争。

在伊拉克部队遭到沉重打击，多国部队发起地面进攻之前，伊拉克宣布愿意接受联合国安理会的660号决议，有条件地从科威特撤军。但在撤军的时间问题上，双方又不能达成一致。美国前总统布什再次向伊拉克发出最后通牒，规定伊拉克无条件撤军的最后时限是2月23日17时(格林尼治时间)。又由于伊拉克仍然采取强硬的态度，多国部队向伊拉克军队发动了第二次世界大战以来最大的海、陆、空立体式的进攻。

在多国部队强大的攻势之下，伊拉克军队无法抵抗，伊拉克只得在26日正式通知联合国安理会，宣布从科威特无条件撤军。持续六个多月的海湾危机也随之基本结束。

应当说明的是，联合国安理会的678号决议主要是针对伊拉克的撤军条件而言的，所以，可以看成是以最后出价为主的最后通牒。

所谓最后时限是指规定谈判的最后截止日期，借以向对方施加无形压力来达到自己的目的。如上例中，两次规定的最后时限：1991年1月15日和2月23日17时。

再如，几年前，我国某大型钢铁公司曾经为引进两套大型轧钢机，同两个国家的四家公司进行了接触，他们都报了价。其中D国的X公司的技术对我国来说最适用，可是这家公司的报价最高，而且又自恃在中国的交往很广，神通广大，可以稳操胜券。所以，该公司商务谈判代表的态度十分傲慢，立场十分强硬。

这两台轧钢机是国家急需的成套设备，费用昂贵，事关重大。中方主谈从多方面考虑，主动找了D国的X公司的商务谈判代表，希望他能降低报价，以便坐下来商务谈判，可他把鼻子一哼，对中方主谈说，现在不是降价的问题，而是升价的问题，他特别提醒中方主谈，他们公司的报价有效期是3月15日晚上12点(最后时限)，过了这个时间，他们就将涨价百分之十五(暗含了最后出价)。

经验丰富的中方主谈一看这家伙如此蛮横，心想，咱们走着瞧！为了争取主动，打开谈判的局面，中方主谈首先采用了制造竞争的技巧，撇开D国的X公司，转向其他三个公司。经过了同D国的B公司的多次商务谈判，B公司的商务谈判代表一再让步，价格已经比X公司低了很多。足智多谋的中方主谈，又通过某种渠道，把与B公司商务谈判的情况捅给了X公司的上层人物，说X公司的商务谈判代表要价太高，而B公司的报价比较优惠，X公司将失去这一大笔买卖。

X公司的总经理一听急了，马上通知该公司的商务谈判代表，把他臭骂了一顿，要他无论如何也要谈成这笔大生意。

X公司的谈判代表再也坐不住了，他放下了架子主动来找中方主谈，说接到了新的指示，愿意降低价格同中方进行新一轮商务谈判。这回轮到中方主谈收拾这个狂妄自大的家伙的时候了，中方主谈正告对方："你们等着吧！到了'3月5日'，我会给你答复的。请注意，这是贵公司规定的最后时限。"

X公司的商务谈判代表急得跳了起来，中方主谈抓住对方急于商务谈判的心理，以其人之道，还治其人之身，狠狠地报了一个低价，比B公司的报价还要低2 000万美元，并且也来一个最后时限，限他在3月15日晚上12点以前答复。理由很简单，因为中方和B公司的商务谈判有了一定的成果，如要撇开B公司与X公司达成协议，除非X公司的价格比B公司还低，否则中方将失去信誉。此时离3月15日已经没两天了，所以，X公司的商务谈判代表勃然大怒，指责中方主谈存心不和他做生意，他要向有关方面控告，要打官司，要中方赔偿他来华商务谈判所花的几百万美元！中方主谈义正词严地把他顶了回去。

到了3月15日晚上11点45分，离最后时限还有15分钟，X公司的商务谈判代表敲开了中方主谈的房门，无可奈何地同意了中方的还价。中方商务谈判代表不仅为国家引进了急需的、技术先进的大型轧钢设备，不仅为国家节约了好几千万美元的外汇，更重要的是维护了国家的尊严和个人的人格。

在这一商务谈判实例中，对方先规定了最后时限，中方针锋相对地也规定了最后时限，尽管也都给出了最后出价，但无疑是以最后时限为主的最后通牒。

2. 最后出价与最后时限的关系

最后出价与最后时限是最后通牒中不可分割的两个内容，只不过在商务谈判中这两种技巧往往合二为一混合使用，只是在使用中侧重点不同而已。规定了商务谈判的最后时限，不是说可以让对方提出任何要求，本方可以作出任何让步，只要商务谈判在最后时限前结束就可以了；相反，在规定最后时限的同时，也一定给出了一个最后出价。所以，实际上是指在最后时限前、在最后出价的基础上结束商务谈判。

同样给出了最后出价，也不是说商务谈判时间可以任意拖延下去，而是同时也规定了结束商务谈判的时间。只是由于侧重点不同，强调的方面不同，给人的印象也不同，好像有最后出价与最后时限的区别了。

（二）“最后通牒”的实施

最后通牒的使用必须谨慎，因为无论是政治谈判、外交谈判、军事谈判还是经济谈判，或者其他商务谈判，使用最后通牒并不是一种常规的做法，充其量只是一种在特定的环境下不得已而为之的下策。

例如，美国通用电器公司在与工会的商务谈判中采用最后通牒的商务谈判技巧长达20年之久。这家大公司在商务谈判刚刚开始的时候就提出一个规定的工资标准，同时也审慎地提交一大堆统计表、分析数字以及有关材料，来支持他们对工资的最后出价。从1947年到1969年这一段长时期里，这种以最后出价为主的最后通牒一直很有效。直到1969年，通用工人心中的怨气再也压抑不住了，像火山一样爆发了，酿成了一场超越经济利益的大罢工。

他们如同1964年通用汽车公司的工人罢工宣传一样，在纽约的报纸上刊登的罢工公告明确地宣布：他们无法忍受公司一次又一次的最后通牒的摆布，忍气吞声地在公司划下的道道上就范，他们的罢工是为自己争得安排自己命运的自由。

可见，最后通牒不仅把对方，同时也把自己逼到了“不成功，便成仁”的境地，所以很容易造成双方的对抗，导致商务谈判的破裂。一般地说，商务谈判中，商务谈判者往往不愿意中断商务谈判。因为任何经理、老板都明白,商场竞争是何等激烈,一旦自己推出商务谈判,很可能有许多在旁的竞争者会乘虚而入,取代自己的位置。所以,在商务谈判中对待使用最后通牒的战术,往往是慎而又慎的。

1. 何时实施最后通牒

美国克莱斯勒的前总裁亚科什曾经这样评价最后通牒,他说:“最后通牒绝不是商务谈判的好办法,但是有时只能这样做。”那么,在什么情况下不得已而为之呢? 由于最后通牒有最后出价与最后时限的侧重点不同,所以必须分开来交代。

(1) 最后时限的实施

就最后时限而言,在无休止的讨价还价没完没了的情况下,可以规定最后时限,借以向对方施加无形的压力,来达到结束讨价还价的目的。

前面我们已经讲过,商务谈判的过程就是让步和拒绝的过程,而每次让步,就是以牺牲自己的利益去满足或服从双方的共同利益,这是任何商务谈判者都不情愿的。所以为了维护自己的最大利益,商务谈判者都尽可能地讨价还价,不到商务谈判快要结束,往往都不肯善罢甘休。其实有经验的商务谈判者,早在商务谈判开始的一二个回合中,就已经预见到商务谈判将在什么价位上成交,只是不到商务谈判结束谁都不肯轻易摊牌。这样做一方面说明商务谈判者尽职尽责,善始善终;另一方面,商务谈判者也寄希望于对方犯错误、或者对方没耐心而过早让步,从而争取更好的商务谈判结果。

最后时限是对付这种商务谈判心理的有效手段。例如,1977年8月,克罗地亚的几个暴徒劫持了美国环球航空公司的一架飞机。被劫持的飞机从纽约起飞后,经蒙特利尔、纽芬兰、伦敦,最后到达法国巴黎的查尔斯·地高尔机场。在机场上,法国的警卫部队射中了飞机的机轮,使它不能再起飞而瘫痪在机场上。

飞机在跑道上停留了三天,警方和暴徒也进行了三天紧张的讨价还价,谈判因双方要求的差距太大而没有任何结果。最后,法国警方向暴徒使用了最后时限,法国警方负责人通过扩音器,向暴徒喊话:

"听着……你们高兴做什么都可以,不过美国警方代表已经到达了。如果你们现在就投降,和他们回美国去,顶多只在牢里关2年,最多不过4年。这也表示你们可能在10个月内获得假释。"

这位负责人故意停了一会儿,让暴徒们仔细考虑他的话。然后接着说:

"但是,如果在一分钟内拒不投降,我们的特种部队就要进攻,那时被我们逮住的话,根据法国法律,你们就会被判处死刑。

现在给你们一分钟考虑,你们准备怎么办?"

说来也奇怪,在最后时限的压力之下,暴徒们投降了。

(2) 最后出价的实施

就最后出价而言,只有在下列情况下才可使用:

① 商务谈判的一方处于极为有利的商务谈判地位,"皇帝的女儿不愁嫁",对手只能找自己商务谈判,任何人都不能取代自己的位置;

② 讨价还价到最后,所有的商务谈判技巧都已经使用

过，均无法使对方改变立场，作出自己所希望的让步；

③ 讨价还价到这样一种情况，自己的让步已经到了极限，再作任何让步，都将带来巨大的损失，而对方还在无限制地提出要求。

例如，本部分前面所举的D国X公司的商务谈判代表对中方实施的最后通牒就属于第一种情况；就第三种情况而言，克莱斯勒的总裁亚科什曾经成功地使用过一次最后通牒，是不可多得的典范：

当时，亚科什刚刚上任克莱斯勒的总裁，而克莱斯勒公司正因为工人要提高工资的罢工而处于困境之中。果断的亚科什明白，要挽救濒临倒闭的克莱斯勒公司，必须压低工人的工资。他首先把高级职员的工资降低了10%，并且把自己的年薪也从36万美元降到了10万美元。然后，他告诉工会领导人：

"17美元一个小时的工作有的是，20美元一个小时的工作一件也没有。现在就像我用手枪对着你们的脑袋，还是放明白点。"

工会并未答应他17美元一个小时的工资价格，双方为此进行了长达一年的讨价还价，但都没有作任何让步。亚科什觉得不能再让这种局面僵持下去了，在圣诞节前几天的一个晚上，他找到了工会商务谈判委员会，对工会商务谈判代表说：

"明天早上以前，你们非做出决定不可。如果你们不帮我的忙，我也叫你们好受不了，明天上午我就宣布公司破产。你们还可以考虑8个钟头，怎么样好，随你们的便。"

聪明的亚科什选在圣诞节前来这么一下最后通牒，迫使工会作出了让步，答应了亚科什的工资价格。

2. 如何实施最后通牒

最后通牒作为一种商务谈判技巧，和其他商务谈判技巧一样，都有真假之分。即可能是被逼无奈，不得不实施；但也可能仅仅是作为一种技巧，用来威胁对方，向对方施加压力的。如亚科什的最后通牒等就属于前者；而前面所举的轧钢机商务谈判中，D国X公司的商务谈判代表的最后通牒就应该属于后者。就效果而言，当对方认为你的最后通牒是属于后者，即仅仅是一种策略的话，那么，你的最后通牒就会没有效果。

总之，在商务谈判中，前者应该认真对付，以免导致商务谈判破裂；后者则不妨考虑使用何种策略来应付对方。可见，实施最后通牒是否有效果、有威力，关键在于你能不能使对方相信你的最后通牒是前者，是真的，而不是后者，不是一种策略。

所以说，如何实施最后通牒也是有技巧的。

① 最后通牒的态度要强硬、语言要明确，应讲清正反两方面的利害。最后通牒的语言同前面所讲的商务谈判语言要委婉、要留有余地的特点是截然不同的，这从亚科什对工会商务谈判委员会的最后通牒、D国X公司商务谈判代表的“3月15日晚上12点后涨价百分之十”的强硬表态中，不难体会出来。

② 最后通牒最好由商务谈判队伍中身份最高的人来表述，发出最后通牒的人的身份越高，其真实性也就越强。当然，你要改变的难度也就越大。

③ 用商务谈判桌外的行动来配合你的最后通牒，如同

旅馆结账，预定回程的车、船、机票，给商务谈判人员放假去游玩当地名胜、购买当地土特产等等，从而向对方表明最后通牒的决心，准备商务谈判破裂打道回府。

④ 实施最后通牒前必须同自己的上级通气，使他明白你为何实施最后通牒，即是出于不得已，还是作为一种商务谈判技巧，否则，你的上级很可能由于不明情况，而对你实施最后通牒横加干涉，破坏你的商务谈判策略和步骤。最典型的例子就是前面所举的轧钢机的商务谈判中，D国X公司的上层由于不明情况，批评该公司的商务谈判代表错误地实施最后通牒而丢掉了大生意，从而迫使该公司的商务谈判代表不得不改变初衷，转而来求中方代表，这不仅是极大的讽刺，同时也是商务利益上的极大损失。

（三）“最后通牒”失败后的补救

世界上的万事万物，有生就有灭，有成功也就有失败。更何况最后通牒这种技巧失败的比例大大超过成功的可能，所以，我们不得不研究万一最后通牒失败后如何补救的问题。一般地说，当你的最后通牒未能奏效时，不妨采取几种措施，比较体面地下台。

1. 新指示法

一旦最后通牒失效，你不妨向对方说，你从上级那里获得了新的指示，可以在新的价位的基础上进行新一轮的商务谈判。这样无形中就把最后通牒的失误、价位变化的责任全推到了上级的头上。不过，这种“从上级那里获得的新指示”，可真可假，当然，也绝没有那种傻乎乎的对手会问你是真的还是假的。

例如，前面所举的轧钢机商务谈判中，D国X公司的商务谈判代表在最后通牒失败以后，遭到了上级的批评，确实获得了新指示，要他同中方达成这笔大买卖。所以，他不得不放下架子，来找中方主谈。表明他接到了新的指示，愿意降低价格，同中方进行新一轮商务谈判。这样他以前实施最后通牒所造成的僵局，就在无形中被巧妙地解决了。

如果不是中方商务谈判代表经验丰富，挖了一个陷阱让对方自己往里跳的话，那么X公司的代表很可能在新一轮的商务谈判中，继续利用他的优势，和中方进行新一轮的讨价还价，争取他的最大利益。

2. 升格法

所谓升格法，就是换一套商务谈判人马。由于习惯上所换的人马从级别上来讲，往往比原班人马要高一级，所以称之为升格法。用新的商务谈判人马来取代旧有的商务谈判人马，就在无形中使发出最后通牒的人和最后通牒一起成为过去，从而理所当然地开始了新一轮商务谈判。

例如，皮尔斯太太因车祸受伤而向保险公司提出索赔。她的律师贝克先生在同保险公司经过长达四年之久的“马拉松”商务谈判之后，由于保险公司拒绝皮尔斯太太提出的保险金额，所以贝克先生代表皮尔斯太太向保险公司发出最后通牒，要求保险公司赔偿55万美元，否则就向法院起诉保险公司。而保险公司经过计算，认为即使上法院也不会损失更大的数字，因而拒绝了贝克先生的最后通牒。

在开庭前夕，保险公司得知，贝克律师已经被另外一名律师所代替。而新律师提出新的最后通牒，要求保险公司赔偿 45 万美元，否则法庭上见。这回保险公司同意了这个数字，不上法庭了结了此案。

3. 重新出价法

所谓重新出价法与新指示法，是有本质区别的。前面介绍的新指示法，往往是降低价格和要求，是一种让步，而且是在上级的指示和授权下所采取的。重新出价法的真正含义在于，提出一种与原先出价本质根本不同的出价，是一种全新的计算方法、或者全新的要求、或者全新的条件，等等。而不仅仅是在原来出价基础上的让步。

举例来说，改革开放后不久，国内某单位因高级豪华旅游船“昆仑号”经费不足，长期亏损，考虑与外方合资。香港地区某旅行社愿意出资租赁，双方坐到了商务谈判桌上。当时正值改革开放不久，思想比较僵化。商务谈判中香港方面虽然一再让步，三次加价。可是内地方的商务谈判代表态度僵硬，所报的价格坚持不变，甚至对香港商务谈判代表发出最后通牒；要么接受内地方价格，要么谈判破裂。聪明的香港商务谈判代表并不着急，他们循循善诱地说服内地方商务谈判代表，提醒内地方代表考虑是否有其他双方均能接受的方法，从而达成能使双方满意的协议。

冷静下来的内地方代表，感到了香港商务谈判代表的诚意，认真地考虑以后，提出了一个全新的方案：一改先前定期、定价的租赁方法，变为双方合作经营，即由香港方面负责组织旅客，内地方分管船只的使用、维修、保养，香港方面按运营的天数支付游船的租金。

针对内地方的重新出价，双方抛弃了原先的最后通牒所带来的不快，又认真地投入了新一轮的商务谈判，经过激烈的讨价还价，双方终于达成了一个令双方都能接受的协议，商务谈判取得了成功。

（四）如何对付“最后通牒”

如果对方对你实施最后通牒，你不必紧张，也不能流露出非常重视的神态来，你应该考虑采用下列方法来对付他的最后通牒。

1. 制造竞争

对方向你实施最后通牒，目的是迫使你答应他的条件，同他达成协议。如果你不理他的最后通牒，转向第三者，摆出与第三者达成协议的架势，就有可能击败他的最后通牒。例如上述购买轧钢机的商务谈判中，中方主谈面对D国X公司商务谈判代表的最后通牒，中方主谈转而去找D国B公司的商务谈判代表，摆出一副认真进行商务谈判的架势，并且取得了某些成果。回过头来，再以这些成果来压对方，迫使对方就范，从而击败了对方的最后通牒。

2. 反过来下最后通牒

面对对方的最后通牒，如果你有把握、有能力击败他的话，不妨以其人之道反治其人之身，也来个最后通牒。还是上例中的中方主谈，在有了充分的把握之后，也对对方实施了最后通牒，正告对方：最后时限也是 3 月 15 日晚上 12 点，最后出价是比 B 公司的报价低 2 000 万美元，从而狠狠地教训那个无比狂妄的 X 公司的商务谈判代表。一般地说，没有十分的把握，不宜反过来下最后通牒。不然，只会将局面越搞越糟，反而不可收拾。

3. 中断商务谈判

只要了解对方实施最后通牒仅仅是玩弄商务谈判的技巧，就不妨中断商务谈判，让他明白他的最后通牒意味着商务谈判破裂，在这种情况下，并不打算使商务谈判破裂的对方就会露馅儿，乖乖地收起他的那一套。例如，前面“商务谈判中的思维”里“反向思维”一节中所举的浙江某小企业的商务谈判代表对付狮子大开口的港商的最后通牒，就是采用了中断商务谈判的高招，指着门对港商说：“没什么好谈的了，你走吧！……”这一棍把港商打懵了，露出了麒麟皮下的马脚，不得不乖乖地把价格降下来。

4. 提出新方案

如果你不想中断商务谈判，又不想损害自己利益的话，不妨考虑新的方案，当然，前提是要能提出这样的方案：既维护你的利益，又能满足对方的需要。

5. 让步法

对于对方的最后通牒，你可以作出某些让步（这当然是在你原来让步的计划之内的），不过在作出让步之前，应用恰当的语言，表示对对方的最后通牒的态度。然后，找些体面的理由（如以往的友好合作、个人之间的友谊、未来的合作前景，等等），作为让步的借口。千万不能在未表明态度之前就作出让步，这样是在对方面前示弱，并可能鼓励对方在今后的商务谈判中用强硬的态度对付你。

6. 抗议法

如果你不怕商务谈判破裂的话，可以向对方、甚至向对方的上级提出抗议，然而仅仅是抗议而已，不必采取其他任何行动。这就把球踢给了对方，看他下一步采取什么样的行动。因为对方下一步最多是中断商务谈判、甚至宣布商务谈判破裂，这已经吓唬不了你。而很多情况下，如果对方见最后通牒对你不起作用，就有可能采取某种补救措施，甚至降低要价，进行新的商务谈判。所以，前面所讲的“要在乎，但不要太在乎”的心理，在这里就显得非常重要了。

五、签约的策略

20 世纪 30 年代中期，香港茂隆皮箱行由于经营有方，生意兴隆，因而引起英国商人皮尔斯的妒忌。他经过苦思冥想，终于想出一个搞垮茂隆皮箱行的恶毒计划。他亲自到茂隆皮箱行订购3 000只皮箱，价值20万港币，合同写明一个月交货，逾期没按质按量交货，由茂隆皮箱行赔偿50%的损失费（10万港币）。

一个月后如期交货时，皮尔斯撕开一只皮箱的衬里，指着支撑用的木料说，合同上写的是皮箱，现在却使用了木料，所以这不是皮箱。为此，他向法院提出诉讼，状告茂隆皮箱行违约，要求按合同赔偿经济损失10万港币。

港英法院开庭审理此案时偏袒皮尔斯，企图判茂隆皮箱行犯诈骗罪。茂隆皮箱行请当时还不出名的罗锦文律师出庭辩护。正当皮尔斯在法庭上信口雌黄、大放厥词、气焰十分嚣张的时候，只见罗锦文律师不慌不忙地站起来，从怀里取出一只大号的英国名牌金表，举到偏心的法官面前，高声问道："法官先生，请问这是什么表？"

法官一看，就情不自禁地回答说："这是大英帝国伦敦出品的名牌金表。请问这与本案有什么关系呢？"

"有关系！"罗锦文律师转过身来，面对法庭所有的人，高声说道："这是金表，没有人怀疑了吧？但是请问，这块金表除了表壳是金的外，内部机件都是金制的吗？"

法庭上几乎所有的人都议论纷纷："当然不是！"

罗锦文又问："那么，人们为什么又叫它金表呢？"

稍作停顿，罗锦文律师又高声地说："由此可见，茂隆皮箱行的皮箱案，不过是原告故意歪曲合同上'皮箱'的词义，存心敲诈而已！"

法官在众目睽睽之下，理屈词穷，只得判皮尔斯犯敲诈罪，罚款5 000港币，了结了这起荒唐的案子。

这起案子虽然荒唐，却足以提醒我们，在对待商务谈判最后阶段的合同签约问题绝不能掉以轻心。因为即使是合乎规范的合同还有可能无事生非，何况那些存在着法律上的、技术上的、有文字上的……种种问题的合同，将会给你带来巨大的经济损失和数不清的麻烦！

（一）重视对对方情况的审查

由于我国现行的《经济合同法》对合同欺诈在概念、性质和处罚上没有明确界定，造成对合同欺诈查处乏力、打击不力，因此，在汹涌澎湃的市场经济大潮中，欺诈合同越来越多、被骗金额越来越大。解放日报 1995 年 4 月 21 日报道，1994 年本市工商部门共受理合同欺诈投诉 103 件，被骗金额达 7 849 万元，超过前三年的总和。这几年经过治理和打击，情况稍有好转，但仍不可掉以轻心。

所以，在合同签订以前，完全有必要查清对方的真实情况，要了解对方生产经营、资金周转、信用履约等方面的情况，增强识骗和防骗的能力。

目前，一些不法分子利用合同诈骗，手段隐蔽，狡猾多变，主要有以下几种形式。

1. 用蛊惑人心的虚假广告骗签合同

许多不法分子利用人们迫切想发财的心理，用能迅速发财、能发大财的蛊惑人心的广告语言，制作名不副实的虚假广告，诱骗人们上当受骗。

例如，浦东一位姓蔡的农民就是看了“人造大理石”的虚假广告，上当受骗的。一家名叫宝霞商行新技术开发研究中心的机构到处在电线杆上张贴这种“业务广告”，上联是“支付 1.2 万”，下联是“能赚 2.4 万”，横批是“发财致富”。蔡某怦然心动，禁不住诱惑，东借西凑了 1.2 万元，与开发中心签订了合同，拿到了一批水泥、药水和一台电动搅拌机，以及一些不知名的化工配料，准备回去生产“人造大理石”。谁知蔡某按说明搅拌了半天，结果只有一团烂泥浆。

2. 用假造的证件、文件引你上当

不法分子有时也会利用人们对证件、文件，特别是红头文件的信任，假造有关的证件、文件，甚至伪造政府文件来骗人、坑人。

例如，不法分子李某和汪某，冒充万乐房地产有限公司对外业务代表，精心伪造了有关政府的建筑项目批文、工商营业执照和税务证件等等，全套证件和文件。然后，若有其事地以业务代表身份，和承包的建筑单位签订王桥开发区 16 号地块 30 幢 60 套别墅建筑承包合同，而且更为恶劣的是，他们“高效”利用了这批伪造的证件和文件，反复和许多建筑单位签订同一标的的合同，故意重复发包达 300 幢 600 套别墅。可惜的是，这些被骗的承包单位没有一个去认真查一下骗子们的证件和文件的真假，以至于一共被骗保证金、保值金达 500 万元。

3. 预付少量的货、款，香饵钓鱼

还有一些精明的不法分子，事先支付一定数目的现金、

或发出一定数量的产品为香饵，引诱对方，从而骗得对方的信任。可是一旦合同签订好，钱财或货物到了手，便逃之夭夭、踪迹难觅，或者你找到他了，也要不回钱来。

上海通裕工贸公司与上海某实业总公司签订价值300万元的坯布购销合同，先付30%的货款，余下的70%的货款，等到货到后立即付清。这家实业总公司并未摸清通裕工贸公司的真实情况，便信以为真，按约全部发货。可货发出后便音讯全无，到了这时，该总公司的领导才发觉不妙，派人上门催讨，这才发现通裕公司是家濒临倒闭的企业，想要收回70%的余款等于"水中捞月"，这样该实业总公司上当受骗白白损失了210万元。

4. 用含糊的质量标准克扣定金

另有一些不法分子，利用一些企业急于承揽加工业务的心理，虚构一些质量标准含糊不清的标的，等到定金骗到手后，利用虚构标的中含糊的质量标准，百般刁难对方，为没收对方定金制造借口。

上海南市区一家经济发展公司就利用这种手法，与外地十多家企业签订加工承揽合同，要求对方制作包装箱、手提袋、西裤等"新产品"，合同金额从几十万元到上百万元不等，每笔业务规定倒过来预交30%的定金。当十多家企业纷纷送上加工产品让他们验收时，这家经济发展公司均以质量不合格为由，指责对方违约，没收定金。这十多家外地企业本来就不景气，再遭如此打击，犹如"雪上加霜"。其实这家经济发展公司从未开发过什么"新产品"，所谓的合同标的纯属子虚乌有，至于合同中含糊不清的质量标准，纯粹是一把宰人的刀子。

（二）商务谈判合同中的各种纠纷

1. 商务谈判合同中的法律纠纷

前面第一部分介绍的种种问题纯粹是骗局，此外，商务谈判的合同中还有许多纠纷、许多问题。其中首先是法律问题。因为商务谈判的最终结果是落实在合同上，而商务合同本身具有法律性质。具体来说有两条：

① 商务合同是一种法律行为，它建立的是商务谈判双方（或多方）之间的法律关系，商务合同一旦签订，就规定了商务谈判双方（或多方）各自的权利和义务，并且这些权利和义务都受到法律的保护，任何一方不履行义务都要承担法律责任。

② 同时，商务合同必须符合国家的法律和政策的规定，这就是说，双方（或多方）的权利和义务必须是依法可行的，凡违反国家法律和政策规定的合同，都是无效的合同。

（1）涉外合同必须合法

在深化改革开放的今天，涉外的独资和合资的经济活动越来越多，涉外商务谈判的结果——涉外合同也越来越多。涉外合同尤其要注意不能和国家的法律条文、政策规定相抵触。

例如，上海某企业在和美国一家公司商务谈判合资在浦东办一个公司，最后在讨论合同的文本时，美方提出在合同中写上："美方可以将产权出售、转让给他人，不需经中方事先同意。”这一过分的要求竟然被中方主谈点头同意了，幸好在正式签字前，被中方企业的法律顾问发现了，他及时向中方主谈指出，美方的要求不符合我国的《中外合资经营企业法》第四条第四款的规定，该条款明确指出：“合营的注册资本，如果转让，必须经合营各方同意。”

在最后签字前，由法律顾问以此来说服美方谈判代表，在法律文本面前，美方商务谈判代表不得不同意删除这一条，从而维护了中方的利益。

(2) 内贸合同必须合法

不仅涉外合同要符合国家的法律和政策的规定，内贸合同也必须做到这一点。

例如，中原某县一公司的下属商店，临时委托阮某某前往西南某地采购食糖和黑木耳。阮某某到了该地以后发现当地出产的芒果干比较便宜，于是就自作主张，擅自与当地某贸易公司签订了购买十吨的购货合同。又在合同未经双方上级同意签字、盖章生效前，阮某某就擅自验收货物，并催运了芒果干五吨。而当地的那家贸易公司光顾着高兴，也就糊里糊涂地发运了五吨芒果干给中原的这家商店。

这家商店开始莫明其妙，后来才知道是怎么回事。由于此事是阮某某违背委托、超越代理权限而擅自签订的，所以不承认这桩买卖，拒付货款。西南某地的那家贸易公司只好诉诸法庭。

在法庭的调解中，被告一方的律师指出，《经济合同法》第十条规定：“代订经济合同，必须事先取得委托单位的委托证明，并根据授权范围以委托单位的名义签订，才对委托单位直接产生权利和义务。”现在法庭调查确认，阮某某没有委托单位购买芒果干的委托证明代签合同，所以，此合同不对委托单位产生权利和义务。最后调解下来，中原某地的这家商店把五吨芒果干退还西南某地的那家贸易公司，而由有责任的阮某某负责赔偿一切经济损失。

不难发现，之所以造成上例的法律纠纷，不仅阮某某缺乏这方面的法律知识，就是西南某地的那家贸易公司的领导也有法盲之嫌。

其实，由于商品经济的大潮来势凶猛，而人们的法律意识一时还跟不上，所以诸如此类的法律纠纷也就格外的多。

再如，《文摘周报》曾经刊登了题为《×××的新追求》一文，披露了这么一件法律纠纷：中国轻音乐团与某地一个剧院经商务谈判签订了一个演出合同，合同规定，剧院有3 000个座位，并以此为据规定了双方经济利益的分成。

可是在演出中，中国轻音乐团发现这个剧院有6 000个座位，所以要求与该剧院重新商务谈判利益分成的问题。中国轻音乐团的法律顾问亲自南下，剧院也聘请了当地的律师，双方对簿公堂。

中国轻音乐团的法律顾问明确指出，根据《经济合同法》第七条第二款的规定：经济合同必须是双方一致意见的表示才能成立。凡是采取制造假象、隐瞒事实真相的手段都是违背平等互利、协商一致、等价有偿的原则的，应视为无效。你们剧院明明有6 000个座位，而你们只说有3 000个座位，并以此确定经济利益的分成，这不是制造假相、隐瞒事实真相又是什么？

该剧院在法律和事实面前不得不低头认错。在当地法院的参与下，进行了调解，剧院弥补了中国轻音乐团队的经济损失。

2. 商务谈判合同中的技术纠纷

在商务谈判中，有时要涉及许多的技术问题，要用许多技术用语来表达。合同中的技术用语必须是准确的、科学的、没有歧义的，特别是两个企业、两个地区，甚至两个国家之间，对于技术用语有必要解释清楚，甚至用几种语言来加以表述，以防由于语言上的差异会造成技术用语的不同，或者对同一个技术用语的理解不同，从而避免造成重大的经济纠纷，避免给单位、给国家造成重大的经济损失。

例如，南方某机床厂与美国某公司签订了出口机床的合同。其中关于机床噪音的标准问题，进行了几次讨论。外商一再坚持要写上以“悦耳”为标准，中方商务谈判代表认为这种提法不科学，所以开始并不同意。而该机床厂的领导急于达成协议，认为外商的这一要求无关商务谈判的大局，指示商务谈判人员答应外商的要求。合同签字以后，正逢国际机床市场处于低谷，机床滞销。外商以该机床厂的产品不符合合同规定的“悦耳”的标准、噪音过大为理由退货。

众所周知，“悦耳”这个概念是非常模糊的，不是一个标准的、精确的质量概念，即便是一首世界名曲，也会有人认为不“悦耳”，更何况是机床的噪音呢，所以外商随意解释“悦耳”的含义，并以此为退货的依据，南方某机床厂的领导只能自吞苦果了。

不仅外贸中要注意技术用语的问题，在内贸中也常有类似问题发生。例如，上海某批发公司与郊区某乡办服装厂经商务谈判签订了一份合同，合同规定乡办厂在 1980 年底以前为批发公司生产上海式的泡沫夹克衫 3 500 件,其中男式 1 800 件,每件 28 元;女式 1 700 件,每件 27 元,总值为 87 900 元。

1980 年 1 月中旬到货 2 690 件,批发公司抽验发现,款式不符合他们的要求,而且泡沫光泽不明、加工质量差。为此,批发公司拒付其中的九百件货款 25 200 元,于是双方为这批夹克衫的质量争执不下。乡办厂咬定是严格执行合同的规定生产"上海泡沫夹克衫"的,而"上海泡沫夹克衫"是一个模糊不清的概念,批发公司无法要乡办厂承担违约的责任,结果在有关部门的调解下,批发公司承担主要的损失,承担 70%;乡办厂由于加工质量太差,也承担 30%。其实,不仅是这种模糊的概念容易引起歧义,就是那些看似明确无误的概念,由于地区的差别、语言的差别,也可能造成误解,从而造成重大的经济纠纷。

再如,前几年湖北沔阳县长当口鄂区多种经营办公室根据县委提出的发展多种经营方针,派了一名工作人员,到福建省同某公司签订了价值 27 万元的定购"黄花苗"的合同。可是由于这位工作人员的粗心大意,黄花苗运回后,种了一千亩,但长出来的却是一种不能食用、开红花、与本地黄花苗截然不同的所谓"黄花菜"。当时货款已经付出 24 万元,还剩下 3 万元只好拒付。

对方提出申述,有关部门处理了这件经济纠纷。了解到这种开红花的植物,在福建当地叫"黄花",是一种供观赏的花。福建的公司发来的货同合同标的的物品名称是一致的,都是黄花苗。所以,责任应在湖北多种经营办公室,而不在福建的公司。由湖北的多种经营办公室负全部责任,继续付剩下的 3 万元。

3. 商务谈判合同中的文字纠纷

商务合同是涉及双方(或多方)的契约,它记录了签约双方(或多方)的权利、义务及所承担的责任。所以合同中的每个词语都要准确、科学、规范。千万不能含糊不清、模棱两可,否则也会造成许多经济纠纷。

(1) 时间概念不清造成的纠纷

合同的标的中常常涉及许多时间概念,每个时间概念都必须准确无误,没有歧义。而恰恰在这种似乎无关大局的"小"问题上,常常惹出许多麻烦来。

例如,外地某染化厂与某化工厂签订了一份供应合同,标的是一种体积大、重量轻、呈海绵状的化工原料。这种原料染化厂每月需要一吨,所以染化厂的商务谈判人员就在交货期一栏里,写上了"整个年度 12 吨"。

合同签订后不久,化工厂就把 12 吨原料统统运来了,弄得染化厂走投无路,因为染化厂的仓库最多只能放一吨这种原料。于是,染化厂拒收货物,理由是:不是要对方一下子送 12 吨,而是每月一吨。但化工厂说,他们是按合同办事:"整个年度 12 吨",合同上并无每月送一吨的条款。双方争执不下,诉诸法院。经法院审理,认为合同是有效的,染化厂不能拒收。显而易见,造成这起经济纠纷的关键就是因为合同上的"小"时间没有准确、无误地表达清楚。

再如,在一起经济纠纷案中,买方与卖方经商务谈判签订了一份合同。合同规定:"一个月交货。卖方交货后,买方在一个月内将货款汇给卖方。逾期交货或逾期汇款者,由违约方赔偿对方经济损失。”

但由于卖方用的是“慢件”形式托运，买方两个月后才收到货物，结果影响了买方的利益。买方不仅拒付货款，而且要求卖方赔偿经济损失，理由是：合同上写明“一个月交货”，而买方两个月后才收到货物，所以是卖方逾期违约。而卖方并不买账，以合同为据进行反驳，理由是合同签订后三天卖方就将货托运出去了，履行了“一个月交货”的规定，而且反过来要求买方赔偿损失，理由是买方“逾期汇款”。这场公说公有理、婆说婆有理的纠纷的症结就在于“小小”的时间概念没写清楚。

(2) 地点概念不清造成的纠纷

合同标的中的地点不清也容易造成纠纷。合同中的地点有：交货的地点、验收的地点、缴款的地点等等。

首先，这三个地点可能是同一个地点，也可能是两个不同的地点，甚至可能是三个不同的地点，这就有必要一一写清，并注明不同的地点的不同作用，决不能含糊地搅在一起，如上海话形容的“捣糨糊”一般。

其次，“地点”的表述要准确、精细，如“上海交货”的表述就太宽泛；“上海火车站交货”范围就小了一点、具体了一点，但还是太宽泛，上海有好几个火车站，请问是哪一个呢？如果具体到“上海西站交货”就比较准确无误了。

另外，有的商务谈判人员用“交割地点”、“履行地点”等不规范的词语，容易造成人为的混乱。因为“交割地点”也好、“履行地点”也好，往往既可理解为“交货地点”，也可理解是“验收地点”，或者是“缴款地点”，也可以包括上述三个地点中的任意两个，甚至三个全包括在内，这样就有七种情况出现，不混乱才有鬼呢！

(3) 数量概念不清造成的纠纷

合同中的“数量”单位包括“数”和“量”两个方面。不仅“数”要准确无误,而且“量”要用国家规定的计量单位,即精确的计量单位和科学的计算方法。在由于合同引起的经济纠纷中,就有因为数量概念不清而造成的。

例如,广东省某单位与港商签订了一份买卖矿渣的合同,其中有关数量的概念是这样表述的:“港方每天拉一车,每天拉一次,共拉十天。”开始港方是用翻斗车拉矿渣(约一吨),第二天改用小卡车(约两吨)拉,第三天改用大卡车(五吨以上)拉,与第一天的运输量相比,增加到五倍以上。这个单位的人受不了了,去找港方交涉,可港商拿出合同,说上面明明白白写着:“每天拉一车”,我们是严格执行合同的规定,每天仅仅拉一车的呀!

这个单位的人哑口无言,说不出话来。结果仅仅因为“一车”的数量单位不清楚、不明确、不科学,该单位白白损失了 90 万元。

第八章　涉外商务谈判

一、涉外交谈中的语言沟通

（一）涉外交谈中的礼仪语

礼仪也是一种文化价值层面，这一层面以高度仪式化的行为和全无定式的行为为两极而界定。在跨文化交谈中，一言一行、一举一动的礼仪语，都反映其民族文化的习惯。注意这些极常见极细微的事情，将会使交谈更成功。

1. 见面语

见面语是熟人在路上相遇打个招呼，寒暄应酬。这是一种全人类性的礼貌习俗，但招呼的方式不同。中国人一般用这样的方式：

"你去哪儿?"——"我出去一趟。"
"怎么才回来?"——"车子太挤了。"
"买什么去啊?"——"随便看看。"

"饭烧好了吗?"——"正在烧呢!"
"冲凉了吗?"(在广州一带)——"还没有呢!"

以上问者并非真想知道什么,不过是一句脱口而出的招呼语。答者也是含糊的,即使对方不回答,而扯一句别的话,问者也不在乎。这一问一答的意思实际上跟"你好"是差不多的。如果遇上欧美人,也按照中国人习惯打招呼:

"Have you eaten?"(吃饭了吗?)
"Where are you going?"(你上哪儿去?)

对方将非常生气,他们认为这种问法纯粹是干涉别人的私事。对欧美人,你如果问他"饭吃了吗?"他回答:"没有。"你就应该请他吃饭,否则就会导致语言行为失礼,外国友人会想:你既然不存心请我吃饭,又有什么必要问我吃饭没有呢?这不是虚伪吗?一位应邀在我国大学里讲学的外籍专家,不满地对身边中方接待人员说:"你们一些人,总要干涉我个人行动,实在不能理解!"原来他把中国学生和他在校园路遇时的问候语"您上哪儿去,休假了吗?"当成实务性的问话了,于是产生了中国学生喜欢干涉老师个人行动的误会。反把学生的礼貌行为误会为失礼的行为,这种误会在大学里经常发生。西方文化中,一般的招呼语是:"How do you do!"当今美国口语中,"How are you doing?"(你好!)作为寒暄招呼用语十分普遍。这正如"How are you?"并非具体问身体究竟如何一样,它就等于简洁的"Hi"。有时也有意无意地谈论一下天气。除了用口语表达外,点一点头、笑一笑或者做一个打招呼的手势,也许更得体。

在泰国，人们见面，总是亲切地相互问候“撒瓦迪!”(泰语“您好”)。问候时，双手合十于胸前，低头相敬。这种合掌礼在一般情况下可分为三种：小辈见长辈时双手高高举起，举到前额为限；平辈相见时双手略为举起，举到鼻子高度；长辈对小辈还礼时，只需要举到胸部的高度。当然，不管在何时何地，遇有他人向你合十致意时，你都应当合十回礼。否则，是失礼的。

在日本人之间，平常相互见面最普通的招呼语是“您早”、“您好”、“请多关照”、“再见”、“拜托了”、“失陪了”等。

在非洲，人们热情好客，见面礼节颇多。两人初次见面，凡是当时能够想到的，几乎都要问一遍。在毛里塔尼亚，见面不仅问人好，还要问对方的牛羊和骆驼好不好。因为这是一个牧业国家，牲畜的兴旺同人的健康有同等重要的意义。

称呼语的使用受文化背景的制约是十分明显的。各民族在长期的社会发展中，形成了各自的称呼习惯，能使交际对象产生良好的心理效应。如英美人习惯称已婚妇女为“夫人”，未婚女子为“小姐”，在比较严肃的场合，一般统称为“女士”。如果错称已婚者为“小姐”，一般会被谅解；因为，西方女性认为这是一个“令人愉快的错误”。但是，在日本，对妇女一般不称“女士”、“小姐”，而称“先生”，如“中岛京子先生”。在男士之间，一般称为某某(姓氏)先生，对有学位、官职、军衔的，则在先生之前冠以职衔，如“博士先生”、“部长先生”、“上校先生”，对于大使和政府部长以上负责官员，在官衔之后往往会加上“阁下”两字，否则会被认为失敬于对方。又如，“爱人”一词，在我国一般专门指称配偶。然而，在海外则理解为“情人”，所以，不能随便使用这一称谓。

此外，在和女外宾打交道时，要特别注意西方国家事事均以“女士优先”的礼仪习惯。妇女走进会见场所时，男人要起立；拜访时，先向女主人致礼；告别时，先向女主人道谢。男女共餐时，应以女主人为主座论次；上菜敬酒时，应以先女后男为序。进门、登车时，男人通常要为女士开门。上楼、下电梯、进入会议厅要让女士走在前面。离开某场所时，男人要帮妇女穿上大衣。尤其是在上层社交场合，更要注意“女士优先”的礼仪。

2. 发问语

在中国，一般熟人之间发问很随便。比如，工资在中国差不多是公开的，同事或朋友挣多少钱一月，无需保密，即使问一下“你现在工资多少?”谁也不会见怪。但在欧美，这样发问令人反感。他们觉得挣多少钱是他们的私事，对别人的私事是不应该乱打听的。又如，日本人对朋友买的东西，一般不问“这个多少钱?”因为这是失礼的。如果他告诉了你价钱，你马上说：“真便宜!”也是失礼的，因为日本人听了这句话，会觉得你把他的社会地位和经济力量看低了，他只会少花钱买廉价货。而中国人一般听了“真便宜”这句话，会觉得你在表扬他很精明，会买东西。如果听到朋友说“太贵了!”反而会觉得自己太傻了，不会买东西，上当了。

3. 受礼语

中国人受礼往往表现出不好意思，说些“不敢当”、“太客气"之类的套话，并再三推却。等送礼人走后，才将礼物看个仔细。如果当着送礼人的面就拆开来细看，或表现出欣喜的神色，会被视为贪心。而欧美人于受礼时若不是对礼物当即表示赞赏及表示感谢的话，送礼者就认为这份礼物不受欢迎，或者对方不接受自己的情谊。所以，不管受礼者是否真正喜欢别人送的礼物，一般都要边看礼物边说些"这正是我所需要的"、"太好了，我很喜欢它"等有礼貌的话。

4. 宴请语

按照中国的文化习惯，主人宴请客人时，总会客气地说："今天请各位吃便饭，没有什么菜，大家随意吃，随意吃！"这话，若对西方客人说，人家会觉得奇怪：既然没有什么菜，何必要请呢？甚至会怀疑主人故意怠慢。事实上却是满满一桌的美味佳肴、名酒，当他们一饱口福之余，心里还会纳闷：明明有这么多好菜名酒，却偏说"没有什么菜"、"随意吃"，这在他们看来是不实事求是的。

敬茶、敬酒和敬烟，中国文化与其他文化也有不同之处：

主人问："喝不喝茶？"
客人道："不用了，不用了，马上走。"
主人说："请吃糖。"
客人答："不吃，不吃，不用客气。"

当真是不喝不吃？往往不是，而是客套，是为了不要给主人添麻烦的表示。而主人呢？为了当个好的主人，往往不管你喝不喝茶，都请你喝；不管你爱吃不爱吃糖，都请你吃。在这样的民族心理和文化习俗的基础上，敬酒也是如此，尽管客人一再谢绝，不能再斟了，可好客的主人还是一个劲地说："斟满！斟满！"这跟欧美人的习惯完全相反。在西方，当有人请你赴宴时，主人一开始就会当众介绍："这是本市最好的酒家做的最有名的饭菜。"在家里待客，就会说："这是我太太（或厨师）最拿手的菜肴。"意在表达对客人的敬重和诚意的款待，和中国的宴请语正好相反。所以，一般欧美人说不喝不吃是真的，不是客套。如果说，他不想喝啤酒想喝咖啡，会对主人直说："给我一杯咖啡好吗？"同样，主人有时会主动向你征询："喝点什么饮料？"也不会有上述的劝酒劝茶的殷勤习惯。

以茶敬客，是中国人千百年来的传统习惯。一般以热茶、满茶敬客，而且给客人倒得越多越好。但日本人却喜欢喝温茶，一般以只倒八分满为最恭敬。日本人不用烟待客，即使自己吸烟时，也是只自己吸，不敬对方。而且，在吸烟时应先征得主人同意："我可以抽一支烟吗？"以示尊重。这使刚到日本的、会吸烟的中国人很不自在。而中国人看到对方会吸烟，即使自己不吸烟，一般也会拿出好烟招待，而且会一支接一支地递过去。

送客时，在中国，主人总爱说"怠慢，怠慢"（意思：没有什么招待，对不起了）之类的话，即使自己对客人招待得已很周到也会这么说。欧美人在这种场合，却习惯说："但愿你在我这里过得很愉快。"言下之意："我已尽力招待你了。"

称赞（感谢）与反应的语言表达，受文化的影响很大。例如，在中国的香港和澳门，以及新加坡等地，同桌就餐或饮茶时，无论是谁给对方斟酒倒茶时，对方都会把手指弯曲，以几个指尖在桌面上轻轻地叩打，以示感谢。据说，叩指礼是从华人叩头礼演化而来的，这一宴请礼仪形式，近年来在我国大城市的宴席上已流传开来。按照中国人的心理与习俗，在亲朋好友、家庭成员之间得到了帮助，一般很少说“谢谢”，说了反而有“见外了”之谦。而“Thank you”对英美人来说，几乎是常挂嘴边。当客人们称赞你感谢你的时候，只需用“Thank you”作答，而且简单得体。

5. 禁忌语

在各种文化中，都存在着一些禁忌语，虽无明文规定，但却已约定俗成。如在中国，除了对“死”一词的禁忌以外，亲朋相聚，吃水果时，可以说“吃梨”，但不可说“分梨”，也不可将梨切开，因为“分梨”的谐音是“分离”。向外国朋友用英文介绍中国菜时，也要注意忌讳。如作为菜肴的“鸡”，一般都说“chicken”，而不怎么说“hen(母鸡)”，更不说“cock(公鸡)”，因为“cock”在英语俗语中就是上海方言中“鸡巴”的意思，是不上台面的，所以必须忌讳。又如“海参”，英语至少有以下三种说法：

① trepang
② sea cucumber
③ sea slug

对第①种说法的释义，英美人不大用；第③种说法，他们听了会感到“恶心”；所以，一般采用第②种解释，即海黄瓜。

这样，就不至于影响他们的食欲。还有一种禁忌的原因是风俗。比如在中东国家，或对中东外宾，你不能用左手向他传递东西，更不能伸左手和他握手，因为中东人认为左手是用来洗澡、如厕的，左手是不干净的手，这就是风俗所致。

（二）涉外交谈中数词的运用

在涉外交谈中，要注意三种类型的数词运用：13、4 和 9、偶数。

1. 13

13，欧美文化认为它不吉利，对这个数词噤若寒蝉，他们尽量避免与 13 打交道。在荷兰，人们用“12 号 A”代替第 13 号房间或第 13 栋楼房；在英国的剧院里，找不到第 13 排和第 13 号座位；在法国巴黎的剧院，采用一种变通办法——在 12 与 14 之间开一条过道；美国一些影院虽有第 13 号座位，但票价减半仍无人光顾，等等。这些国家的人，忌讳 13 个人外出旅行，更忌讳 13 个人共进晚餐。因此，为了尊重这些风俗习惯，22 层楼高的上海大厦取消了 13 层楼的名称。同样，在上海的国际饭店、锦江饭店也找不到“13 层”的标记。一般都采用 12 跳到 14 的办法。

欧美人忌讳 13 的原因有两个：一是北欧神话中有这样的传说，有一次，天国为了追悼阵亡将士的英灵而举行宴会，出席者共 12 人，突然间凶神罗基也闯进来，他是第 13 者。事后在座的最高之神奥丁之子——光神鲍尔德因此遭到不幸，众天将也处处失利。二是与基督教创始人基督的最后的晚餐有关。那次晚餐桌上，由于犹大（第13者）的出卖，耶稣被捕，而后并被钉死在十字架上。与此类似的是，有的西方人也忌3。特别是点烟时，当给第3人点烟时，他们往往会面呈难色，有的人甚至礼貌地拒绝。其历史渊源出在1899年的一次欧战中：晚上，许多士兵往往因为点火抽烟而暴露目标，而被对方击毙的多为点第3根烟的人。因此，认为给朋友点第3根烟是不吉利的，在西方已形成一种忌讳习俗，当遇上这一情况时，在点了第2根烟后，要不嫌麻烦，把火熄灭之后，重新给第3个宾客点上。

2. 4和9

日本人忌讳4和9，原因是日语发音中的“4”的发音同“死”相似，而“9”的发音与“苦”相近。日本人在日常生活中，特别是请客送礼时，都喜欢送3、5、7等奇数的礼物。难怪曾有一位高尔夫球生产商把4个球包装在一起对日本出口，结果遭致失败。

3. 偶数

与日本相反，中国人喜好偶数，喜欢成双成对。如“四大名旦”、“六喜丸子”、“八宝粥”、“什锦菜”、“十二生肖”等不胜枚举。以北京城门为例：“天安门—地安门”；“天坛—地坛”；“东直门—西直门”等都是成对地出现。又如宴会的座位也都是4、6、8、10、12个人一桌。上菜也多为4、8、10个等，农村中则有“四碗八碟”的习惯。在中国文化中偶数给人以协调、庄重、平稳、安心的感觉。于是，在喜庆节日，互相赠送礼品都喜欢成双成对，认为偶数象征美满幸福，所以，我国民间热衷“六六大顺”，近年来更到处以“八八”象征兴旺大吉。就连中国的文学作品，凡是讴歌爱情的，多用双栖偶居动物作比，其中使用频率最高的，要数“鸳鸯”。“鸳鸯”古称“匹鸟”，雌雄偶居不离，交颈而眠。

（三）涉外交谈中的体语

1. 握手

握手，是一种见面时表示友好的动作语言。但如果不了解其文化的含义，将会产生不友好的结果。如在泰国，握手礼只在政府官员和学者、知识分子中流行，但男女之间是不许握手的。对于这一点，在伊斯兰教盛行的国家则更严格。在巴基斯坦、英国等地，如果初次遇上女士，经人介绍后，她不主动伸手与你相握，你不要主动先伸手。否则，就等于强迫对方与你握手，自然就有不恭之嫌了。有时，甚至会受到“抗议”。

在俄罗斯，表示友好、欢迎的礼节除握手之外，还有吻手。这在前苏联十月革命前较为盛行，目前只在盛大的节日或隆重的场合，偶尔使用，而人们之间最常用的礼节是拥抱。尽管西方人对较熟悉的客人、朋友报之以拥抱、亲吻，但是其中方式也有差别：辈分高的人对辈分低的人，只吻后者的额头；反之，则吻后者的下颌。而辈分相同的朋友、亲人之间，只是以脸颊相贴，用手互拍后背。唯有情人之间，才能以嘴部亲吻。故而，东方人对此，应当慎加区别，切忌越度。

日本是以鞠躬代替握手的。鞠躬时头越低,越是表示有礼貌。不但在和熟人打招呼或告别时要鞠躬,而且在向对方表示感谢、致歉和提出要求时也要鞠躬。《现代》周刊调查了日本成年人鞠躬的次数。例如,某一个大制造厂业务部门的雇员,在一天里鞠躬竟达 123 次,在东京一家寺院里的僧侣说,平均每天他要鞠躬 150 次。长途列车上的列车员,每检查一张车票就要鞠一次躬,可见其每天鞠躬次数是何其多。而一家百货公司开电梯的姑娘,每天竟要鞠躬 2 500 余次。《现代》周刊发现妇女比男子鞠躬的次数要多 35%,在路上和邻近的街道上,当熟识的人走到 20 米以内时,就开始鞠躬。他们还计算妇女鞠躬所占的时间是1.4 秒,比男子多 0.5 秒。

2. 手势

人们在交谈或讲话时,总离不开手势动作的配合,而同一个手势在不同的国家,所表示的语义并非是完全一致的;同一个意思,不同的文化又用不同的手势表示。如“手心朝下伸出向人招手”这一手势,在中国是表示“请人过来”的语义;而在英国是表示“再见”,他们要招呼人过来,是手心朝上的招手;而在日本,这一手势也许会遭人白眼,因为日本人是以此召唤狗的。中国竖起大拇指,指尖朝上,表示“好”与“妙”;西方人则把拇指朝下,表示“坏”与“差”。中国人用手指指自己鼻子,表示“我”;西方人大多数用手指指自己胸膛,才是表示“我”。又如,用手势来表示“自杀”的意思,在美国是用一只手指指着太阳穴;在日本是用手指向肚子;在新几内亚,则将手架在脖子上。

3. 身体接触

身体的哪些部位可以触及,哪些部位是触摸的禁忌区,各种文化都有一定的规定。如在泰国,人们在公开场合互不接触身体,特别是头部,头部是神圣的,触及这个地方就是一种罪过。对穆斯林来说,耸肩是兄弟般关系的一种表示。在美国,对未婚的异性朋友,轻轻拍肩表示嬉戏和友谊。紧握和擦碰含义,一般是模糊的。在东方文化中,一般对不大熟悉的人,特别是异性,是忌讳身体接触的,不然,给人一种轻佻和对人不尊的感觉。

4. 目光接触

在人际交往中,目光接触的含义很深刻。以美国为例,美国人大约用 30%～60%的时间跟别人以目传情。估计有 10%～30%的目光占有大约 1 秒钟的时间。有关研究揭示出美国人运用目光接触的特点。

(1) 我们更倾向于在听讲时,而不是在说话时,来注视我们的传通伙伴。作为说话者,我们搜索词句,经常地看着空间,仿佛词句镌刻在外部什么地方似的。

(2) 我们从某一传通对象的信息中得益愈多,我们对他或她的注目就愈久。

(3) 我们力图跟别人建立联系的目光接触的数量,部分地取决于我们对其地位的感知。研究者声称,当跟某些被认为是地位高的人们讲话的时候,我们力图运用中等的乃至强烈程度的目光接触。但是当我们与一个地位低的人谈话时，就很少努力去保持目光接触了。

（4）倘若有人盯视着我们一次长达十秒钟以上，我们就会感到十分不自在起来。“瞠目注视，以压倒对方的威风”是具有某些科学根据的。

（摘自萨姆瓦等著，陈南等译：《跨文化传通》，北京三联书店 1988 年版）

5. 微笑

微笑，在绝大多数文化中，都是友好、礼貌的表示。例如，拥有 100 亿美元的美国企业家萨姆·沃尔顿，每当他的一家新连锁店开张，他都要亲自率领全体员工举起右手宣读誓词：“我从今天起，只要顾客在我面前 10 米之内的地方出现，我都要迎着他的目光，朝他微笑，向他致敬。”但在日本，微笑并不一定表示愉快，也可以表示尴尬或哀戚，甚至用微笑来掩饰愤怒和厌恶。1941 年，日本特使与美国国务卿赫尔举行最后一次会议之后，面带微笑，告辞而去。参加会谈的美方人员看到日本特使的愉悦神情，都认为未来的美日关系将是令人满意的。可不多久，就爆发了日机突袭珍珠港事件。如果当时的美国官员对所谓的“Japanese Smile”（日本式的微笑）有深切的了解，或许珍珠港事件就不会发生。

6. 人际距离及空间位置

人际距离，就是体语中的界域语。人们在交谈中，相处距离的远近,常常是表示一定人际关系的一个因素。大多数国家都把邻近、接近看成是感情融洽的象征,如中国文化中的"促膝谈心",便是典型地体现了这种关系,但在保持距离的细节上,各种文化之间的差距是明显的。A·T·霍尔在《无声的语言》中,归纳了美国文化中各种交往类别的人际距离及说话方式等。见表 8-1。

表 8-1 美国文化中各种交往类别的人际距离

距　离	情景类型	音　量
很　近 (3～6 英寸)	意识到身体的介入,恋爱、安慰和守护	轻声的耳语
近 (8～12 英寸)	面部很容易看清楚。高度个人化的,极少用于公共场合	听得见的低语,非常体己的
接　近 (12～20 英寸)	能够把握住对方,发生许多二重社交	户内,轻声;户外,声音洪亮
中性的 (20～36 英寸)	跟别人保持一臂之远。社交会谈最为常见的距离	声音轻柔,低音量
中性的 (4.5～5 英尺)	大多数社交集会和事务交往	声音洪亮
公共距离 (5.5～8 英尺)	较正式的事务和社交谈话。办公室内摆放桌子隔开来访者	声音洪亮,过于响一点
室内另一边 (8～20 英尺)	教师或讲演者在公共集会上使用	对一群人大声讲话
远距离 (20 英尺以上)	知名人士作公开讲演	高呼的距离,公开讲话的方式

注:引自 A·T·霍尔:《无声的语言》(纽约:福赛特出版公司,1959)。
1 英寸≈2.5 cm　　1 英尺=0.304 8 m

空间位置，是指人际交往时人与人之间的位置排列，这在各种情境的交往中也是十分重要的。如在西方文化中，宴会上来宾的座次，按男女来宾的次序，一般有三种排列方法：

第一种方法：主宾席首先在其右，其次在其左，然后两边轮回。位最低的排在主人对面，但要避免正对。

14　13

6　4　2　主人　1　3　5

第二种方法：主人对面排主宾。第一座次在主人右侧，第二座次在主宾右侧，第三座次在主人左侧，第四座次在主宾左侧，依次向两侧发展。

2　主宾　4

3　主人　1

第三种方法：由男女主人主持的混合宴会。男主宾席在女主人的右侧和左侧，女主宾席在男主人的右侧和左侧，然后依时针方向朝外侧排列。男女客人按事先定好的礼宾顺序隔开。

3　(1)　主人　(2)　4

(4)　2　主妇　1　(3)

(　)指女宾

中国的宴会一般以圆桌见多，主要宾客坐在朝南的中央位置上，一般宾客分左右两边与主人交叉依次而坐。

随着现代交通工具的发达，如今轿车已普遍使用，在亚洲国家,轿车的后座被视作上座,一般陪同人员坐在司机位置的旁位上;可是在欧美国家则完全相反,主人请客人上轿车(特别是私人轿车),一般都是恭请客人坐在司机位置旁边的座位上,视此为上座,可以让客人居前更清晰地欣赏一路风光。因此,我们在迎送外宾上车时,要注意这一点,以免怠慢宾客。

二、涉外商务谈判

(一)影响谈判的文化特征

涉外商务谈判中一个重要特征就是文化差异。中西方文化,均各有自己的历史渊源,其深层结构更非是一条道上跑的车。两种文化的歧义,必然给各国人民的文化、政治、经济交流形成一定的障碍。文化差异不仅会影响到谈判双方对各种言行举止的运用和理解,而且会影响到谈判者的思考方式和各自的价值观念,并且会下意识地把这些观念带到谈判桌上来,以致使谈判复杂化。

如全世界的机械时间都是一样的,无论哪种文化,1小时=60分钟;1分钟=60秒。然而,每一种文化都有它自己的时制。如对"马上"的概念或对"以后"的理解等,可能都不尽相同。而时间观念,对谈判的双方又是何等的重要。又如,日本商人和美国商人在"不"字的用法上碰到了纠缠不清的麻烦。日本商人感到,要是以断然否定回答,会让美国商人丢面子,而美国商人却不领会这一点。只要他认为还没有得到拒绝,就会继续他的谈话。诚然,成功的谈判要求始终保持畅通无阻的信息交流，但文化差异又往往导致信息交流的受阻。各国的国情风俗与价值观皆不相同，不可不察。比如，印度商人喜欢杀价；中东商人精打细算，既不让你多赚，但太少了也不敢；越南商人反复无常；日本商人耐心惊人等等。因此，对涉外商务谈判，首先必须深入研究对方的文化特征，这样，才能提高谈判的效率，减少谈判中的失误。

美国学者曾在《心理学家谈管理》一书中，将影响谈判的重要文化特征加以归纳，见表 8-2：

表 8-2 影响谈判的文化特征表

社会系统	价值系统	政治经济系统	学习系统
1. 地位和作用	1. 法律	1. 政府的职能	1. 教育
2. 身份	2. 宗教	2. 政府的态度	2. 语言
3. 家庭	3. 礼仪	3. 政府的作用	3. 思想
	4. 伦理	4. 经济形势	4. 决策
	5. 时间与空间		5. 谈判

（二）关于美国文化的谈判方式及其对策

美国文化的谈判方式，可归纳为以下几个方面：

① 言谈真挚，情绪热烈。时间观念特强，办事比较干脆利落，喜欢很快地进入谈判主题。谈锋甚健而富于幽默感。他们总是十分自信地步入谈判大厅，不断地发表见解，并把实际得到的物质利益作为获胜的标志。

② 美国人由于其经济实力及自认为对谈判技巧研究的谙练，谈判气势咄咄逼人。业务上兢兢业业，颇有讨价还价的能力。在磋商阶段，能主动迅速地将谈判引向实质性问题。精于使用策略去谋得利益，同时，也赞赏对方亦具有这种才能。“棋逢对手”时，他们认为找到了知音，反而易于使谈判成功。

③ 美国人谈判分工具体，职责明确，一旦条件成熟，随即迅速拍板。但往往耐心不足、耐力不够。当然，其无论作为卖方，还是买方，均对一揽子交易感兴趣。

④ 美国人法律观念很强，因而重视律师在谈判中的作用，并注重担保等法律形式。

与美国人谈判的对策：

① 应善于运用东方外柔内刚的优势，以柔克刚的谋略，从气势上压倒对方的逼人气焰，不要轻易让步。

② 要适当加快谈判节奏，谈判时间不宜过长。只要条件合适，即可拍板成交。

③ 不能提出似是而非的建议，不能让对方产生任何歧义。不要轻易作出承诺，一旦作出承诺就要信守承诺。

（三）关于日本文化的谈判方式及其对策

日本文化的谈判方式，可归纳如下：

① 日本人在商务谈判中很注重建立和谐的人际关系，他们不习惯也不赞成直接的、纯粹的商务活动，讲究先谈友谊后谈生意，这正和美国人相反。因此，与其交往，如果开门见山直接进入商务谈判，反而是欲速则不达。

② 日本人等级观念强，礼貌，在彬彬有礼的后面是极

顽强的讨价还价，而且还非常有耐心。

③ 日本人喜欢用“言外之意”的沟通方式来交谈。即使不同意对方的意见，也很少直接予以拒绝或反驳，而是通过迂回曲折的方式来陈述自己的观点，或支支吾吾，或打哈哈以示为难。

④ 同日本人谈判绝不能带律师，否则日本人会以为那是对自己不信任的非友好行为。

⑤ 在日本企业家中很多人对儒家文化很有研究，在谈判时，他们往往以此为话头，与你讨论。所以有人说，参加与日本人的经贸谈判等于参加一场文化交流活动。如果双方能对上话，日本人会肃然起敬；反之，日方会认为你“浅薄”而瞧不起你，其商务谈判则可能不会那么顺利。

与日本人谈判的对策：

① 切记要在谈判时首先创造相互信任的谈判气氛，明确地委托全权谈判代表。

② 不能光听日方谈判人员的表面语言，应随时注意其隐藏于内心深处的真实含义。

③ 谨记“沉默是金”的箴言，无心、不实之言一旦出口，日后被日方引用，常会引起很大的麻烦。

④ 每一次会议结束前，必须核对双方的备忘录，确实核准双方的共识和分歧。

⑤ 如果能够适应日本人在谈判中的日本式气氛，日本人一定会对你刮目相看。

（四）关于德国文化的谈判方式及其对策

德国文化的谈判方式，可归纳为以下几个方面：

① 德国人非常重视搜集资料，准备工作做得完美无缺，特别对交易的形式、谈判的议题规定得很详细。

② 德国人时间观念强，自信心强，果断，崇尚军旅作风，不拖泥带水。

③ 在谈判中讨价还价的余地很小，一旦达成协议，遵守承诺，信守合同，处事谨慎而诚实，而且注重发展长久关系。

④ 德国人性格倔强，自负，缺乏灵活性和妥协性。不太热衷于采取让步方式。

与德国人谈判的对策：

① 同德国人谈判必须有充分的准备，以备回答其有关公司及其他方面的询问。

② 务必遵守时间规定，绝不能迟到和误时。

③ 对于与有“契约之民”雅称的德国人做生意，必须严格尊重契约，遵守严格的交货、付款时间，甚至严格的索赔条款。

（五）关于英国文化的谈判方式及其对策

英国文化的谈判方式，可归纳为以下几个方面：

① 英国人特别讲究绅士风度，善于交往，讲究礼仪。对人比较友善，易于相处。英国人自己讲究绅士风度，对谈判对手修养与风度亦很看重。

② 英国的等级观念是非常严格而深厚的，也要求对方以对等的身份参加谈判。

③ 与德国人相比，英国人谈判比较灵活，对建设性意见反应积极。但有时给人以松松垮垮之感，事先准备不够

充分，而事后又往往会延迟交货或付款。

④ 与英国人谈判时，商务以外的谈话内容最好少谈，因为禁忌较多，有关英国的政治、社会制度等话题最好不要涉及。

与英国人谈判的对策：

① 和英国人谈判必须注重礼仪，显示自己的教养和风度。

② 英国人等级观念深厚，因此，在选择我方谈判人员时，除了在修养、风度几方面有所要求以外，在级别上要注意对等。

③ 在谈判时，不要期望英国人加班加点去完成谈判任务。

④ 在与其签订协议时，千万不要忘记同时订立严格的索赔条款，一是为了可靠，二是说不定你会得到一笔不小的赔偿金。

（六）关于法国文化的谈判方式及其对策

法国文化的谈判方式，可以归纳为以下几个方面：

① 法国人民族自豪感很强，在谈判时坚持使用母语——法语。法国人认为法语是世界上最高贵的语言

② 法国人天性开朗，非常珍惜在谈判中的人际关系，在没有互相成为朋友之前，一般不会与你做大笔生意。在谈判时，只顾谈生意而不顾友情的，则会认为“此人太枯燥乏味”，无人情味。

③ 与英国人相反，法国人喜欢在谈判时，与你谈谈政治、文化和艺术，但在宴请招待时忌谈生意。

④ 法国人时间观念不强，身份越高，越来得迟，以显示其高贵。

⑤ 法国人具有戴高乐的依靠坚定的“不”字以谋取利益的高超本领，且爱吹毛求疵，为争得更大利益常在执行中变更某些条款。

与法国人谈判的对策：

① 和法国人谈判，自然是先与其交朋友，并适当地和他们谈谈文化、艺术和哲学，但不要陷入其无休止的哲学争论中去。

② 不要期望法国人宴请或招待你的过程是交易的延伸，更不要将自己的某种企图带入到宴请中。当他们发现你抱有这种企图，会立即予以拒绝。

③ 在谈判时，必须强调你的建议对对方有利，让他感觉到你是一个很为他着想的人。

④ 要有足够的耐力和毅力，无论是对付其无休止的争论，还是对付其政府部门繁琐的手续，意外的拖延和不现实的要求都是如此。

⑤ 在公众场合上，不要因为法国人的迟到而发火，那是他们的习惯。

⑥ 法国人相当注重衣着，法国的时装是领导着世界潮流的。因此，谈判人员必须非常注意自己的服饰。这样他会更尊重你。

（七）关于北欧文化的谈判方式及其对策

北欧是指欧洲北部的挪威、丹麦和瑞典、芬兰等国。

北欧文化的谈判方式，可以归纳为以下几个方面：

① 北欧人非常讲文明礼貌，而且是真诚的，不像日本人将礼貌作为进攻的手段，亦不喜欢进行长久的讨价还价，更不喜欢激烈的争论。

② 北欧人办事计划性强，十分务实，按部就班，处理事情速度较慢，谈判节奏较为舒缓。但他们善于发现和把握达成协议的最佳时机，并能及时作出成交的决定。

③ 谈判沉着冷静，从容不迫，谈吐坦率，乐意帮助谈判对手。

④ 北欧人过于保守，倾向于把精力用在保护他们拥有的东西，而不愿致力于新的开拓。体现在商务谈判中，便是更多地将注意力置于怎样做出让步才能保住正在谈判中的合同，而不是着手准备另一个可能是保证其更大利益的方案。

与北欧人谈判的对策：

① 与北欧人谈判要对其持宽容的态度，一般只要不造成严重的损失，就不要太计较。如你发出的信息可能得不到及时的答复；合同规定的期限已至，他们才匆匆来尽自己的义务等。

② 力戒铺张。北欧人比较朴素、实在。他们招待你很简单，作为客方应表示理解；作为东道主，也不必太破费，否则，效果却适得其反。

③ 与北欧人谈判，要坦诚相待，灵活和积极的态度是较为合适的对策。

思考与讨论

一、练　习　题

1. 你手头有一批货物可供外销。你认为若能卖到 10 万美元,则感到十分满足。某外商提议以 20 万美元的现汇购买这批货物,此时,你最明智的做法是什么?

(1) 毫不犹豫地接受该客商的提议;

(2) 告诉他两天后再作答复;

(3) 象征性地跟他讨价还价。

2. 你企图说服某人做某事时,应首先采取什么步骤?

(1) 向他宣传这样做的好处;

(2) 回答他提出的异议;

(3) 抓紧时机迅速与之成交;

(4) 确定存在哪些问题。

3. 某外商所提供的货品中有一部分含有瑕疵。你曾数次要求他提出解决办法,但他却置之不理,此时你该怎么办?

(1) 对整批货的货款进行止付;

(2) 对含瑕疵的那一部分货品的货款止付;

(3) 向外商提出妥协条件。

4. 你有一条小艇使用 1975 年出品的墨丘利汽油机。该机的现零售价是 700 美元。你每年要将该机送去维修两次,每次费用 150 美元。尽管使用安全可靠,但由于愈来愈旧,你希望买一台雅马哈来代替它。当时雅马哈的零售标价是 1 720 美元。除了卖掉墨丘利所得的钱,你买新机器的净支出准备多少?(目前你还没有其他信息来源)

(1) 你如何接近你选定的雅马哈代理商?

a. 以交换的方式卖出墨丘利买进雅马哈;

b. 向他询问雅马哈的最低价格;

c. 告诉他你现在的问题并征求他的意见;

d. 不找他而先找其他代理商并请他们出价。

(2) 为了做成最好的交易,你应该:

a. 迅速地努力并达成协议;

b. 慢慢地努力并达成协议;

c. 认为此事无关紧要。

(3) 在拒绝你的建议时,你应该:

a. 坚持你的要求;

b. 把你的要求作少量变化;

c. 询问他的意见;

d. 降低你的要求。

5. 你是某种零件的供应商。某日下午你接到某买主的紧急电话,要你立即赶赴机场去跟他商谈有关向你大量采购事宜。他在电话中说,他有急事前往某地不能在此处停留。你认为这是你的一个难得的机会,因此在他登机前 15 分钟赶抵机场。他向你表示,假若你能以最低价格供应,他愿意同你签订一年的供需合约。在这种情况下你的

做法是:

(1) 提供最低的价格;

(2) 提供稍高于最低价的价格;

(3) 提供比最低价格高出许多倍的价格,以便为自己留有更大的谈判余地;

(4) 祝他旅途愉快,告诉他你将与他的部下联系并先商谈一下零件的价格,希望他回到此地后能与你联系。

6. 某单位采购人员正向你厂采购某种机床,这位采购人员表示希望买一台125 000元的车床,但他的预算只容许他购买价格不超过110 000元的车床,此时你怎么处理?

(1) 向他致歉,表示你无法将该车床的价格压低到他预算所允许的范围内;

(2) 运用工厂给你的权力,为他提供特优价;

(3) 请他考虑购买价格较低廉的其他型号车床。

7. 你是某饮料厂的销售科长,正与某客户磋商供应汽水事宜。该客户要求你厂的汽水每打必须削价1元,否则他就改买其他饮料厂不同品牌的汽水。该客户每年向你厂采购汽水8 000万打,面对他的要求,你的做法是:

(1) 礼貌地拒绝他;

(2) 接纳他的要求;

(3) 提出一个折中的解决办法;

(4) 表示你可以考虑。

8. 你正准备对有意向你购买客车渡轮的客商报价,你将采取的报价方式是:

(1) 在报价单上逐项列明船体、主机、客舱等等的详细价格;

(2) 在报价单上只粗略地将整船分为若干部分,并标出每一部分的价格；

(3) 只报以整船价格，避免分项标价。

9. 你是汽车制造厂厂长。某天你突然接到某外国进口商的电报，要你在一个月内提供1 000辆汽车，因为他经销的某种牌子的汽车制造厂倒闭以致无法交货。假定你一个月内能提供1 000辆汽车。面对这种情况，你将怎么办？

(1) 立即复电，表示欣然接纳他的订购；

(2) 立即复电，表示欣然接纳他的订购，但指明紧急装运的额外开支应由对方负担；

(3) 复电指出无法在这样短暂的时间内办妥报关与装运手续，向他致歉。

10. 你是一位汽车进口公司的业务员，正与某客商接洽明年的汽车进口事宜。对方提出明年每辆汽车要加价5 000元，但对方愿意与你各负担50%。此时，你的反应是：

(1) 提议对方负担60%，你自己负担40%；

(2) 拒绝接受加价；

(3) 接纳对方加价的意见；

(4) 提议对方负担75%，自己负担25%。

11. 你为处理某桩买卖的纠纷到达深圳，并通知香港客商到深圳面议。但后来你发现对方并非卖主本人，而是他的下属。在这种情况下，你该如何处理？

(1) 坚持要与卖主本人谈判；

(2) 问该人是否能够全权代理，而无需征求卖主本人的意见；

(3) 以“边谈边看”的方式与该代理人进行谈判。

12. 客户不接纳你所开出的价格，但他并不向你提出具体的建议，只是强调你出的价格太高。此时，你将

（1）拒绝“价格太高”的看法；

（2）要求他提出具体的建议或意见；

（3）问他何以反对你开出的价格；

（4）你自己提出解决问题的途径。

13. 你是汽车制造厂商。你最近与一客户经过了艰难的谈判，最后终于达成协议。但在签订协议书之前，该买家又提出了一个最后要求：汽车要漆成红白两色。这两种颜色正好是你心中准备将要使用的颜色，面对这种“额外”要求，你该怎么办？

（1）告诉他，如他要求这两种颜色，则他必须付额外费用；

（2）告诉他可以按他的要求办；

（3）问他这两种颜色对他有何重要性。

14. 卖方对某成套设备的最低可接纳水平定为200万元，但他开价260万元，这表示他在整个谈判过程（假定整个过程分成四个阶段）中，他最大的减价数额为60万元。下面是八种常见的让步方式，你认为哪一种较好？为什么？

减价数额（万元）/ 让步方式	第一阶段	第二阶段	第三阶段	第四阶段
1	0	0	0	60
2	15	15	15	15
3	8	13	17	22
4	22	17	13	8

（续　表）

让步方式 \ 减价数额（万元）	第一阶段	第二阶段	第三阶段	第四阶段
5	26	20	12	2
6	49	10	0	1
7	50	10	−1	1
8	60	0	0	0

15. 有一家客户对你的报价采取这样的反应：你所报的价格太高，在竞争极为激烈的今天，你应该降低你的价格。面对这种反应，你应该采取什么对策？

（1）为了得到订单，削价迁就他；

（2）问他“我的报价到底比别人高出多少？”

（3）提议他不如向其他的供应商采购；

（4）要求他把其他供应商的报价单拿出来看；

（5）问他到底希望你怎么做。

16. 你奉命前往各地拜访客户并争取订单。甲地的客户说“你们的报价太高”；乙地的客户说“你们的定价不切实际”；丙地的客户则告诉你“经销你们的产品赚头太少”，你碰了这些钉子以后怎么办？

（1）立即致电工厂，说明现行价格政策很可能有毛病，希望工厂领导马上考虑更动；

（2）按原计划继续拜访客户及争取订单；

（3）致电工厂要求削价。

17. 三个月前，你向非洲某国投标承建某项工程。最近该国通知你，你已得标，但要求你按所投总价减价5%。面对这种情况，你的回答是：

(1) 同意减价3%；

(2) 同意减价5%；

(3) 向该国提议，只有在改变投标条件下，你才愿意考虑减价；

(4) 拒绝作任何让步。

18. 某客户想运交给你的一批零件无法通过你厂的质量控制标准。你即将这批零件送到自己的检修工厂进行矫正性加工。此时你如何与该客户从事谈判？

(1) 要求该客户将你的加工费从你所赊欠的账款中扣掉，并告诉该客户以后运交的零件一定要符合规格；

(2) 将你的加工费从你所赊欠的账款中扣掉，并付清余款；

(3) 付清你所欠的全部账款，但要求该客户保证将来运交的零件一定要符合规格。

19. 美国科学家爱迪生发明了发报机之后，因为不熟悉行情，不知道能卖多少钱。便与妻子商量，他妻子说："卖2万。"

"2万？太多了吧？"

"我看肯定值2万，要不，你卖时先套套口气，让他先说。"

在与一位美国经纪商进行关于发报机技术买卖的谈判中，这位商人问到货价，爱迪生总认为2万太高，不好意思说出口，于是沉默不答。商人耐不住了，说：

"那我说个价格吧，10万元，怎么样？"

这真是出乎爱迪生的意料之外，爱迪生当场拍板成交。

这里爱迪生究竟运用了什么技巧取得了奇妙的谈判效果?

20. 有一个人想修饰一下自己的住宅,还想在房子外修一排栅栏。一位个体老板以 5 000 元的价格承包这一工程,并且还搞了一个项目的大体设计。可是房主只想花 3 000元谈下这笔生意,于是他对个体老板说:“对你的设计和建议我很满意,但是我所有的钱加起来只有 3 000 元,怎么办?”个体老板开始同情房主的困难了,于是动脑筋从油漆、竹木材料、砖瓦水泥、灯光、下水道等多个方面压缩设计预算以适应 3 000 元的造价。这样房主便处于谈判的有利地位了。请问,这实质上是一种什么谈判战术?

21. 你是一家皮革商店的营业员,一位顾客提着一只已经坏掉的公文箱走了进来,他要求你估价,需要多少修理费。你估价要 80 元,一个星期才能修好。

但你的工作是要推销一个新的价值 410 元的皮制公文箱。现在根据你对公文箱的知识,你要确认出各项特征及效益。价格没有折扣。

(提示:在和顾客的交谈中,努力找出对方的需求,并以你的公文箱的效益迎合这些需求。)

22. 张华是一家品牌电器专卖店的老板,他每年大约要卖掉 60 台电视机,每台零售价 2 300 元。其品牌声誉好,虽然价高,但还是卖得很好。

上星期张华参加一个展销会,另一家电视机公司的业务代表小李拜访了张华的助理,他似乎被说动,并建议张老板见一下小李。

回答:(1) 如果你是小李,你准备怎样说服张老板?

(2) 如果你是张华,你的心理底线是什么?

23. 你正在和一家百货商场的经理谈“秋林”牌羊毛

毯,他说:“我的库存里已经有一大堆羊毛毯了。”对于这样的“类似否定”,你的回答应该怎样?

24. 当你在推销 WTT 计划的新构想时,销售经理说:“我同意,设想很吸引人,但一般人不是很容易理解。”对于这样的“类似否定”,你怎么办?

25. 如果营业员对顾客说的第一句话是:

(1)“你要什么? 讲响点!”

(2)“你要什么? 快说!”

(3)“你要买什么?”

(4)“您要看什么?”

请结合推销发话艺术,对上述四句话分别进行评论。

二、案 例 分 析

(一)

首先请看下面两段不同的对话:

一家果品公司的采购员来到果园,问:

“多少钱 500 克?”

“8 角。”

“6 角行吗?”

“少一分也不卖。”

目前正是苹果上市的时候,这么多的买主,卖主显然不肯让步。

“商量商量怎么样?”

“没什么好商量的。”

“不卖拉倒！死了张屠夫，未必就吃混毛猪！”

几句说呛了，买卖双方不欢而散。

不久，又一家公司的采购员走上前来，先递过一支香烟，问：“多少钱 500 克？”

“8 角。”

“整筐卖多少钱？”

“零买不卖，整筐 8 角 500 克。”

卖主仍然坚持不让。买主却不急于还价，而是不慌不忙地打开筐盖，拿起一个苹果在手里掂量着，端详着，不紧不慢地说：“个头还可以，但颜色不够红，这样上市卖不上价呀。”

接着伸手往筐里掏，摸了一会儿摸出一个个头小的苹果：

“老板，您这一筐，表面是大的，筐底可藏着不少小的，这怎么算呢？”

边说边继续在筐里摸着，一会儿，又摸出一个带伤的苹果：

“看！这里还有虫咬，也许是雹伤。您这苹果既不够红，又不够大，有的还有伤，无论如何算不上一级，勉强算二级就不错了。”

这时，卖主沉不住气了，说话也和气了：

“您真的想要，那么，您还个价吧。”

“农民一年到头也不容易，给您 6 角钱吧。”

“那可太低了……”，卖主有点着急，“您再添点吧，我就指望这些苹果过日子哩。”

“好吧，看您也是个老实人，交个朋友吧，6 角 5 分 500

克,我全包了。”

双方终于成交了。请问,为什么第一个买主遭到拒绝,而第二个买主却能以较低的价格成交?请从谈判战术上进行分析。

(二)

有一次,一家日本公司与一家美国公司进行一场贸易谈判。

谈判一开始,美方代表便滔滔不绝地向日方介绍情况,而日方代表则一言不发,埋头记录。

美方代表讲完后,征求日方代表的意见,日方代表就像什么都没听到一样,目光迷惘地说:“我们完全不明白,请允许我们回去研究一下。”

于是,第一轮会谈结束。

几星期后,日本公司换了另一个代表团,出现在谈判桌上,并申明自己不了解情况。

美方代表无奈,只好再次给他们谈了一通。

谁知,讲完后日方代表仍是说:“我们完全不明白,请允许我们回去研究一下。”

这样,第二轮会谈又暂告休会。

过了几星期后,日方又换了一个代表团,在谈判桌上再次故伎重演。只是在会谈结束时,日方代表告诉美方,回去后一旦有了结果,就立即通知美方。

时间一晃过了半年,日方仍无任何消息,美方感到奇怪,说日本人缺乏诚意。

正当美国人感到烦躁不安时,日方突然派了一个由董事长亲自率领的代表团飞抵美国。在美国人毫无准备的情况下,要求立即谈判,并抛出最后方案,以迅雷不及掩耳之势,逼迫美国人讨论全部细节,使美国人措手不及。最后,不得不同日本人达成一项明显有利于日本人的协议。

请问,日本人是运用哪种沟通技巧来探索对方的动机的?

(三)

1984年,我国需要进口一种L—1000型的电动轮装载机,为此,中方代表同美国M公司的代表进行谈判。但由于我们了解的这种电动轮装载机的情报很少,更谈不上什么使用经验,给谈判带来了很大的不便。为了不使我们在谈判中吃亏,中方谈判代表决定使用“试探法”来直接获取有关这种电动轮装载机的情报。

中方代表介绍了我国煤炭工业发展的远景规划以及露天煤矿的远景规划后,给对方留下了深刻的印象,因为按照这些远景规划,中国的煤炭行业需要进口大量的这类机械,从而使对方谈判代表对中国的市场发生了很大的兴趣。

在此基础上,中方代表向对方坦诚提议,由于我们对美国此种类型的装载机的各种性能、指标等还不太了解,因此,希望M公司先拿出一台装载机在黑龙江某矿区试用,时间是包括一个冬季在内的十个月。如果试验的结果令人满意,中国就留购,并向美国M公司成批订购;如果试验的结果不令人满意,对方就将装载机运回。机器试用期间的消耗件由美国M公司提供，燃料由中方负责。一年后，中方自然而然地获得有关电动轮装载机的情报资料。请分析这一案例，我方是如何获取对方情报资料，使谈判获得成功的？

（四）

请结合涉外商务谈判中体语的运用，分析下列案例。美国一家石油公司经理几乎断送了一笔重要的石油买卖，关于事情的经过，请听他的自述：

“我会见石油输出国组织的一位阿拉伯代表，和他商谈协议书上的一些细节问题。谈话时，他逐渐地朝我靠拢过来，直到离我只有15厘米才停下来。当时，我并没有意识到什么，我对中东地区的风俗习惯不太熟悉。我往后退了退，在我们两人之间保持着一个我认为是适当的距离——60厘米左右。这时，只见他略略迟疑了一下，皱了皱眉头，随即又向我靠近过来。我不安地又退了一步。突然，我发现我的助手正焦急地盯着我，并摇头向我示意。感谢上帝，我终于明白了他的意思。我站住不动了，在一个我觉得最别扭、最不舒服的位置上谈妥了这笔交易。”

（五）

美国一家大航空公司想在纽约市建一个航空站，便与当地的电力公司谈判，争取在用电价格上得到优惠，但遭到了电力公司的拒绝，理由是当地的公共服务委员会不会批准。该航空公司便声称，与其从电力公司高价买电，不如自己造一个电厂。电力公司闻讯后立即改变了原先的立场和态度，他们主动和公共服务委员会商量，请求给予航空公司用电价格上的优惠。等到公共服务委员会批准了、他们再找航空公司谈判时，航空公司却出乎意料地拒绝对方的条件，执意要自己建厂。为此，电力公司不得不再找公共服务委员会，请求再次降低用电价格。到了这时，航空公司才和电力公司达成协议，从此享受到极其优惠的用电价格。

（六）

1966年初，利比亚王国举行租借石油产地的第二轮招标，有9个国家40多家石油公司参与投标。与他们的实力相比，当时西方石油公司只是个小弟弟，67岁的哈默作为西方石油公司的总经理坐飞机赶去投标被人讥笑为"自不量力"。但哈默认为，标书、投标实际上是购销双方秘密的书面谈判，在生意人眼中常见不疑的标书形式里，尽可隐藏最机密的内容。于是他对标书作了精心策划：

标书的材料选用穆斯林喜爱的上等羊皮，扎上象征利比亚国旗的红绿黑三色缎带，里面的正文中特别许以三项优惠：西方石油公司将在扣除税款前的毛利中提取5%供利比亚发展农业；出资在国王、王后的诞生地寻找水源，建造沙漠绿洲；出油后与利比亚联合兴建制氨厂，使利比亚有充足的化肥和化工原料。

两个月后揭标，各大石油公司无不震惊：哈默一人独得两块租地。西方石油公司耗资上亿美元在两块租地上打了14口井，月产高级原油23万桶，其中一口井产量为利比亚之最。美元如源源不断的石油流入哈默的腰包，他成了亿万富翁。

（七）

广东玻璃厂在与美国欧文斯玻璃公司谈判引进设备过程中，在全部引进还是部分引进这个问题上僵住了。为了缓和气氛，广东代表施展了一系列策略后说：

“你们欧文斯的技术、设备和工程师都是世界一流的。用一流的技术、设备与我们合作，我们就能够成为全国第一；这不单对我们有利，而且对你们更有利！现在，你们知道，法国、比利时和日本都在跟我们北方的厂家搞合作，如果你们不尽快跟我们达成协议，不投入最先进的设备、技术，那么你们就要失掉中国的市场，人家也会笑话你欧文斯公司无能。”

这一席话，终于打破了谈判僵局，请分析广东代表的沟通技巧。

（八）

某年11月中旬，国内A厂负责人到某国S公司考察，与S公司谈定引进3台卷簧机、2台测试仪、1台双面磨床，总价值260万美元的意向，同时商定S公司代表到A厂签订正式协议。A厂长回国后，经专家论证，花260万美元购进6台这类设备确实贵了些，但第一轮谈判价格已敲定，很难变动，只能通过第二轮谈判在增加设备方面获取利益。

12月17日，S公司的董事长K和其助手D来到A厂，与A厂长开始了紧张的第二轮谈判。在此之前，A厂长已详细了解了S公司和K董事长的情况和谈判特点，而K对A厂长却一无所知。谈判一开始，经验丰富、老练精明的K立即表示："谢谢主人对我们的欢迎，我们这次来贵厂，完全是带着诚意而来，我们信守以前谈定的意向，希望马上签订协议，我们已买好明早起飞的机票，赶回国过圣诞节，我希望将此事尽快办好。"K董事长气势逼人，一开始就亮出了"底牌"：速战速决，尽快签订协议。

A厂长对此早有准备，不慌不忙地笑着说："K先生，离圣诞节还有一个星期呢，何必急着回去！作为主人，我们很愿意陪同客人到处看看，我看还是将协议谈得细一点好，现在匆忙签字，将来出现纠纷反而不好，在正式签订协议之前，有关设备项目可以再议一下。"K董事长碰了个软钉子，似乎意识到马上签字是不可能的。

A厂长慢慢地翻阅着协议草稿，笑容满面地说："K先生，我厂向贵公司购买的设备项目中，连工艺装备也未写清楚，到底是否包括工艺装备呢？"

"不，先生。"K先生慌忙"关门"。

"K先生，我们购买设备是使用的，不是放着看的，比方用户买一台电视，怎么会不包括天线、插座、导线呢？这不符合商业习惯吧！"

K先生一愣，自觉理亏："好吧！写上。"他想反正没多少钱，不要因小失大，只要签字，这点损失无所谓。

A厂长的谈判策略，仅仅是开始，又说："我方购买贵公司的2台测试仪，怎么没有配套的电子计算机呢?!"

1台电子计算机价值上万美元，K先生急了，"不，不，先生，如果这样，我们是无法接受的。"推磨似的谈判开始了，直到中午时，K先生让步了，他希望下午能签字。

午饭后,A 厂长亮出了“底牌”:“我希望 K 先生能谅解,照这样的协议,我还是无法签字,我们的要求是:我们购买的这套设备,现在只能生产一般弹簧,我们希望也能加工专用弹簧,这需要贵公司提供有关技术资料;我们希望引进设备投产后,在 5 年中能每年返销 30 万美元的产品到贵国市场;完成设备安装,希望贵公司提供所需的弹簧钢丝;希望再增加一台双面磨床。”

K 董事长一听,面孔涨得通红,连说:“不!不行!这样我们无法签订协议了。”其助手 D 先生随声附和着:“十分遗憾,没想到我们的诚意未被你们理解。”K 先生起身欲告辞。

A 厂长抓住有利时机,展开了一场心理战。坦率地说:“我们与一家你们已知道的厂商有过接触,他们已许诺按优惠价格提供这套设备,但我们是看重老朋友的,希望与你们做成这笔生意。当然,不必勉强,实在不行的话,那就另当别论了。”

K 先生焦急、紧张地说:“好,我们再谈谈吧。”谈判一直延续到下午 6 点,仍未达成协议,关键是那台价值 16 万美元的双面磨床,K 先生无论如何不肯让步。

晚 8 点,在客人下榻的饭店继续谈判,一直到次日凌晨 3 点半,谈判仍在僵局之中,A 厂长起身告辞:“今天就谈到这吧,明天还有工作,你们也该休息了,如果谈不成,明早送你们上飞机。”他留下助手便告退了。

次日早晨,K 先生终于憋不住了,敲开 A 厂长助手的房门说:“我希望上午再谈一次。”“不是乘早晨的飞机回国吗?”“不,是晚上 7 点。”

A 厂长听到这个消息,十分兴奋,这说明 K 先生不愿意丢掉这笔生意，谈判应寸步不让。

上午的谈判仍无结果，午饭时，K先生和其助手只是低头喝酒，行李已搬上了停在饭店门口的汽车上。

A厂长与客人握手告别，送上轿车，站在A厂长身旁的助手十分紧张，悄悄拉一下A厂长的手臂。因为不签订这个协议，项目到年底就要作废了。

A厂长泰然自若，只是对客人微笑地说："再见。"

轿车引擎发动了，突然，K先生对A厂长说："厂长先生，你如能上车陪我们，还可以再谈谈。"

A厂长无动于衷地说："先生真想谈，就请下车。"

K先生下车了，不到两个小时，双方在协议上按A厂长的要求签字了。

K先生走了，而A厂长却得到了原来意向中所没有的利益。

仔细分析上述案例的谈判过程，说说A厂长为什么能顶住K先生的种种压力，始终居于谈判的优势地位，控制着谈判局面，从而达到谈判的预期目标。

（九）

中外双方在北京举行谈判，双方挑选的都是精明强干的人员，兵对兵，将对将。我方在谈判前，先摸清了对方的情况，制定出几套谈判的方案，不打无把握之仗。

双方步入豪华的谈判室，彼此见面时，弯腰鞠躬，彬彬有礼，谈笑风生，气氛是那样轻松、和谐。这里似乎不是在谈判，倒像是友好交谈，愈是这样，彼此都预感到对手不凡，一根根心弦都绷得很紧很紧。因为，这是关键性的一搏，结局如何，那不是十万八万的小数目，而是几亿、十几亿的巨额得与失，气氛缓和既是战略上的需要，但战术上不得不倍加认真。

我方代表简介 FB468 货车损坏的情况，这是开场白，引而不发，对索赔金额问题一字不提。

外方深知 FB468 汽车质量问题是无法回避的，他们采取避重就轻策略：如有的车子轮胎炸裂，挡风玻璃炸碎，电路有故障，铆钉震断，有的车架偶有裂纹……

果不出我方所料，外方所讲的每一句话，言词谨慎，都是经过反复研究推敲的，看来有必要予以回击："贵公司的代表都到过现场的，亲自察看过，经商检和专家小组鉴定，铆钉非属震断，而是剪断的；车架出现的不仅仅是裂纹，而是裂缝、断裂！而车架断裂不能用'有的'或'偶有'，最好还是用比例数来表达，则更为科学准确……"

外方怦然一震，连忙改口："请原谅，比例数字未作准确统计。"

"贵公司对 FB468 货车质量问题能否取一致看法?"

"当然，我们考虑贵国实际情况的不够……"

"不，在设计时就应该考虑到中国的实际情况，因为这批车是专门为中国生产的，至于我国道路情况，诸位先生都已实地察看过，我们有充分理由否定那种属中国道路不佳所致的说法。"外方步步为营，我方步步逼近，气氛紧张。

外方对这批车辆损坏程度提出了异议："不至于损坏到如此程度吧？这对我们公司来说，是从未发生过，也是不可理解的。"

我方拿出商检证书："这里有商检公证机关的公证结论，还有商检拍摄的录像，如果……"

“不！不！不！对商检公证机关的结论，我们是相信的，无异议，我们是说贵国是否能作出适当的让步，否则我们无法对公司交代。”

对 FB468 货车损坏归属问题上取得了一致的意见，外方一位部长不得不承认，这属于设计和制作上的质量问题所致，这样一来，在谈判桌上，天平失去了平衡，这是个大前提，为下一步索赔金额打下了坚实有力的基础。

随即，围绕着索赔金额，进行报价、要价、提价、压价、比价，展开了一场拉锯战。

我方一代表专长经济管理和统计，精通测算，在他的笔记本上，在大大小小的索赔项目旁布满了密密麻麻的数字。他在谈判前，翻阅了许多国内外有关资料。他深知，在技术业务谈判中，不能凭大概，更不能靠“浑身是胆雄赳赳”，只能依靠科学的依据，准确的计算，豁达的气度，才能折服对方，根据多年的经验，他不紧不慢地提出：“贵公司对每辆车支付加工费是多少？这项总额又是多少？”“每辆 10 万元，计 58 400 万元。”“不知贵方报价是多少？”“每辆 16 万元，此项共计 95 000 万元。”

久经沙场的外方主谈判淡然一笑，与助手耳语了一阵，神秘地看了一眼中方代表，问：“贵方报价的依据是什么？”

我方将车辆损坏的各部件，需要如何维修、加固，花费多少工时，逐一报出单价。“我们提出这笔加工费不高，如果贵公司感到不合算，派人维修也可以，但这样一来，贵公司的耗费恐怕是这个数的好几倍。”

外方对此测算叹服了：“贵方能否再压一点？”

“为了表示我们的诚意，可以考虑，但贵公司每辆出多少？”

“12 万元。”

“13.4 万如何?”

“行。”

这项费用外方共支付 77 600 万元。

中外双方争议最大的项目,是间接经济损失赔偿金,因为这项金额达几十亿元!

外方在谈这项损失费时,也采取逐条报出,每报完一项,总要间断地停一下,环视一下中方代表的反应,仿佛给每一笔金额数目都要圈上不留余地的句号,外方提出支付30 亿元。

我方代表琢磨着每一笔报价的奥秘,把那些“大概”、“大约”、“预计”等含糊不清的字眼都挑了出来,指出里面埋下的伏笔。

在此之前,我方有关人员昼夜奋战,液晶体数码不停地在电子计算机的荧光屏上跳动着,显示出各种数字,在谈判桌上,我方报完每个项目和金额后,讲明这个数字测算的依据,在那些有理有据的数字上,打的都是惊叹号,最后,我方提出赔偿间接经济损失费 70 亿元!

外方代表听了这个数字后,惊得目瞪口呆,连连说:“差额太大!”于是,开始进行无休止的报价、压价。

“贵方提的索赔额过高,若不压半,我们会被解雇的,我们是有妻儿老小的……”外方代表哀求着。

“贵公司生产如此低劣产品,给我国造成多么大的经济损失呵!”继而又安慰道:“我们不愿为难诸位代表,如果你们做不了主,请贵方决策人来与我方谈判。”

双方各不相让,只好暂时休会。

即日,外方代表接通了北京通往该国 S 汽车公司的电话，与公司决策人密谈了数小时。

接着，谈判又开始了，先是一阵激烈鏖战，继而双方一语不发，气氛显得很沉闷，看来，谈判的热度骤然降到冰点了。

我方代表打破僵局：“如果贵公司有谈判的诚意，彼此均可适当让步。”

“我公司愿付 40 亿元，这是最高突破数了。”

“我们希望贵公司最低限度必须支付 60 亿元。”

这一来，使谈判又出现新的转机，但差额毕竟还有 20 亿元呵！后来双方几经周折，提出双方都能接受的方案，双方最后的各报金额相加，除以二，等于 50 亿元。

除上述两项达成协议外，外方愿意承担下列三项责任：

确认出售到中国的全部 FB468 型卡车为不合格品，同意全部退货，更换新车；

新车必须重新设计试验，精工细作和制造优良，并请中方专家试验和考查；

在新车未到之前，对旧车进行应急加固后继续使用，由外方提供加固和加固工具等。

为什么一起罕见的特大索赔案会交涉成功？请分析其谈判的关键点。

（十）

某年 6 月，我国某机床厂的 A 厂长率领一行五人到美国推销机床，与外国商人进行了面对面的商业谈判。

6 月 4 日在洛杉矶 S 公司总部，买卖双方因交易价格互不相让，相持不下，谈判陷入僵局。S 公司总经理提议考虑考虑再说。

5日，沉默，对方无答复。

6日，仍是沉默。

7日，依然是沉默。

连续三天，S公司没有任何答复。

A厂长因事先通过多种渠道，收集了S公司的有关资料。S公司虽已经与亚洲另一地区达成一笔与A厂长那里规格基本一致的机床购进协议。但因其高税率及其他"壁垒"，对方迟迟不发货。可是美国S公司却已同用户签订了合同，急需这种规格的机床。

我方A厂长已掌握此情，不动声色，耐心等待，不催也不问。同行的人已是坐卧不安了，有的人建议A厂长给S公司总经理去个电话，对方若没有诚意，干脆算了！这样拖下去，也不是个事儿。A厂长内心同样是焦急不安，外表却和同事们谈笑自如。只是晚上很晚都没睡，翻阅各种报纸，并不停地抄记着。

果然，S公司的总经理沉不住气了，第四天下午打来了电话，要求再谈谈。

6月15日，在经过几次交锋之后，终于按A厂长的报价，成交了一百台机床。

掌握了充足的美国市场资料的A厂长一行五人，信心十足地来到了田纳西州首府纳什维尔市。

6月16日，位于该州首府的D公司总裁亲自前往机场迎接。因为前一年，D同意作为A厂长那家机床厂在美国的代理商。

17日上午，D公司总裁代表市长向A厂长赠送了纳什维尔市的金钥匙，并授予A厂长为该市的"荣誉公民"。气氛热情、友好。

下午会谈刚一开始，气氛骤然变化，D公司总裁对A厂长向S公司出售一百台机床之事表示了极大不满，颇有兴师问罪之意。并说："你们这种做法是不符合美国习惯的，是不对的！本来他们是要向我们购买机床的。你们的做法，严重地影响了我们的销售。"

A厂长沉着、冷静地待D公司总裁讲完这番突如其来的责问之话后，非常严肃地回答道："我厂与贵公司有协议，委托贵公司为我厂的独家代理。但是，协议上明确了范围，规定在密西西比河以东地区，我厂与S公司的交易是在加州地区销售，对贵公司的东部市场并无影响，更何况东部才是工业集中的地区。"

D公司总裁顿时软了下来，连连赔笑，语无伦次。但是，谈判很不融洽。对方一直回避订货之事。

第二天，白天参观，晚上宴请，订货之事仍是一字不提。

A厂长看出对方是在拖延时间，迫使他就范。这样，一连过了两天，对方依旧没有任何动静。

第三天午饭后，A厂长直截了当地对D公司总裁说："感谢贵公司对我们的盛情接待！如果贵公司没有订货的诚意，我们决不勉强。目前，芝加哥、底特律都有我厂的客户，也愿意做我们的代理。如果你们有困难，我们想在此告别，到芝加哥去了。"

随同A厂长的另一位工程师接着A厂长的话说："我们这次来，也是实地考察一下，看贵公司是否符合我们厂在国外的代理资格。若贵公司的推销能力达不到我们的要求，我们便与其他更合适的公司合作了。"

D公司总裁有些慌了，语塞片刻，又提议当天晚上再详细谈谈。至次日的凌晨两时半,双方达成交易协议。

20日下午,双方几经交锋,最后签订了购进A厂180台机床的合同。

请从跨文化商务谈判的角度,分析这一场智力角逐。

(十一)

我A制药公司设备陈旧、工艺落后,出口的药品90%以上都是原料药,利润很低,而且原料药的运输损失率又高达70%,创汇率高的制剂药的出口量始终难以上去。为了尽快改变这种局面,A制药公司决定和美国S公司合资,在A市建立一个新公司。一则可以吸收S公司的新技术、新工艺和新的管理方法;二则可以借助S公司的销售网,打入国际市场。因为,S公司有150年的历史,在世界上30多个国家设有分厂和研究机构,是个很有影响的大制药公司。

双方接触后,决定合资500万美元,在A市建一新制药公司。

美S公司很快草拟一份合资合同交给A制药公司,要求作为谈判文本。

这份合同中,有很多地方与中国法律相冲突,而且也有很多地方不是体现出平等互利的原则,而是要求美方的超额利润。

A制药公司针对S公司草拟的合同,组织有关人员草拟了"合同审议意见书",并电告美方:"我方根据中国法律重拟合同,谈判以我方合同文本为基础,否则不必前来。"

美S公司很快赶到A制药公司。会谈一开始,S公司代表便提出问题:"请问,为什么要用你们的合同文本,而不用我们S公司的?”A制药公司代表把两个合同文本摆放在桌上,不慌不忙地答道:“比较、对照一下两个合同文本,贵公司的文本中有很多地方不符合中国法律,而且有不少地方含混不清。而我方的合同文本中是没有这些问题的。”

“请举出具体例子!”美S公司代表紧追上话茬说道。

A制药公司代表仍旧沉着、冷静,没有一丝笑容,依旧不慌不忙地说:“作为基本的常识,签订合同,必须先明确当事人,贵公司的合同文本中,有时写S公司,有时又写S·E制药厂,到底由谁来承担合同的权利、义务呢?!”

“嗯!”对方不明不白地答应了一声,顿了一下,马上又提出:“还有吗?”

“还有!贵方以工业产权进行投资,是可以的。但以合资法第五条规定,投资的产权价格要由合资双方评议确定。而贵公司的合同文本中却单方面地规定了价格和计价方法,这是不符合惯例的。再者,既然以工业产权作为投资,那么这一过程中的技术指导、技术咨询和检查,理应是投资方的固有责任,不能另外计价。”

A制药公司代表坦然地、缓缓地放下文本,稍作停顿,紧接着说道:“在贵方的合同文本中,类似这样的问题有28处之多,以这样的合同文本作为谈判的基础文本,于我们双方都是没有实际意义的!”

我方代表说完之后,便以平和的目光看着S公司的代表,等待着对方的反应。对方却迅速地躲开向他投来的目光,低下头去看合同文本。过了片刻,对方才抬起头来,似笑非笑地说道:“我对贵国法律了解不多,又没有参加前一阶段的双方接触,所以……所以拟制的这份合同难免有不妥之处。那么……那么……就以贵方的合同草案作为谈判的基础文本吧!”

我A制药公司的代表微微一笑,稍作停顿,目光锐利地盯了对方一下,说道:“那么,就遵照对方的意见办吧!”

第一轮的谈判,就这样结束了。

接着,双方就合资的实质性商业问题逐条逐项地交锋了。

在第二轮谈判开始时,双方都翻开手中的合同文本与谈判记录。

美方S公司代表首先说道:“关于投资构成问题,我方要以专利、专有技术和商标等产权作为合资企业的投资构成,这完全合乎中国的合资法。”

我方代表并没有立即回答,思谋着:这样的话,那对方要少拿出相当可观的一笔款项,而且每年还要照样分红。

“我们S公司的商标在国际上是很有信誉的,这有助于销售合资公司的产品。更何况这个商标是在中国已经注册了的,必须受到保护,使用这个商标自然要付费。”美S公司代表振振有辞地说了这些话。

一时,我方代表沉默了。若按美方代表所说的那样,我A制药公司的损失可就太大了。

双方各自依旧翻阅着谈判文本。

我方代表慢慢地说道:“贵方商标已经在中国依法注册,当然受到保护,没有经过议定授权,任何人无权使用。这点,我完全赞同贵方代表的意见。”说到这儿,稍作停顿,向美S公司代表投去赞同的目光,微微点头示意。“但是,这与本合同无关。上轮中,我们已商定,合资企业的产品有45%由贵方负责出口外销,55%由中方负责内销,内销产品并不用贵方的商标。而外销部分既然由贵方负责,用什么商标,那是贵方的事! 如贵方为了销售方便,采用贵方自己的商标,那怎么能由合资企业支付费用呢?!”

我方代表讲完这番话之后,扫视了一下对方人员。对方端坐不动,无任何表情。我方代表看对方没有任何反应,继续说道:“贵方在外销部分若用合资企业的商标,那么理所当然贵方同样要支付费用给合资企业才是! 至于贵方的专利一事,大部分都已经过期了。而贵方的专有技术的补偿问题,我们双方可以在技术合作的合同中进行研究。”

美方代表露出了诧异的神态,随即向我方代表投来了无可奈何的目光,点点头,勉强地笑了笑,稍过一会儿,便又提出了一个问题:“合同中要我方保证合资企业技术与工艺的先进性。我方无法保证。先进性,必须达到和超过国际标准才行。这些并不是我公司单方面所能决定得了的。这一条应改为:美方S公司努力确保合资企业技术、工艺的先进性和达到国际标准。”

按美方这种说法,则意味着先进性成为不可靠的弹性条款了。若美方明明不提供先进技术和先进工艺企业生产达不到国际标准,他们还会说责任在中方。

我方代表即刻接过话题:“贵方的意见,对我们很有启发。但技术和工艺的先进性还是要有保证才是。否则,便失去了合作的意义了。可以分为两个问题来写:第一,美方必须保证提供的设计和技术的先进性,这是合作的前提,也是我国合资法的最基本的规定。第二,双方尽最大努力来保证合资企业达到国际标准。”

美S公司代表迟疑了一下:“可以的!”

我方提出了另一个问题:“关于仲裁问题,我们的意见是斯德哥尔摩商会,不知何故,贵方改成国际商会?”

美方代表忙接着说:“国际商会是世界上很有声望的仲裁机构,在德国、法国,在世界很多地方都设有分支机构。我们选择它来仲裁是非常合适的。”

实际上,我国与国际商会还未建立关系,由它来仲裁明显对我方不利。故我方代表坚持认定由斯德哥尔摩商会为仲裁机构。美方代表却说:“据我所知,斯德哥尔摩商会只是其国内经济纠纷的仲裁机构。”

“不对吧!”我方代表对美方的解释提出质疑。

“确实是我所说的那样!肯定的,没有问题!”美S公司继续对其说法加以肯定。

“那么,请贵方看看这个!”我方代表随即拿出一本英文版的《瑞典的仲裁》递过去。这是斯德哥尔摩商会编的。该商会承担国际商业、经济企业的经济纠纷。

美方代表接过书去,看了看,点点头。又一本正经地说道:“实在抱歉,我没有国际仲裁的经验,只是在美国国内处理过一起资产的仲裁。”

停了停之后,美方代表又说道:“可以考虑接受贵方所提出的仲裁机构。不过,得需要回国加以确认。”美S公司代表虽然口头承认了自己的失误,但在行动上却又构筑了一道防线,得拿回国去经过确认,保留了决定权。

“非常欣赏贵公司的这种严格、认真的态度。诚挚地希望在提供先进设计、技术方面也能看到贵方的实际行动。”我方代表恰如其分地给对方以肯定的同时,也提出更明确的要求。

这个回合的谈判,几经曲折,总算结束了,双方达成书面意向。但这仅仅是初步交锋,尚未达成正式协议。更艰苦的谈判还在后边。

商业谈判,从来都不是一帆风顺的。

过了10余天,美方代表又来到我A制药公司。

谈判桌上,美方S公司代表在一系列重大问题上推翻了上几轮谈判中已取得的一致意向,全面后退。同时,又提出了新的要求。使谈判陷入危机。

对此,我A制药公司的代表,在美方代表返国之后的10余天中,认真地总结了前几轮谈判,对美S公司可能会采取的种种态度、做法仔细地拟订了对策。这10余天内,我A制药公司谈判班子的紧张程度,并未因为对方代表不在场而有所降低。A制药公司上至企业总经理,下至谈判班子的每个成员,仍旧紧张地忙碌着,直到美S公司代表到来的前一天,才告一段落。

对于美S公司的这种做法及态度,A制药公司早有所准备。经过全面测算,美方S公司已经在意向书中的条款规定中取得了合理的利润。据此断定美方是可以接受这个意向的,但关键是我方必须据理守住原有意向。

在连续几天的谈判中,双方逐条、逐句地对意向书中的条款进行辩论,争论异常激烈。终于保持了意向书的原状。但我A制药公司谈判组长在即将签约时,从容地说道:"在销售净额条款中,应该补充几个字:销售净额指的是扣除应缴税款后数额。"

美方S公司代表一听,顿时吼了起来:"为什么要扣除税款?为什么你们不早提出来?!这样会使我们的专有技术的提成受到损失的。"

"销售净额"问题,我A制药公司的代表事先专门请教过有关专家,故胸有成竹地说道:"销售净额的定义,在贵国不也是如此嘛!我只不过是更为明确而已。况且,这一条款是贵方提出来的。我现在提出来也是尊重贵方的要求，难道有什么不妥之处吗?”

“这个,我要回去经过确认。”美S公司代表皱了一下眉头,仅此一项,A制药公司在合同规定期间就能避免30多万元的不合理负担。

以后,又经过好几轮谈判,双方经过激烈地讨价还价,互相让步,一来一往。最后,经过艰难的谈判过程,双方正式签约: 合资500万美元建立一个合资公司,合作期为20年。

这一案例,告诉我们什么?

附　录

一、商务谈判习惯用语

(1) 对不起,请你把这个问题再说一遍。

(2) 你说的问题,我还不十分了解。

(3) 我记不清了。

(4) 这已经是另外一个问题了。

(5) 对于这种事情我没有经验,但是我曾听说过……

(6) 这一个问题,最好让我们以后再作专题讨论。

(7) 请你把这个问题分成几个部分来说。

(8) 喔! 事情并不像你说的那样。

(9) 在回答这个问题之前,你必须了解一下详细的经过。

(10) 这就在于你们的看法如何了。

(11) 如果是这样,我们就没有商谈的必要了。

(12) 我不同意你这个问题的某个部分。

二、商务谈判能力的测验

1. 你通常是否先准备好,再进行谈判?
(1) 每次
(2) 时常
(3) 有时
(4) 不常
(5) 都没有
2. 你面对直接的冲突有何感觉?
(1) 非常不舒服
(2) 相当不舒服
(3) 虽然不喜欢,但还是面对着它
(4) 有点喜欢这种挑战
(5) 非常喜欢这种挑战和机遇
3. 你是否相信谈判时对方告诉你的话?
(1) 不,我非常怀疑
(2) 普通程度的怀疑
(3) 有时候不相信
(4) 大概相信
(5) 几乎永远相信
4. 被人喜欢对你来说重不重要?
(1) 非常重要
(2) 相当重要
(3) 普通

(4) 不太重要

(5) 一点都不在乎

5. 谈判时你是否关心谈判的结果会如何?

(1) 几乎每次都以最乐观的态度对待谈判的结果

(2) 相当的关心

(3) 普通程度的关心

(4) 不太关心

(5) 根本不关心

6. 你对谈判的看法怎么样?

(1) 高度的竞争

(2) 大部分的竞争,小部分互相合作

(3) 大部分互相合作,小部分竞争

(4) 高度的合作

(5) 一半竞争,一半合作

7. 你赞成哪一种交易呢?

(1) 对双方都有利的交易

(2) 对自己较有利的交易

(3) 对对方较有利的交易

(4) 对你非常有利,对对方不利的交易

(5) 各人为自己打算

8. 你是否喜欢和商人交易?(家具,汽车,家庭用具的商人)

(1) 非常喜欢

(2) 喜欢

(3) 不喜欢也不讨厌

(4) 相当不喜欢

(5) 憎恨它

9. 如果交易对对方很不利，你是否会让对方再和你商谈一个较好点的交易？

(1) 很愿意

(2) 有时候愿意

(3) 不愿意

(4) 几乎从没有过

(5) 那是对方的问题

10. 你是否有威胁别人的倾向？

(1) 常常如此

(2) 相当如此

(3) 偶尔如此

(4) 不常

(5) 几乎没有

11. 你是否能适当表达自己的观点？

(1) 经常如此

(2) 超过一般水准

(3) 一般水准

(4) 低于一般水准

(5) 相当差

12. 你是不是一个很好的倾听者？

(1) 非常好

(2) 比一般人好

(3) 普通程度

(4) 低于一般水准

(5) 很差

13. 面对语意含糊不清的词句，其中还夹着许多赞成和反对的争论，你有何感觉？

(1) 非常不舒服,希望事情不是这个样子的

(2) 相当不舒服

(3) 不喜欢,但是还可以接受

(4) 一点也不会被骚扰,很容易就习惯了

(5) 喜欢如此,事情本来就该如此

14. 有人在陈述与你不同的观点时,你能够倾听吗?

(1) 把头掉转开

(2) 听一点点,很难听进去

(3) 听一点点,但不太在意

(4) 合理地倾听

(5) 很注意地听

15. 在谈判开始以前,你和公司里的人如何彻底讨论谈判的目标和事情的优先程序?

(1) 适当的次数,讨论得很好

(2) 常常很辛苦地讨论,讨论得很好

(3) 时常且辛苦地讨论

(4) 不常讨论,讨论得不太好

(5) 没有什么讨论,只是在谈判时执行上级的指示

16. 假如一般公司都照着定价加5%,你的老板却要加10%。你的感觉如何呢?

(1) 根本不喜欢,会设法避免这种情况发生

(2) 不喜欢,但还是会不情愿地去做

(3) 勉强去做

(4) 尽力做好,而且不怕尝试

(5) 喜欢这个考验,而且期待这种考验

17. 你喜欢不喜欢在谈判中聘用专家?

(1) 非常喜欢

(2) 相当喜欢

(3) 偶尔为之

(4) 假如情况需要的话

(5) 非常不喜欢

18. 你是不是一个很好的谈判小组领导者(或者是主谈人)?

(1) 非常好

(2) 相当好

(3) 公平的领导

(4) 不太好

(5) 很糟糕的领导者

19. 置身在压力下,你的思路是否很清楚?

(1) 是的,非常好

(2) 比大部分人都好

(3) 一般程度

(4) 在一般程度之下

(5) 根本不行

20. 你的经验判断能力如何?

(1) 非常好

(2) 很好

(3) 和大部分主管一样好

(4) 不太好

(5) 我想我不行

21. 你对于自己的评价如何?

(1) 高度的自我尊重

(2) 适当的自我尊重

(3) 很复杂的感觉,搞不清楚

(4) 不太好
(5) 没什么感觉
22. 你是否能获得别人的尊敬?
(1) 很容易
(2) 大抵如此
(3) 偶尔
(4) 不常
(5) 很少
23. 你认为自己是不是一个谨守策略的人?
(1) 非常是
(2) 相当是
(3) 合理的运用
(4) 时常会忘记运用的策略
(5) 我似乎是先说再思考
24. 你是否能广泛地听取各方面的意见?
(1) 是的,非常能
(2) 大抵如此
(3) 普通程度
(4) 相当不听取别人的意见
(5) 观念相当固执
25. 正直对你来说重不重要?
(1) 非常重要
(2) 相当重要
(3) 重要
(4) 不重要
(5) 非常不重要
26. 你认为别人的正直重不重要?

(1) 非常重要
(2) 相当重要
(3) 重要
(4) 有点不重要
(5) 非常不重要

27. 当你手中握有权力时,会如何使用?
(1) 尽量运用一切手段发挥
(2) 适当地运用,没有罪恶感
(3) 我会为了正义而运用
(4) 我不喜欢使用
(5) 我很自然地接受对方作为我的对手

28. 你对于"身体(行为)语言"的敏感程度如何?
(1) 高度敏感
(2) 相当敏感
(3) 大约普通程度
(4) 比大部分人的敏感性低
(5) 不敏感

29. 你对于别人的动机和愿望的敏感程度如何?
(1) 高度敏感
(2) 相当敏感
(3) 大约普通程度
(4) 比大部分人的敏感性低
(5) 不敏感

30. 对于以个人身份与对方结交,你有怎样的感觉?
(1) 我会避免如此
(2) 不太妥当
(3) 不好也不坏

(4) 我会被吸引而接近对方

(5) 我喜欢超出自己的立场去接近他们

31. 你洞察谈判真正问题的能力如何？

(1) 我通常会知道

(2) 大部分时间我能够了解

(3) 我能够猜得相当正确

(4) 对方常常会令我惊奇

(5) 我发现很难知道真正的问题所在

32. 在谈判中，你想要定下哪一种目标？

(1) 很难达成的目标

(2) 相当难的目标

(3) 不太难，也不太容易的目标

(4) 比较适当的目标

(5) 不太难，比较容易达成的目标

33. 你是不是一个有耐心的谈判者？

(1) 几乎永远如此

(2) 比一般人有耐心

(3) 普通程度

(4) 一般程度以下

(5) 我会完成交易，为什么要费时间呢？

34. 谈判时你对于自己目标的执著程度如何？

(1) 非常执著

(2) 相当执著

(3) 有点执著

(4) 不太执著

(5) 相当有弹性

35. 在谈判中，你是否很坚持自己的观点和立场？

(1) 非常坚持
(2) 相当坚持
(3) 适度的坚持
(4) 不太坚持
(5) 根本不坚持

36. 你对对方私人问题的敏感程度如何?

(非商业性的问题,例如:工作的保障、工作的负担、和老板相处的情形等)

(1) 非常敏感
(2) 相当敏感
(3) 一般程度
(4) 不太敏感
(5) 根本不敏感

37. 对方的满足对你有什么影响?

(1) 非常在乎,我尽量不使他受损害
(2) 有点在乎
(3) 中立态度,但我希望他不被伤害
(4) 有点关心
(5) 各人都要为自己打算

38. 你是否想要强调你的权力限制?

(1) 是的,非常想
(2) 通常做的比我喜欢的还要多些
(3) 适当的限制
(4) 不会详述
(5) 大部分时间我会如此想

39. 你是否想了解对方的权力限制?

(1) 非常想

(2) 相当想

(3) 我会衡量一下

(4) 这很难做,因为我不是他

(5) 我让事情在会谈时顺其自然进行

40. 当你买东西时,对于说出一个很低价格,感觉如何?

(1) 太可怕了

(2) 不太好,但是有时我会如此做

(3) 偶尔才会做一次

(4) 我常常如此尝试,而且不在乎如此做

(5) 我会使它成为正常的习惯而且感觉非常舒服

41. 通常你如何让步?

(1) 非常的缓慢

(2) 相当的缓慢

(3) 和对方的速度相同

(4) 我多让点步,试着使交易快完成

(5) 我不在乎付出更多,只要完成交易就行

42. 对于接受影响你事业的风险,感觉如何?

(1) 比大部分人更能接受大风险

(2) 比大部分人更能接受相当大的风险

(3) 比大部分人能接受较小的风险

(4) 偶尔冒一点风险

(5) 很少冒险

43. 对于接受财务风险的态度如何?

(1) 比大部分人更能接受大风险

(2) 比大部分人更能接受相当大的风险

(3) 比大部分人接受较小的风险

(4) 偶尔冒一点风险
(5) 很少冒险
44. 面对那些地位比你高的人,感觉如何?
(1) 非常舒服
(2) 相当舒服
(3) 复杂的感觉
(4) 不舒服
(5) 相当不舒服
45. 你要购买汽车或房屋的时候,准备的情形如何?
(1) 很彻底
(2) 相当好
(3) 普通程度
(4) 不太好
(5) 没有准备
46. 对对方告诉你的话,你调查到什么程度?
(1) 调查得很彻底
(2) 调查大部分的话
(3) 调查某些话
(4) 知道应该调查,但做得不够
(5) 没有调查
47. 你对于解决问题是否有创见?
(1) 非常有
(2) 相当有
(3) 有时候会有
(4) 不太多
(5) 几乎没有
48. 你是否有足够的魅力? 人们是否尊敬你而且遵从

你的领导？

(1) 非常有

(2) 相当有

(3) 普通程度

(4) 不太有

(5) 一点也没有

49. 和他人比较你是不是一个有经验的谈判者？

(1) 很有经验

(2) 比一般人有经验

(3) 普通程度

(4) 经验比一般人少

(5) 没有丝毫经验

50. 对于你所属谈判班子的主谈人感觉如何？

(1) 舒服而且自然

(2) 相当舒服

(3) 很复杂的感觉

(4) 存有某种自我意识

(5) 相当焦虑不安

51. 没有压力时，你的思考能力如何？（与同行相比）

(1) 非常好

(2) 比大部分人好

(3) 普通程度

(4) 比大部分人差

(5) 不太行

52. 兴奋时，你是否会激动？

(1) 很镇静

(2) 原则上很镇静，但是会被对方激怒

(3) 和大部分人相同

(4) 性情有点急躁

(5) 有时我会激动起来

53. 在社交场合中人们是否喜欢你?

(1) 非常喜欢

(2) 相当喜欢

(3) 普通程度

(4) 不太喜欢

(5) 相当不喜欢

54. 你工作的安全性如何?

(1) 非常安全

(2) 相当安全

(3) 一般程度

(4) 不安全

(5) 相当不安全

55. 假如听过对方四次很详细的解释。你还是必须说第四次"我不了解",你的感觉如何?

(1) 太可怕了,我不会那么做

(2) 相当困窘

(3) 会觉得很不好意思

(4) 感觉不会太坏,还是会去做

(5) 不会有任何犹豫

56. 谈判时对于处理困难问题,你的成绩如何?

(1) 非常好

(2) 超过一般程度

(3) 一般程度

(4) 一般程度以下

(5) 很糟糕

57. 你是否会问探索性的问题?

(1) 擅长此道

(2) 相当不错

(3) 一般程度

(4) 不太好

(5) 不擅此道

58. 生意上的秘密,你是不是守口如瓶呢?

(1) 非常保密

(2) 相当保密

(3) 一般程度

(4) 常常说的比应该说的还多

(5) 说得实在太多了

59. 对于自己这一行的知识,你的信心如何?(与同事比较)

(1) 比大部分人都有信心

(2) 相当有信心

(3) 一般程度

(4) 有点缺乏信心

(5) 坦白说,没有信心

60. 你是建筑大厦的买主,由于其他方面的原因要更改设计图,现在承包商为了这个原因要收取更高的价格,而你又认为他能把这项工程做好,而非常地需要他,对于这个新的加价,你会有什么感觉呢?

(1) 马上跳起来大叫

(2) 非常不高兴

(3) 准备好好地和他商量,但并不急着做

(4) 虽然不喜欢,但还是会照做的

(5) 和他对抗

61. 你是否会将内心的感受流露出来呢?

(1) 非常容易

(2) 比大部分人多

(3) 普通程度

(4) 不太多

(5) 几乎没有

在回答完以上题目后,请按照下面的分数表,把每一个问题的正分或负分加起来,得到一个在－668 到＋724 之间的总分。

(举例来说:假如你选择第一个问题的答案②,你的分数是＋15;选择第二个问题的答案①,分数是－10;选择第三个问题的答案④,分数将是－4,依此类推)。

谈判能力测验分数表

题号	①	②	③	④	⑤	题号	①	②	③	④	⑤
1	＋20	＋15	＋5	－10	－20	8	＋3	＋6	＋6	－3	－5
2	－10	－5	＋10	＋10	－5	9	＋6	＋6	0	－5	－10
3	＋10	＋8	＋4	－4	－10	10	－15	－10	0	＋5	＋10
4	－14	－8	0	＋14	＋10	11	＋8	＋4	0	－4	－6
5	－10	＋10	＋10	－5	－10	12	＋15	＋10	0	－10	－15
6	－15	＋15	＋10	－15	＋5	13	－10	－5	＋5	＋10	＋10
7	0	＋10	－10	＋5	－5	14	－10	－5	＋5	＋10	＋10

（续 表）

题号	①	②	③	④	⑤	题号	①	②	③	④	⑤
15	+8	−10	+20	+15	−20	32	+10	+15	+5	0	−10
16	−10	+5	+10	+13	+10	33	+15	+10	+5	−5	−15
17	+12	+10	+4	−4	−12	34	+12	+12	+3	−5	−15
18	+12	+10	+5	−5	−10	35	+10	+12	+4	−3	−10
19	+10	+5	+3	0	−5	36	+16	+12	0	−3	−10
20	+20	+15	+5	−10	−20	37	+12	+6	0	−2	−10
21	+15	+10	0	−5	−15	38	−10	−8	+5	+8	+12
22	+12	+8	+3	−5	−8	39	+15	+10	+5	−5	−10
23	+6	+4	0	−2	−4	40	−10	−5	+5	+15	+15
24	+10	+3	+5	−5	−10	41	+15	+10	−3	−10	−15
25	+15	+10	+5	0	−10	42	+5	+10	0	−3	−10
26	+15	+10	+10	0	−10	43	+5	+10	−5	+5	−8
27	+5	+15	0	−5	0	44	+10	+8	+3	−3	−10
28	+2	+1	+5	−1	−2	45	+15	+10	+3	−5	−15
29	+15	+10	0	−10	−15	46	+10	+10	+3	−5	−12
30	−15	−10	+2	+10	+15	47	+12	+10	0	0	−15
31	+10	+5	+5	−2	−10	48	+10	+8	+3	0	−3

（续　表）

题号	①	②	③	④	⑤	题号	①	②	③	④	⑤
49	+5	+5	+5	−1	−3	56	+10	+8	+8	−3	−10
50	+8	+10	0	0	−12	57	+10	+10	+4	0	−5
51	+15	+6	+4	0	−5	58	+10	+8	0	−8	−15
52	+10	+8	+5	−3	−10	59	+12	+10	0	−5	−10
53	+10	+10	+3	−2	−6	60	+15	−6	0	−10	−15
54	+12	−3	+2	−5	−12	61	−8	−3	0	+5	+8
55	−8	+8	+3	+8	+12						

算出总分以后，就可以知道你的得分属于哪一级。

第一级：+376—+724；

第二级：+28—+375；

第三级：−320—+27；

第四级：−668—−321。

几个月后可再做一次，然后同现在的结果比较，看看有没有变化。若你想知道别人对你谈判能力的评价，你可让熟悉你的人替你打分。再将他得出的结果同你自我衡量的结果进行比较，从中便可得出有意义的启示了。

图书在版编目(CIP)数据

商务谈判与沟通技巧/潘肖珏,谢承志著.—2版.—上海:
复旦大学出版社,2000.4(2022.7重印)
ISBN 978-7-309-02515-6

Ⅰ.商… Ⅱ.①潘…②谢… Ⅲ.商务-谈判 Ⅳ.F715.4

中国版本图书馆CIP数据核字(2000)第16491号

商务谈判与沟通技巧(第二版)
潘肖珏 谢承志 著
责任编辑/邬红伟

复旦大学出版社有限公司出版发行
上海市国权路579号 邮编:200433
网址:fupnet@fudanpress.com http://www.fudanpress.com
门市零售:86-21-65102580 团体订购:86-21-65104505
出版部电话:86-21-65642845
宁波市大港印务有限公司

开本850×1168 1/32 印张11.25 字数243千
2022年7月第2版第22次印刷
印数111 301—113 400

ISBN 978-7-309-02515-6/F·587
定价:25.00元

14. 公共政策分析　张国庆主编
定价:35.00 元

15. 政策学的主要理论　〔韩〕吴锡泓、金荣枰编著
定价:46.00 元

16. 土地资源管理学　刘卫东、彭俊编著
定价:30.00 元

17. 比较公务员制度　周敏凯著
定价:28.00 元

18. 行政伦理:美国的理论与实践　〔美〕马国泉著
定价:34.00 元

19. 公共管理学　庄序莹主编
定价:35.00 元

20. 现代城市规划与管理　卢新海、张军编著
定价:30.00 元

21. 公共部门人力资源管理　吴志华、刘晓苏主编
定价:39.00 元

22. 政府绩效评估与管理　范柏乃著
定价:35.00 元

复旦博学·公共管理基础系列

1. 当代中国政治制度　浦兴祖主编
定价: 19.00 元

2. 行政学原理　孙荣、徐红编著
定价: 28.00 元

3. 政府经济学　孙荣、许洁编著
定价: 24.00 元

4. 办公室管理　孙荣主编
定价: 20.00 元

5. 政治学概论　孙关宏、胡雨春、任军锋主编
定价: 20.00 元